GÉOGRAPHIE

DE

L'ABBÉ GAULTIER.

OUVRAGES DE L. GAULTIER,

IMPRIMÉ CHEZ PAUL RENOUARD, RUE GARENCIÈRE, N. 5.

GÉOGRAPHIE

DE

L'ABBÉ GAULTIER,

ENTIÈREMENT REFONDUE
ET CONSIDÉRABLEMENT AUGMENTÉE

PAR DE BLIGNIÈRES, DEMOYENCOURT,
DUCROS (DE SIXT) ET LE CLERC AINÉ,
SES ÉLÈVES.

CINQUIÈME ÉDITION.

A PARIS,
CHEZ JULES RENOUARD, LIBRAIRE,
RUE DE TOURNON, N° 6.

1831.

Le Cours complet d'Études élémentaires pour les enfans, par l'Abbé Gaultier, comprenant la lecture, l'écriture, l'arithmétique, la géométrie, les langues française, latine, italienne; la géographie, la chronologie et l'histoire, l'art de penser et d'écrire, la musique, etc., etc., se compose de 22 volumes in-18, 6 vol. in-12, 7 cahiers in-folio et plusieurs boîtes et étuis. Le tout renfermé dans une boîte et pris en une seule fois, coûte 66 fr.

Toute contrefaçon de cette Géographie sera poursuivie suivant la rigueur des lois.

AVANT-PROPOS

ÉDITEURS.

LONG-TEMPS associés aux travaux de l'abbé Gaultier comme ses élèves, et nourris de l'esprit de ses méthodes, nous nous sommes réunis pour donner une édition de ses principaux ouvrages. Loin de nous la pensée d'avoir voulu corriger cet illustre maître ; nous avons seulement introduit dans ses méthodes si simples et si attrayantes les améliorations qu'il nous avait indiquées lui-même, et celles dont notre expérience dans l'enseignement nous a démontré la nécessité. Nous avons religieusement conservé le plan que l'abbé Gaultier s'était tracé. Notre ouvrage est divisé en trois parties. La première contient la *Nomenclature*. Les différens points géographiques de la même espèce, comme les contrées, les mers, les golfes, etc., d'une même partie du monde, ont été présentés dans une même leçon, parce que l'expérience apprend que l'on retient mieux ce qui se présente à l'esprit dans un seul cadre d'idées analogues.

La seconde partie a été entièrement refondue. Les élèves y trouveront *des notions de Géographie historique, physique et politique* sur les diverses contrées des cinq parties du monde. Nous nous sommes surtout attachés à fixer dans la mémoire chaque ville par un trait caractéristique.

La troisième partie traite de la *Cosmographie*. Les élémens de cette science y ont été développés autant que le permettaient les limites de cet ouvrage.

Nous avons conservé la forme interrogative, parce

qu'elle est la plus favorable aux progrès des enfans ; que toute question, sollicitant une réponse, réveille et excite l'attention, et qu'enfin cette méthode est à-la-fois la plus commode pour le maître, et la plus facile pour l'élève.

Quoique les limites de la Grèce ne soient pas encore fixées, nous avons cru devoir la mettre au rang des contrées, et nous en avons indiqué les divisions politiques, autant que le permettent les circonstances actuelles. Nous nous empresserons de les rectifier, s'il y a lieu, aussitôt qu'elles auront été définitivement arrêtées.

C'est avec les mêmes soins et dans le même esprit que nous avons préparé la nouvelle édition de la Grammaire, de l'Histoire, etc. ; la publication de ces différens ouvrages suivra immédiatement celle de la Géographie. Puissent nos travaux être regardés comme un hommage rendu à la mémoire de notre bienfaiteur !

Les améliorations et les changemens que nous avons introduits dans cet ouvrage en ont fait un livre pour ainsi dire nouveau, et il sera facile de s'en convaincre en le comparant avec les éditions qui ont déjà été publiées. Il est ainsi devenu notre propriété particulière, et nous ferons valoir nos droits, si l'on était tenté de profiter du fruit de nos veilles et de nos travaux.

NOTA. Nous n'avons donné que très peu de notions sur la Géographie ancienne ; ces notions et tout ce qui se rapporte à cette partie de la science se trouvent dans les leçons de Géographie ancienne indiquées ci-contre.

NOTICE

SUR

L'ABBÉ GAULTIER.

LOUIS-ÉDOUARD-CAMILLE GAULTIER naquit en Italie, de parens français. Il fit ses études dans le collège des Jésuites, et reçut à Rome les ordres sacrés. Il vint, en 1780, se fixer en France, où il fut pourvu d'un bénéfice. Entraîné de bonne heure par le vif intérêt qu'il portait à l'enfance, il voulut lui aplanir le chemin de l'étude, et le lui rendre agréable et facile. L'amélioration de l'enseignement élémentaire a été l'objet constant de ses pensées et le but des longs et pénibles travaux qui ont rempli toute sa vie.

Pour apprécier les services que l'abbé Gaultier a rendus à l'enseignement, il faut se reporter au temps où il a publié ses premiers ouvrages. Rollin, Dumarsais, et d'autres savans, avaient indiqué des améliorations, et donné d'excellens conseils. Ce qu'ils proposaient, l'abbé Gaultier entreprit de l'exécuter; il eut le mérite de commencer la réforme. Le premier, il fit de l'analyse la base de l'enseignement élémentaire, et mit à la portée des enfans la métaphysique du langage. Il les fit raisonner, leur apprit des choses et non des mots, et voulut exercer à-la-fois leur jugement et leur mémoire. Il bannit de la leçon l'ennui et la contrainte; il en fit un jeu, c'est-à-dire une lutte animée, un exercice plein d'action et de gaîté. De nos jours, les méthodes se sont perfectionnées; les livres élémentaires sont plus méthodiques et plus appropriés à l'âge de ceux à qui ils s'adressent; l'analyse est le guide que chacun prétend suivre, et l'instruction est présentée sous des formes moins sévères; mais il faut reconnaître que c'est l'abbé Gaultier qui donna cette salutaire impulsion; et, en jouissant du bienfait de cette grande amélioration, il en faut rapporter l'honneur à qui il est dû.

Le parfait orateur de Cicéron est un être fictif; ceux qui ont vu l'abbé Gaultier enseigner ont eu sous les yeux le vivant modèle d'un instituteur parfait. L'instruction ne fut jamais transmise sous des formes plus aimables et plus ingénieuses. Véritable accoucheur d'esprit, selon l'expression de Socrate, il laissait agir l'intelligence des enfans; il avait l'art de leur faire découvrir ce qu'il avait à leur expliquer; il savait exciter, entretenir, satisfaire à propos leur curiosité; ce qu'ils avaient une fois compris il le gravait dans leur mémoire d'une manière ineffaçable par les interrogations et les applications les plus variées; il excitait à chaque instant leur émulation, soutenait leur attention, réveillait leur ardeur par des *jetons* que les bonnes réponses faisaient gagner, que les fautes faisaient perdre, enfin il animait tellement la leçon et y répandait un tel charme, que les enfans éprouvaient un vif sentiment de regret lorsqu'il fallait terminer un exercice trop court à leur gré, et où ils trouvaient à-la-fois plaisir et instruction.

De 1783 jusqu'à sa mort, l'abbé Gaultier publia des ouvrages d'éducation, où il appliqua son ingénieuse méthode à toutes les branches de l'instruction, et principalement à *la Grammaire*, à *la Géographie*, à *l'Histoire* et à *la Langue latine*. En 1787, une commission nommée au sein de l'Académie des inscriptions et belles-lettres, examina les premiers essais de l'abbé Gaultier, assista à un exercice qu'il dirigea lui-même; et, après avoir ainsi pris connaissance de la théorie et de la pratique, elle fit sur la nouvelle méthode un rapport très avantageux (Voy. *les Leçons de Grammaire*). Plusieurs des ouvrages de l'abbé Gaultier ont eu le plus grand succès, et un grand nombre d'éditions, tant en France qu'à l'étranger. Tous se distinguent par l'esprit d'analyse; on voit que le judicieux instituteur de l'enfance n'a jamais oublié pour qui il écrivait. Il procède du simple au composé, du connu à l'inconnu, de ce qui est facile à ce qui l'est moins; il ne franchit point d'intermédiaire, et n'emploie que des termes déjà connus.

Pour parler aux yeux, qui sont l'une des portes de l'entendement, il fait un grand usage de tableaux. Parmi les plus ingénieux qu'il ait imaginés, nous citerons surtout les tableaux d'analyse logique, et celui qui présente l'ensemble et la liaison des rapports grammaticaux. (1)

L'abbé Gaultier fonda chez lui, vers 1786, un cours gratuit qui fut suivi par des enfans appartenant aux premières familles de la capitale. Vers la même époque, il présenta au Dauphin ses Leçons de grammaire et de géographie, et ces livres furent adoptés pour l'éducation de ce jeune prince.

Les orages de la révolution forcèrent l'abbé Gaultier à s'expatrier. En 1792, il passa en Hollande, d'où il se rendit en Angleterre. Il y fut recherché par tout ce qu'il y avait de distingué, et pendant tout le temps du séjour qu'il y fit, il vécut dans l'intimité du duc de Marlborough. Il conçut la généreuse pensée de continuer, pour les enfans des émigrés français, les cours gratuits qu'il faisait à Paris. Un grand nombre de familles dénuées de ressources lui durent l'éducation de leurs enfans. Ses méthodes furent appréciées en Angleterre, et les universités d'Oxford et de Cambridge donnèrent une haute approbation à son mode d'enseignement. Il revint en France en 1801, et reprit ses cours qu'il continua jusqu'à sa mort. Deux générations d'une même famille ont souvent recueilli le bienfait d'un enseignement si désintéressé. Pour propager sa méthode, l'abbé Gaultier forma de jeunes maîtres dont il était le conseil, l'ami et le père (2). Longtemps avant qu'il fût question d'enseignement mutuel, l'abbé Gaultier avait conçu et appliqué l'heureuse idée d'instruire les enfans les uns par les autres (3). Dans un

---

(1) Les bornes de cette Notice nous interdisent tout autre détail sur les nombreux ouvrages de l'abbé Gaultier. Nous renvoyons ceux qui les voudront connaître à l'excellent livre que M. de Jussieu a publié sous le titre de *Exposé analytique des Méthodes de l'abbé Gaultier.*

(2) Les élèves de l'abbé Gaultier conservent religieusement les traditions de son enseignement, et depuis sa mort ils ont continué ses cours san- interruption.

(3) Voyez l'*Exposé des Méthodes* déjà cité.

voyage qu'il fit en Angleterre, en 1814, il y examina l'application qu'on y avait faite du principe de l'enseignement mutuel à l'instruction primaire. Il revint chargé de précieux documens, qu'il déposa au ministère de l'intérieur, et fut l'un des fondateurs et des plus zélés propagateurs, en France, d'une méthode si favorable aux progrès de l'instruction. Les enfans de toutes les classes doivent donc bénir sa mémoire, puisqu'il a travaillé au bonheur de tous, et son nom mérite une place parmi ceux des bienfaiteurs de l'humanité. Son zèle ardent pour la jeunesse, que ne refroidissaient point les glaces de l'âge, lui fit concevoir la généreuse pensée de réunir chez lui tous les jeudis les moniteurs des écoles d'enseignement mutuel qui annonçaient d'heureuses dispositions. Il leur faisait donner sous ses yeux une instruction plus élevée, et les encourageait dans la pratique de leurs devoirs.

L'abbé Gaultier joignait aux dons les plus aimables de l'esprit, les qualités du cœur les plus attachantes; sa conversation était gaie, animée et instructive. Recherché par la plus haute société, il fut toujours simple et modeste; nul ne porta plus de délicatesse dans le commerce de l'amitié; il se fit de ses élèves une famille adoptive pour laquelle il fut un tendre père. Ses jours ont été *pleins*.

Nous avons entendu l'illustre historien de Bossuet et de Fénelon, le cardinal de Bausset, dire, en parlant de l'abbé Gaultier : « C'est la vie la plus respectable que je connaisse. »

Le 19 septembre 1818, cet homme de bien, âgé d'environ 72 ans, fut enlevé à ses élèves et à ses amis, qui lui ont fait élever, au cimetière de l'Est, un monument simple comme sa vie. Là reposent les cendres de l'un des hommes qui ont fait le plus de bien à leur passage sur la terre.

INSTRUCTION

SUR LA MANIÈRE D'ENSEIGNER LA GÉOGRAPHIE
D'APRÈS LA MÉTHODE DE L'ABBÉ GAULTIER.

Pour enseigner la Géographie d'après la méthode de
l'abbé Gaultier, il faut avoir, outre ce volume, les cartes
écrites et les cartes emblématiques gravées d'après le texte,
puis, les étiquettes et un sac de jetons.

Si l'enseignement est simultané, l'instituteur donne à
chaque élève un certain nombre de jetons pour enjeu.
Toutes les fois que l'élève interrogé répond bien, il reçoit un jeton; toutes les fois qu'il se trompe, il en paie
un, soit au maître, soit à l'élève qui le reprend. C'est d'a-
bord au voisin de droite à corriger; s'il ne sait pas, la pa-
role passe au suivant et ainsi de suite. Le maître ne doit le
reprendre lui-même que lorsqu'aucun élève n'a pu le faire.

A la fin de la leçon, les élèves comptent leurs jetons;
celui qui en a gagné le plus est proclamé *président*, celui qui vient immédiatement après est *sous-président*.
A la leçon suivante, le premier se place à la droite de
l'instituteur et le second à sa gauche. Le maître doit dis-
tribuer les jetons avec exactitude, et interroger tous les
élèves un nombre égal de fois, afin de donner à tous des
chances égales de succès. Si l'enseignement est indivi-
duel, on peut encore employer les jetons avec avantage.
Le maître établit la lutte entre lui et l'élève : celui-ci
gagne un jeton pour chaque bonne réponse; en perd un
toutes les fois qu'il se trompe; à la fin de la leçon, le maître compte les jetons gagnés par l'élève, en tient un
compte exact et fixe une récompense pour une certaine
somme de jetons. Il va sans dire que l'instituteur doit
proportionner le nombre des jetons à la difficulté et à la
longueur de la réponse. Dans l'enseignement simultané,
il faut faire commencer un article par un élève, le faire
continuer par un autre, le faire achever par un troi-

sième ; car le meilleur moyen de tenir l'attention de la classe éveillée, c'est de faire revenir le tour de chaque élève le plus souvent possible.

Dans la première leçon, le maître donnera à son élève les notions générales, objet de la leçon préliminaire, pages 1 et suivantes. Il lui enseignera à distinguer sur la carte la terre de la mer ; et, pour mieux graver dans sa mémoire les quatre points cardinaux, il placera un jeton sur chacun de ces points. Il lui dira ensuite de prendre le jeton qui est sur le nord, sur le midi, etc., il prendra lui-même le jeton toutes les fois que l'élève se trompera ou hésitera. Il usera du même moyen pour les cinq parties du monde, les contrées, les mers de l'Europe, etc. Le maître aura soin d'apprendre à l'élève comment, dans un lieu quelconque, un des quatre points cardinaux étant connu, on peut sur-le-champ désigner les trois autres. Avant de donner une leçon à étudier, l'instituteur doit toujours montrer sur la carte ce qui est l'objet de la leçon, et il doit veiller à ce que l'élève, en récitant, montre toujours tous les points qu'il nomme. Lorsque l'élève sait très bien une leçon sur la carte écrite, le maître l'exercera à la réciter sur la carte emblématique. Il ne doit point se borner à faire réciter la leçon du livre. Il doit faire à l'élève toutes les interrogations auxquelles cette leçon peut donner lieu et rappeler en même temps ce qui a été précédemment appris. Ainsi, supposons que l'élève ait récité et montré sur la carte écrite ou emblématique les caps d'Europe, n° 62, page 22, le maître peut lui demander :

Quels sont les caps qui se trouvent dans l'océan Atlantique ? — Dans la Méditerranée ? — Quels sont les principaux caps des Iles Britanniques ? — De l'Espagne ? — Quel est le cap qui est au nord d'une presqu'île ? — Celui qui est au midi d'une autre presqu'île ? — Quels sont ceux qui se trouvent dans des îles ? — Quel est celui qui est le plus près ou le plus loin de Paris ou de toute autre capitale? On sent que ces questions peuvent se varier à l'infini.

Les enfans oublient bien vite ce qu'ils ont appris; pour le graver dans leur mémoire, il faut le leur faire repasser sans cesse. Voici comment on peut le faire sans les ennuyer. Les leçons sont divisées en alinéas sous la forme interrogative, portant tous un numéro. Au fur et à mesure que les élèves sauront de nouveaux numéros, l'instituteur mettra dans un sac les étiquettes de carton ou les boules de loto portant chacune l'un des numéros appris. Il fera ensuite tirer un n° à l'un des élèves. Supposons que celui-ci ait tiré le n° 137, l'instituteur lui demandera le cours du Tésin. L'élève répondra : *Le Tésin prend sa source près du mont St.-Gothard, arrose Bellinzone, traverse le lac Majeur, passe à Pavie et se jette dans le Pô.* Les autres élèves tireront une étiquette à leur tour et l'expliqueront de même. Le premier tour étant fini, on en recommencera un second, etc., jusqu'à ce que l'instituteur croie devoir lever la séance. Les étiquettes tirées doivent être mises dans un sac à part.

Le maître exercera ses élèves à se proposer entre eux des questions propres à fixer dans leur mémoire la position respective des divers lieux de la terre. L'un d'eux, comparant sur la carte plusieurs points, demandera à ses camarades lequel de tel ou tel point est le plus au nord ou le plus au midi, le plus à l'est ou le plus à l'ouest; ou bien, de deux points, quel est le plus près ou le plus éloigné d'un troisième. L'élève placé à la droite de celui qui aura tiré et expliqué l'étiquette pourra être chargé de faire une question de ce genre, et il devra toujours prendre pour point de comparaison l'un des lieux qui viendront d'être nommés. Ainsi, après la récitation du cours du Tésin, il pourra demander : — *De l'embouchure du Tésin ou de celle du Tarn, quelle est la plus au nord? — De Turin ou de Milan, quelle est la ville la plus près de Pavie?* Avant de répondre, les élèves retourneront la carte; et l'interrogateur recevra un jeton de tous ceux qui se seront trompés. Lorsque les élèves auront appris la seconde partie , les questions, changeant d'objet, pourront devenir plus savantes. On demandera, par exemple: — *Quel est le roi de France qui fut fait prisonnier à Pavie?* (pag. 223). — *Qu'offre de remarquable le lac Majeur?* (pag. 228.) — *Quel monument colossal voit-on aux environs de ce lac?* (pag. 222). Toutes les particularités répandues dans la seconde partie peuvent être présentées sous la forme d'énigmes historiques ou géographiques.

Comme on ne saurait trop varier les exercices , nous en indiquerons encore ici quelques-uns. Le maître peut proposer des voyages ; par exemple , il engagera l'élève à aller, par terre, de Saint-Pétersbourg à Madrid, ou , par mer, d'Arkangel à Constantinople. L'élève nommera les contrées ou les mers à traverser ; il donnera plus ou moins de détails , selon qu'il sera plus ou moins avancé.

Il sera aussi fort utile aux élèves de leur faire refaire la nomenclature sur un autre plan que celui du livre. On prend une contrée, l'Espagne, par exemple, et on leur fait dire ou écrire (et ceci peut être un sujet de composition) tout ce qu'ils ont appris dans diverses leçons sur cette contrée : sa capitale , ses bornes , ses îles , ses caps , ses montagnes , ses fleuves , ses divisions ; et s'ils ont vu la deuxième partie , ils pourront ajouter ses productions, sa population, son gouvernement, son climat et les principales révolutions qu'elle a subies.

Le complément des études géographiques doit être le dessin des cartes : nous conseillons l'usage d'un tableau noir où seraient tracées les lignes de projection. Les élèves s'exerceraient d'abord à copier et puis à dessiner de mémoire sur ce tableau les contours des mers et des contrées ; peu-à-peu ils y ajouteraient les fleuves, les montagnes, les villes, etc. On pourra ensuite leur apprendre à faire des cartes sur le papier, à agrandir ou à réduire une échelle et à tracer les projections.

On nous saura gré de faire connaître ici le plan d'un

parterre géographique dont l'abbé Gaultier avait donné l'idée à ses amis. Ce parterre consiste à tracer sur un terrein aplani et d'une certaine étendue, les contours du globe, d'un hémisphère, d'un royaume ou d'une province, en y représentant les villes et les places les plus remarquables par des jalons étiquetés.

On ordonne aux élèves d'aller occuper sur ce parterre chacun une différente place : ainsi l'un part pour la Chine, l'autre pour l'Italie, un troisième pour le détroit de Magellan, le quatrième pour une ville, une mer, un cap, un golfe, etc. L'élève qui se trouvera bien placé lorsque ses camarades iront faire la ronde, gagnera un jeton; celui qui ne se trouvera pas occuper le poste qu'on lui a indiqué sera à l'amende.

Le vénérable instituteur de la jeunesse, dont nous nous honorons d'être les élèves, pensait qu'on ne doit négliger aucun moyen de présenter aux enfans l'étude et le travail sous des formes agréables et amusantes; l'expérience lui avait prouvé que c'est le seul moyen de réveiller leur zèle, d'exciter leur courage et de soutenir leur attention. « La paresse, comme La Bruyère l'a observé, « l'indolence, l'oisiveté, vices si naturels aux enfans, dis- « paraissent dans leurs jeux, où ils sont vifs, actifs, « appliqués, amoureux des règles et de la symétrie, où « ils ne se pardonnent aucune faute les uns aux autres, « et recommencent d'eux-mêmes plusieurs fois une seule « chose qu'ils ont manquée. »

OBSERVATION. Nous engageons les parens et les instituteurs à faire commencer l'étude de la géographie par le *Petit Cours* abrégé de cet ouvrage, propre à donner aux jeunes élèves des notions générales sur les cinq parties du monde.

Il sera à propos de ne faire apprendre aux élèves le cours des fleuves nos 73 à 113 et celui des rivières nos 115 à 146, que lorsqu'ils auront vu les divisions des contrées nos 147 à 207.

LEÇONS

DE

GÉOGRAPHIE

PREMIERE PARTIE.

———

NOMENCLATURE DES DIFFÉRENS ENDROITS DE LA TERRE.

NOTIONS PRÉLIMINAIRES.

PRINCIPAUX TERMES DE GÉOGRAPHIE.—DIVISION DE LA TERRE.

———

L'INSTITUTEUR. *Qu'est-ce que la géographie?*
L'ÉLÈVE. C'est une science qui enseigne le nom et la situation des divers pays de la terre.
Que signifie le mot géographie? Il signifie *description de la terre.*
Quelle est la forme de la terre? La terre est

1

à-peu-près ronde ; elle a la forme d'un globe ou d'une boule.

Comment peut-on déterminer la situation des divers pays de la terre ? Par le moyen des quatre points cardinaux.

Quels sont les quatre points cardinaux ? Ce sont : le levant, le couchant, le nord et le midi.

Qu'est-ce que le levant ? C'est l'endroit où le soleil semble se lever.

Qu'est-ce que le couchant ? C'est le côté où le soleil semble se coucher : il est opposé au levant.

Qu'est-ce que le nord ? C'est la partie qui se présente à nos yeux lorsque nous avons le levant à notre droite, et le couchant à notre gauche.

Qu'est-ce que le midi ? C'est le point opposé au nord.

Les quatre points cardinaux n'ont-ils pas d'autres noms ? Le levant s'appelle encore *Est* ou *Orient,* le couchant *Ouest* ou *Occident,* le nord *Septentrion,* le midi *Sud.*

En quel endroit d'une carte de géographie sont marqués les quatre points cardinaux ? Dans une carte régulière le levant est à la droite de celui qui la regarde, le couchant est à sa gauche, le nord au haut de la carte, et le midi au bas.

N'admet-on pas encore quatre autres points également éloignés des points cardinaux ? Oui, ce sont : le *nord-est,* entre le nord et l'est ; le *nord-*

ouest, entre le nord et l'ouest; le *sud-est*, entre le sud et l'est; le *sud-ouest*, entre le sud et l'ouest.

De quoi la surface du globe est-elle composée? De terre et d'eau.

Quels noms prennent les différentes parties de terre ? Elles prennent le nom de continent, de contrées, d'îles, de presqu'îles, de caps, d'isthmes, de montagnes, de volcans, etc.

Quels noms prennent les différentes parties d'eau ? Elles prennent le nom d'océan, de mers, de golfes, de détroits, de lacs, de fleuves, de rivières, etc. (1)

En combien de parties principales divise-t-on la terre ? En cinq parties qui sont : l'*Europe*, l'*Asie*, l'*Afrique*, l'*Amérique* et l'*Océanie*.

Elles sont situées comme on le voit ci-après.

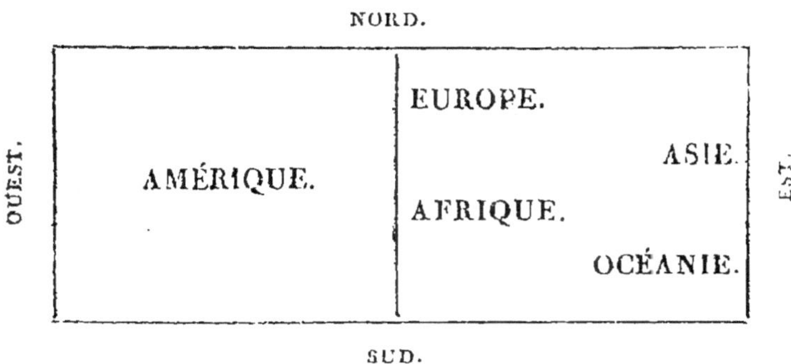

(1) On trouvera les définitions des termes, *contrées*, *mers*, *golfes*, etc., en tête de chaque leçon.

Qu'est-ce qu'un continent? C'est le plus grand espace de terre qu'on puisse parcourir sans passer la mer.

Combien y a-t-il de continens? Il y en a trois : 1° l'*Ancien* qui comprend l'Europe, l'Asie et l'Afrique; 2° le *Nouveau*, qui comprend l'Amérique; 3° la *Nouvelle-Hollande* qui fait partie de l'Océanie.

Qu'entend-on par Océan? On entend la vaste étendue d'eau salée qui couvre à-peu-près les deux tiers du globe, et dont les parties prennent différens noms suivant leur position géographique.

SECTION I.

EUROPE.

LEÇON I.

CONTRÉES DE L'EUROPE.

(Une contrée est une grande étendue de terre qui renferme une nation entière. On entend par nation tous les habitans d'un même pays, vivant sous les mêmes lois et parlant la même langue.)

1.

En combien de contrées divise-t-on l'Europe? En dix-neuf contrées, dont cinq au nord, neuf au milieu et cinq au midi.

2.

Quelles sont les cinq contrées au nord de l'Europe? Ce sont: les îles Britanniques, dont la capitale est Londres; le Danemark, capitale Copenhague; la Norwège, capitale Christiania; la Suède, capitale Stockholm; la Russie, capitale Saint-Pétersbourg.

3.

Quelles sont les neuf contrées au milieu de l'Europe? Ce sont: la France, capitale Paris; la Belgique, capitale, Bruxelles; la Hollande villes principales Amsterdam, La Haye, l'Allemagne ouConfédération germanique, villes principales, Vienne, Munich, Dresde, Berlin, Hambourg, Hanovre, Francfort - sur - le - Mein et Stuttgard; la Prusse, capitale Berlin, dans la Confédération germanique: la Pologne, capitale Varsovie; la Hongrie, capitale Bude; l'Autriche, capitale Vienne dans la Confédération germanique; la Suisse, villes principales Bâle, Berne et Genève.

4.

Quelles sont les cinq contrées au midi de l'Europe? Ce sont: le Portugal, capitale Lisbonne; l'Espagne, capitale Madrid;

1.

l'Italie, villes principales Turin, Milan, Venise, Florence, Rome, Naples, etc.; la Turquie, capitale Constantinople; la Grèce, villes principales Athènes, Corinthe, Napoli de Romanie, etc.

5.

Qu'est-ce que Londres ? C'est la capitale des îles Britanniques.

Qu'est-ce que les îles Britanniques? Les îles Britanniques sont une des dix-neuf contrées de l'Europe, et une des cinq au nord. (1)

6.

Qu'est-ce que le Danemark ? C'est une des dix-neuf contrées de l'Europe et une des cinq au nord. *Quelle est la contrée qui y touche ?* C'est l'Allemagne. (2)   7.

Qu'est-ce que la Norwége? C'est une des dix-neuf contrées de l'Europe et une des cinq au nord. *Quelles sont les contrées qui y touchent ?* Ce sont: la Suède et la Russie.

8.

Qu'est-ce que la Suède ? C'est une des dix-neuf contrées de l'Europe et une des cinq au nord. *Quelles sont les contrées qui y touchent ?* Ce sont: la Norwége et la Russie.

---

(1) On fera les mêmes questions pour toutes les contrées de l'Europe et pour leurs capitales.

(2) Le maître fera bien de demander si c'est au nord, au midi, etc., que telle contrée borne telle autre.

9.

Qu'est-ce que la Russie? C'est une des dix-neuf contrées de l'Europe et une des cinq au nord. *Quelles sont les contrées qui y touchent?* Ce sont : la Turquie, l'Autriche, la Pologne, la Prusse et la Suède.

10.

Qu'est-ce que la France? C'est une des dix-neuf contrées de l'Europe et une des neuf au milieu. *Quelles sont les contrées qui y touchent?* Ce sont : les Pays-Bas, l'Allemagne, la Suisse, l'Italie et l'Espagne.

11.

Qu'est-ce que la Belgique? C'est une des dix-neuf contrées de l'Europe et une des neuf au milieu. *Quelles sont les contrées qui y touchent?* Ce sont : la France, l'Allemagne et la Hollande.

Qu'est-ce que la Hollande? C'est une des dix-neuf contrées de l'Europe et l'une des neuf au milieu. *Quelles sont les contrées qui y touchent?* Ce sont : la Belgique et l'Allemagne. (1)

12.

Qu'est-ce que l'Allemagne ou Confédération Germanique? C'est une des dix-neuf contrées de l'Europe et une des neuf au milieu. *Quelles sont les contrées qui y touchent?* Ce sont : le Danemark, la Prusse, l'Autriche, la Suisse, la France, la Belgique et la Hollande.

13.

Qu'est-ce que la Prusse? C'est une des dix-

____

(1) La Belgique et la Hollande avaient été, en 1815, réunies sous le même sceptre, et formaient les Pays-Bas. En 1830 la Belgique s'est séparée de la Hollande; elle forme aujourd'hui un état indépendant.

neuf contrées de l'Europe et une des neuf au milieu. *Quelles sont les contrées qui y touchent?* Ce sont: la Russie, la Pologne, l'Autriche, l'Allemagne, la France, la Belgique et la Hollande.

14.

Qu'est-ce que la Pologne? C'est une des dix-neuf contrées de l'Europe et une des neuf au milieu. *Quelles sont les contrées qui y touchent?* Ce sont: la Russie, l'Autriche et la Prusse.

15.

Qu'est-ce que la Hongrie? C'est une des dix-neuf contrées de l'Europe et une des neuf au milieu. *Quelles sont les contrées qui y touchent?* Ce sont: l'Autriche et la Turquie.

16.

Qu'est-ce que l'Autriche? C'est une des dix-neuf contrées de l'Europe, et une des neuf au milieu. *Quelles sont les contrées qui y touchent?* Ce sont: la Prusse, la Pologne, la Hongrie, la Turquie, l'Italie, la Suisse et l'Allemagne.

17.

Qu'est-ce que la Suisse? C'est une des dix-neuf contrées de l'Europe, et une des neuf au milieu. *Quelles sont les contrées qui y touchent?* Ce sont: l'Allemagne, l'Autriche, l'Italie et la France.

18.

Qu'est-ce que le Portugal? C'est une des dix-neuf contrées de l'Europe et une des cinq au midi. *Quelle est la contrée qui y touche?* C'est l'Espagne.

19.

Qu'est-ce que l'Espagne ? C'est une des dix-neuf contrées de l'Europe et une des cinq au midi. *Quelles sont les contrées qui y touchent ?* Ce sont: la France et le Portugal.

20.

Qu'est-ce que l'Italie ? C'est une des dix-neuf contrées de l'Europe et une des cinq au midi. *Quelles sont les contrées qui y touchent ?* Ce sont: la France, la Suisse et l'Autriche.

21.

Qu'est-ce que la Turquie ? C'est une des dix-neuf contrées de l'Europe et une des cinq au midi. *Quelles sont les contrées qui y touchent ?* Ce sont : l'Autriche, la Hongrie, la Russie et la Grèce.

22.

Qu'est-ce que la Grèce ? C'est une des dix-neuf contrées de l'Europe, et une des cinq au midi, *Quelle est la contrée qui y touche ?* C'est la Turquie.

LEÇON II.

MERS DE L'EUROPE.

(Une mer est une étendue d'eau salée où se déchargent la plupart des fleuves.)

23.

Par combien de mers l'Europe est-elle baignée ? Par quatorze mers, dont trois grandes et onze petites.

24.

Quelles sont les trois grandes mers de l'Europe? Ce sont: l'océan Glacial au nord, l'océan Atlantique au couchant, et la mer Méditerranée au midi.

25.

Quelles sont les onze petites mers de l'Europe? Ce sont: la mer Blanche, formée par l'océan Glacial; la mer Baltique, la mer du Nord, la mer de la Manche, et la mer d'Irlande, formées par l'océan Atlantique; la mer Ionienne, l'Archipel, la mer de Marmara, la mer Noire, la mer d'Azof ou de Zabache, formées par la Méditerranée; la mer Caspienne, qui ne communique avec aucune autre mer.

26.

Qu'est-ce que l'océan Glacial? C'est une des trois grandes mers de l'Europe; il la baigne au nord. *Quelles sont les contrées qu'il baigne?* La Norwège, la Suède et la Russie dans la partie qu'on appelle Laponie.

27.

Qu'est-ce que l'océan Atlantique? C'est une des trois grandes mers de l'Europe: il la baigne au couchant. *Quelles sont les contrées qu'il* baigne? La Norwège, les îles Britanniques, la France, l'Espagne et le Portugal.

28.

Qu'est-ce que la Méditerranée? C'est une des trois grandes mers de l'Europe: elle la baigne au midi. *Quelles sont les contrées qu'elle baigne?* L'Espagne, la France, l'Italie et la Grèce.

29.

Qu'est-ce que la mer Blanche? C'est une des onze petites mers de l'Europe: elle est formée par l'océan Glacial. *Quelles sont les contrées qu'elle baigne?* Elle ne baigne que la Russie d'Europe.

30.

Qu'est-ce que la mer Baltique? C'est une des onze petites mers de l'Europe: elle est formée de l'océan Atlantique par la mer du Nord. *Quelles sont les contrées qu'elle baigne?* La Russie, la Prusse, l'Allemagne, le Danemark et la Suède.

31.

Qu'est-ce que la mer du Nord ou *d'Allemagne?* C'est une des onze petites mers de l'Europe: elle est formée par l'Océan. *Quelles sont les contrées qu'elle baigne?* La Norwège, le Danemark, l'Allemagne, la Hollande, la Belgique, la France et les îles Britanniques.

32.

Qu'est-ce que la mer de la Manche? C'est une des onze petites mers de l'Europe: elle est formée par l'Océan. *Quelles sont les contrées qu'elle baigne?* La France et une partie des îles Britanniques.

33.

Qu'est-ce que la mer d'Irlande? C'est une des onze petites mers de l'Europe : elle est formée par l'Océan. *Qu'elles sont les contrées qu'elle baigne?* Les îles Britanniques qu'elle sépare en deux grandes parties.

34.

Qu'est-ce que la mer Ionienne? 'est une des onze petites mers de l'Europe : elle est formée par la mer Méditerranée. *Qu'elles sont les contrées qu'elle baigne?* L'Italie, la Turquie et la Grèce.

35.

Qu'est-ce que l'Archipel? L'Archipel est une des onze petites mers de l'Europe : il est formé par la Méditerranée. *Quelles sont les contrées qu'il baigne en Europe?* Il baigne la Turquie et la Grèce.

36.

Qu'est-ce que la mer de Marmara? C'est une des onze petites mers de l'Europe : elle est formée de la Méditerranée par l'Archipel. *Quelles sont les contrées qu'elle baigne en Europe?* La Turquie d'Europe, qu'elle sépare de celle d'Asie.

37.

Qu'est-ce que la mer Noire? La mer Noire est une des onze petites mers de l'Europe : elle est formée de la Méditerranée par la mer de Marmara. *Quelles sont les contrées qu'elle baigne en Europe ?* La Turquie et la Russie.

38.

Qu'est-ce que la mer d'Azof ou de Zabache? C'est une des onze petites mers de l'Europe : elle est formée de la Méditerranée par la mer Noire. *Quelle est la contrée qu'elle baigne en Europe?* La Russie.

39.

Qu'est-ce que la mer Caspienne ? C'est une des onze petites mers de l'Europe. *Quelle est la contrée qu'elle baigne en Europe ?* La Russie.

LEÇON III.

GOLFES DE L'EUROPE.

(Un golfe ou une baie est une partie de la mer qui s'avance dans les terres. La baie diffère du golfe en ce qu'elle a ordinairement une moindre étendue.)

40.

Combien y a-t-il de golfes principaux en Europe? Il y en a douze, dont quatre grands et huit petits. Les quatre grands sont : le golfe de Bothnie et le golfe de Finlande, formés par la mer Baltique; la baie de Biscaye ou le golfe de Gascogne, formé par l'océan Atlantique, et le golfe de Venise ou la mer Adriatique, formé par la Méditerranée.

2

Les huit petits sont: le golfe de Livonie ou de Riga, formé par la mer Baltique ; le Zuyderzée, formé par la mer du Nord ; le golfe de Valence, le golfe de Lion, le golfe de Gênes, le golfe de Tarente, le golfe de Lépante, et le golfe de Salonique ou de Thessalonique, formés par la Méditerranée.

41.

Où sont placés les quatre grands golfes de l'Europe ? Le golfe de Bothnie, entre la Suède et la Russie; le golfe de Finlande, en Russie; la baie de Biscaye ou le golfe de Gascogne, entre la France et l'Espagne; et le golfe de Venise ou mer Adriatique, entre l'Italie, l'Autriche et la Turquie.

42.

Où sont placés les huit petits golfes ? Le golfe de Livonie ou de Riga, dans la Russie; le Zuyderzée, en Hollande; le golfe de Valence, à l'orient de l'Espagne ; le golfe de Lion, au midi de la France; le golfe de Gênes, au nord-ouest de l'Italie; le golfe de Tarente, au sud-est de l'Italie; le golfe de Lépante, en Grèce ; et le golfe de Salonique ou de Thessalonique, au midi de la Turquie.

LEÇON IV.

DÉTROITS DE L'EUROPE.

(Un détroit est une partie de mer resserrée entre deux terres fort proches l'une de l'autre.)

43.

Combien y a-t-il de détroits principaux en Europe? Il y en a quinze, dont huit au nord, qui sont : le détroit de Waigatz, le Cattégat, le Sund, le grand Belt, le petit Belt, le Pas-de-Calais, le canal de Saint-Georges et le canal du Nord ; sept au midi, qui sont : le détroit de Gibraltar, le détroit de Boniface, le détroit de Messine, le canal d'Otrante, le détroit de Gallipoli ou des Dardanelles, le détroit de Constantinople, et le détroit d'Iénikale ou de Caffa.

44.

Où sont placés les huit détroits au nord de l'Europe? Le détroit de Waigatz est au nord de la Russie ; le Cattégat fait communiquer la mer du Nord avec la mer Baltique, et forme le Sund, le grand Belt et le petit Belt ; le Pas-de-Calais est entre la France et les îles Britanniques ; le canal de Saint-Georges, au sud, et le canal du Nord, au nord de la mer d'Irlande font communiquer cette mer avec l'Océan. 45.

Où sont placés les sept détroits au midi de l'Europe? Le détroit de Gibraltar est entre l'Espagne et l'Afrique, et joint l'Océan à la Méditerranée; le détroit de Boniface est entre l'île de Corse et la Sardaigne; le détroit ou phare de Messine, entre la Sicile et l'Italie; le canal d'Otrante est entre l'Italie et la Turquie et joint la mer Ionienne à la mer Adriatique; le détroit de Gallipoli joint l'Archipel à la mer de Marmara; le détroit de Constantinople joint la mer de Marmara à la mer Noire: ces deux derniers détroits séparent la Turquie d'Europe de l'Asie; et le détroit d'Iénikale ou de Caffa joint la mer Noire à la mer d'Azof.

LEÇON V.

ILES DE L'EUROPE.

(Une île est un espace de terre entouré d'eau de tous côtés, moindre que le continent. On nomme groupe d'îles une réunion d'îles désignées sous un nom général.)

46.

Combien y a-t-il d'îles ou de groupes d'îles remarquables en Europe? Il y en a soixante-cinq, savoir :

Cinq dans la mer Glaciale, ce sont : le Spitzberg, la Nouvelle-Zemble, l'île de Waigatz, l'île de Kalgouef et les îles Loffoden.

Quinze dans l'océan Atlantique, dont trois grandes; savoir : la Grande-Bretagne, l'Irlande et l'Islande; douze petites, savoir: les îles Feroë, les Shetland, les Orcades, les Hébrides, les îles Sorlingues, l'île d'Ouessant, l'île de Grouaix, Belle-île, l'île de Noirmoutier, l'Ile-Dieu, l'île de Ré et l'île d'Oléron.

Onze dans la Méditerranée, dont trois grandes, savoir : la Corse, la Sardaigne et la Sicile; huit petites, qui sont : l'île de Formentera, l'île d'Iviça, l'île Majorque, l'île Minorque, les îles d'Hyères, l'île d'Elbe, les îles de Lipari et l'île de Malte.

Onze dans la mer Baltique, qui sont : les îles d'Aland, de Dago, d'OEsel, de Gothland, d'Oland, de Rugen, de Bornholm, de Laland, de Falster, de Séeland, et de Fionie.

Quatre dans la mer du Nord, qui sont : les îles de Sylt, d'Héligoland, de Texel, et les îles de la Zélande.

Deux dans la mer d'Irlande, ce sont : l'île de Man et l'île d'Anglesey.

Quatre dans la Manche, ce sont: les îles de Wight, d'Aurigny, de Guernesey et de Jersey.

2.

Sept dans la mer Ionienne, ce sont : les îles de Corfou, de Paxo, de Sainte-Maure, de Théaki, de Céphalonie, de Zante et de Cérigo.

Dans le golfe Adriatique, les îles Illyriennes.

Cinq dans l'Archipel ; savoir : l'île de Candie, l'île de Négrepont, l'île de Lemnos ou de Stalimène, les Sporades et les Cyclades.

47.

Quelles sont les îles d'Europe qui font partie des îles Britaniques ou qui leur appartiennent? Ce sont : la Grande-Bretagne, villes principales Londres et Edimbourg, l'Irlande capitale Dublin, les Shetland, les Orcades, les Hébrides, les îles Sorlingues, l'île de Wight, capitale Newport, l'île d'Aurigny, l'île de Guernesey, capitale Saint-Pierre ; l'île de Jersey, capitale Saint-Hélier ; l'île de Man, capitale Douglas ; l'île d'Anglesey, capitale Beaumaris ; l'île d'Héligoland et l'île de Malte, capitale Lavalette. Les îles Ioniennes forment une république sous la protection de l'Angleterre.

48.

Quelles sont les îles de l'Europe qui font partie du Danemark ou qui lui appartiennent? Ce sont: l'Islande, capitale Reikiavik, les îles de

Féroë, l'île de Sylt, l'île de Séeland, capitale Copenhague; l'île de Fionie ou Funen, capitale Odensée, et les îles de Bornholm, de Laland et de Falster.

49.

Quelles sont les îles de l'Europe qui dépendent de la Norwège? Ce sont les îles de Loffoden.

Quelles sont les îles de l'Europe qui appartiennent à la Suède? Ce sont les îles de Gothland et d'Oland.

50.

Quelles sont les îles de l'Europe qui appartiennent à la Russie? Ce sont : le Spitzberg, la Nouvelle-Zemble et l'île de Waigatz; l'île de Kalgouef, l'île d'Aland, l'île de Dago et l'île d'OEsel.

51.

Quelles sont les îles de l'Europe qui appartiennent à la France? Ce sont : l'île d'Ouessant, l'île de Grouaix, Belle-Ile, l'île de Noirmoutier, l'Ile-Dieu, l'île de Ré, l'île d'Oléron, les îles d'Hyères et l'île de Corse, capitale Ajaccio.

52.

Quelles sont les îles de l'Europe qui appartiennent à la Hollande? Ce sont : l'île de Texel et les îles de la Zélande dont la plus grande est Walcheren.

53.

Quelle est l'île de l'Europe qui appartient à la Prusse? C'est l'île de Rugen.

54.

Quelles sont les îles de l'Europe qui appartiennent à l'Autriche? Ce sont : les îles Illyriennes, dont les principales sont Cherso et Veglia.

55.

Quelles sont les îles de l'Europe qui appartiennent à l'Espagne ? Ce sont : les îles Baléares, savoir : Formentera ; Iviça, capitale Iviça ; Majorque, capitale Palma ; Minorque, capitale Citadella, ville principale Port-Mahon.

56.

Quelles sont les îles de l'Europe qui appartiennent aux différens souverains de l'Italie ? Ce sont : la Sardaigne, capitale Cagliari, qui appartiennent au roi de Sardaigne ; la Sicile, capitale Palerme, ville principale Messine, et les îles Lipari qui appartiennent au roi de Naples ; l'île d'Elbe, capitale Porto Ferrajo, qui appartient au Grand-Duc de Toscane.

57.

Quelles sont les îles de l'Europe qui appartiennent à la Turquie ? Ce sont : l'île de Candie, capitale Candie, l'île de Lemnos et plusieurs autres îles dans l'Archipel.

58.

Quelles sont les îles de l'Europe qui font partie de la Grèce ? Ce sont : une partie des Sporades, dont les principales îles sont Skiro, Hydra et Egine ; les Cyclades, dont les principales îles sont Andros, Tine, Mycone, Naxos,

Paros, Milo, Santorin et l'île de Négrepont ou
Eubée, capitale Négrepont.

LEÇON VI.
PRESQU'ILES, CAPS ET ISTHMES.

(Une presqu'île ou péninsule est un espace de terre qui
est entouré d'eau, excepté par un seul endroit.)

59.

Combien y a-t-il de presqu'îles princi-
pales en Europe ? Il y en a six, dont trois
grandes et trois petites.

60.

Quelles sont les trois grandes ? Ce
sont ; la Suède avec la Norwège, entourée par le golfe de Bothnie, la mer
Baltique, la mer du Nord et l'océan Atlantique ; l'Espagne avec le Portugal,
entre l'Océan et la Méditerranée; et l'Italie,
entourée par la Méditerranée, la mer
Ionienne, le golfe de Tarente et le golfe
de Venise.

61.

Quelles sont les trois petites ? Ce
sont : le Jutland en Danemark, entre
la mer du Nord et la mer Baltique ; le
Peloponèse ou la Morée en Grèce, en-

touré par le golfe de Lépante, la mer
Ionienne, la Méditerranée et l'Archipel ;
et la Crimée en Russie, entre la mer Noire
et la mer d'Azof.

Un cap ou promontoire est une éminence de terre
avancée dans la mer.)

62.

*Combien y a-t-il de caps principaux en
Europe ?* Il y en a dix-sept, qui sont : le
cap Nord, au nord de la Laponie ; le cap
Nase ou Lindsness, au midi de la Norwège ;
le cap Skagen au nord du Jutland ; le
cap Cléar, au sud-ouest de l'Irlande ; le
cap Land's End et le cap Lézard, au sud-
ouest de l'Angleterre ; le cap de la Hogue,
au nord-ouest de la France ; les caps
Ortegal et Finistère, au nord-ouest de l'Espagne ; le cap Saint-Vincent, au sud-ouest
du Portugal ; le cap Trafalgar, au sud-ouest
de l'Espagne ; le cap Saint-Martin, à l'orient
de l'Espagne, vis-à-vis de l'île d'Iviça ; le
cap Corse, au nord de la Corse ; le cap Ta-
valaro, au midi de la Sardaigne ; le cap
Passaro, au midi de la Sicile ; le cap Spar-
tivento, au midi de l'Italie ; et le cap Matapan, au midi du Péloponèse.

(Un isthme est une langue de terre qui joint une presqu'île au continent.)

63.

Combien y a-t-il d'isthmes principaux en Europe ? Il y en a deux, qui sont : l'isthme de Corinthe, qui joint la Morée à la Livadie en Grèce, et l'isthme de Pérécop, qui joint la Crimée à la Russie.

LEÇON VII.
LACS DE L'EUROPE.
(Un lac est un grand amas d'eau dormante, entouré
de terre.)

64.

Combien y a-t-il de lacs principaux en Europe ? Il y en a vingt-cinq, dont neuf au nord, sept au milieu, et neuf au midi.

65.

Quels sont les lacs de l'Europe au nord ? Ce sont : en Suède, les lacs Wener, Wetter, Meler; en Russie, les lacs Saima, Onega, Ladoga, Peipus, Ilmen et le lac Blanc ou Bielo.

66.

Quels sont les lacs de l'Europe au milieu ? Ce sont : en Suisse, les lacs de Neufchâtel, de Genève, de Lucerne et de Zurich;

entre la Suisse et l'Allemagne, le lac de Constance ; en Hongrie, les lacs Neusiedel et Balaton.   67.

Quels sont les lacs de l'Europe au midi? Ce sont : entre la Suisse et l'Italie, le lac Majeur et le lac de Lugano ; en Italie, les lacs de Côme, de Garde, de Comacchio, de Pérouse, de Bolsena et de Celano ; en Turquie, le lac de Zante ou de Scutari.

LEÇON VIII.

CHAINES DE MONTAGNES ET VOLCANS.

(Une chaîne de montagnes est une suite de montagnes qui se prolongent à une grande distance.)

68.

Combien y a-t-il de chaînes de montagnes en Europe ? Il y en a dix-sept, dont neuf grandes et huit petites. Les neuf grandes sont : les monts Ourals, entre l'Europe et l'Asie ; les monts de Kœlen ou Alpes Scandinaves, entre la Norwège et la Suède ; les Pyrénées, entre la France et l'Espagne ; les monts Ibériens, en Espagne ; les Alpes, entre la France et l'Italie ; les Apennins, qui parcourent toute la longueur de l'Italie ; les monts Karpathes dans l'empire d'Autriche ; les monts Balkan ou la chaîne de l'Hémus, en Turquie ; et le mont Caucase, qui s'étend depuis la mer Noire jusqu'à la mer Caspienne.

Les huit petites sont : les monts Cheviots, entre l'Angleterre et l'Ecosse ; les Vosges, à l'orient de la France ; le Jura, entre la France et la Suisse ; les Cévennes, au midi de la France ; les Asturies, la Sierra d'Estrella, la Sierra Morena, la Sierra Nevada, en Espagne.

69.

Quels sont les monts principaux parmi les grandes chaînes de montagnes de l'Europe ? Ce sont : le mont Maudit et le mont Perdu dans les Pyrénées ; le mont Blanc, le point le plus élevé de l'Europe, le mont Rose, le mont Cervin, le mont Viso, le mont Saint-Bernard et le Simplon, dans les Alpes, et le mont Gargano ou Saint-Ange dans les Apennins.

70.

Quels sont les monts principaux parmi les petites chaînes de montagnes de l'Europe ? Ce sont : le mont Lozère dans les Cévennes, et les monts d'Auvergne qui sont une ramification de cette chaîne de montagnes et dont les points les plus élevés sont : le Cantal, le Puy-de-Dôme et le Mont-d'Or.

3

(Un volcan est un gouffre qui s'ouvre le plus ordinairement sur une montagne, et d'où il sort de temps en
temps des tourbillons de feu et des matières embrasées.
L'ouverture de ce gouffre se nomme *cratère*.)

71.

Combien y a-t-il de volcans principaux en Europe? Il y en a trois, qui sont: le mont Etna ou Gibel, en Sicile; le Vésuve, en Italie, près de Naples; et le mont Hécla, en Islande.

LEÇON IX.

FLEUVES DE L'EUROPE.

(Un fleuve est un grand courant d'eau qui se jette dans
la mer. La rive droite ou la rive gauche d'un fleuve est
le côté droit ou le côté gauche d'une personne qui suit le
cours de l'eau. La source est l'endroit d'où le fleuve sort
de la terre. L'embouchure est l'endroit où il se jette
dans la mer.)

72.

Combien y a-t-il de fleuves principaux en Europe? Il y en a quarante-deux, dont un qui se jette dans la mer Glaciale, c'est la Petchora; un qui se jette dans la mer Blanche, c'est la Dwina;

Six qui se jettent dans la mer Baltique; ce sont, la Tornéa, la Newa, la Duna, le Niémen, la Vistule, et l'Oder;

Neuf qui se jettent dans la mer du Nord; ce sont: la Glomma au nord du Cattégat, l'Elbe, le Weser, le Rhin, la Meuse, l'Escaut, la Tamise, la Tweed et le Tay;

Deux qui se jettent dans la Manche; ce sont : la Seine et la Somme;

Onze qui se jettent dans l'océan Atlantique; ce sont : le Shannon, la Saverne, la Loire, la Charente, la Garonne, l'Adour, le Minho, le Duero, le Tage, la Guadiana et le Guadalquivir;

Quatre qui se jettent dans la Méditerranée; ce sont : l'Ebre, le Rhône, l'Arno, et le Tibre;

Deux qui se jettent dans le golfe de Venise; ce sont : le Pô, et l'Adige;

Trois qui se jettent dans la mer Noire; ce sont : le Danube, le Dniester, et le Dniéper.

Un qui se jette dans la mer d'Azof; c'est le Don;

Deux qui se jettent dans la mer Caspienne; ce sont : le Volga, et l'Oural ou Jaïck.

73.

Où la Petchora prend-elle sa source, par où passe-t-elle, et dans quelle mer se jette-t-elle?
La Petchora prend sa source en Russie, aux monts Ourals; elle traverse le gouvernement d'Archangel et va se jeter dans la mer Glaciale.

73 bis.

Où la Tornéa prend-elle sa source, etc.? La
Tornéa sort du lac de Képis, sépare la Laponie
Russe et la Laponie Suédoise, et se jette dans le
golfe de Bothnie, au-dessous de Tornéa.

74.

Où la Dwina prend-elle sa source, etc.? La
Dwina se forme du concours des rivières du Sukona
et d'Youg, qui s'unissent à Oustioug, coule vers le
nord-ouest, et se jette dans la mer Blanche au-
dessous d'Archangel.

75.

Où la Newa prend-elle sa source, etc.? La
Newa sort du lac Ladoga, traverse Saint-Pétersbourg, et se jette dans le golfe de Finlande, vis-
à-vis de l'île de Cronstadt.

76.

Où la Duna prend-elle sa source, etc.? La
Duna prend sa source en Russie, dans le gouvernement de Tver, arrose Vitevsk, Polotzck,
Dunabourg, Riga, et se jette dans le golfe de Riga,
à l'ouest de cette ville.

77.

Où le Niémen prend-il sa source, etc? Le
Niémen prend sa source au sud de Minsk en Russie, passe à Grodno, à Kowno, à Tilsitt, et se décharge dans la mer Baltique par plusieurs embouchures, au-dessous de Mémel.

78.

Où la Vistule prend-elle sa source, etc.? La
Vistule prend sa source dans la Gallicie, aux monts

Karpathes, arrose Cracovie, Varsovie, Thorn et Mariembourg, se divise en plusieurs branches, et se jette dans la mer Baltique, entre Elbing et Dantzick.

79.

Où l'Oder prend-il sa source, etc.? L'Oder prend sa source aux monts Karpathes, près d'Oderberg, arrose Ratibor, Opeln, Breslau, Glogau, Francfort-sur-l'Oder et Kustrin, se partage en plusieurs branches, au-dessous de Stettin, et se jette dans la mer Baltique par plusieurs embouchures.

80.

Où la Glomma prend-elle sa source, etc.? La Glomma prend sa source dans les monts de Kœlen, traverse la Norwège du nord au sud, et se jette dans le Cattégat à Fredericshald.

81.

Où l'Elbe prend-il sa source, etc.? L'Elbe prend sa source dans les monts Karpathes, au nord de l'empire d'Autriche, arrose Dresde, Wittemberg, Dessau, Magdebourg, Lawembourg, Hambourg, Altona, Gluckstadt, et se jette dans la mer du Nord à Cuxhaven.

82.

Où le Weser prend-il sa source, etc.? Le Weser se forme du concours des rivières de Werra et de Fulde qui s'unissent à Munden, passe à Brême et se jette dans la mer du Nord.

83.

Où le Rhin prend-il sa source, etc.? Le Rhin

prend sa source au mont Saint-Gothard, dans le canton des Grisons en Suisse, arrose Coire, traverse le lac de Constance, sépare la Suisse et la France de l'Allemagne, arrose Schaffausen, Bâle, Huningue, Spire, Manheim, Worms, Mayence, Coblentz, Bonn, Cologne, Dusseldorf, Wesel; puis se partage en quatre branches, le Wahal, l'Yssel, le Leck et le Rhin proprement dit; le Wahal et le Leck se jettent dans la Meuse, l'Yssel arrose Deventer et se jette dans le Zuyderzée; le Rhin passe à Utrecht, à Leyde, et se perd dans les sables près de cette dernière ville.

84.

Où la Meuse prend-elle sa source, etc.? La Meuse prend sa source dans le département de la Haute-Marne près de Langres, passe à Commercy, à Verdun, à Sedan, à Mézières, à Givet, à Dinant, à Namur, à Liège, à Maëstricht, à Ruremonde, reçoit le Wahal et le Leck, arrose Dordrecht, Rotterdam, et va se jeter dans la mer du Nord, au-dessus de la Brielle.

85.

Où l'Escaut prend-il sa source, etc.? L'Escaut prend sa source au nord du département de l'Aisne, passe à Cambrai, à Valenciennes, à Gand, à Anvers; se divise au Fort-Lillo en Escaut oriental et en Escaut occidental : le premier passe à Berg-op-Zoom, et le second prend le nom de Hondt à son entrée dans la mer du Nord, près de Flessingue.

86.

Où la Tamise prend-elle sa source, etc.?
La Tamise se forme des rivières de Tam et d'Yse
arrose Oxford, Reading, Windsor, Londres, et
se jette dans la mer du Nord à Sherness.

87.

Où la Tweed prend-elle sa source, etc.?
Elle prend sa source aux monts Cheviots, traverse
l'Écosse de l'ouest à l'est, la sépare de l'Angleterre et se jette dans la mer du Nord à Berwick.

88.

Où le Tay prend-il sa source, etc.? Le Tay
prend sa source dans les montagnes du comté de
Perth, traverse le lac Tay, passe à Perth, et se
jette dans la mer du Nord au-dessus de Saint-
Andrews.

89.

Où la Seine prend-elle sa source, etc.? La
Seine prend sa source dans le département de la
Côte-d'Or, près de Saint-Seine; elle arrose Châ-
tillon, Bar-sur-Seine, Troyes, Nogent-sur-
Seine, Melun, Corbeil, Paris, Mantes, Rouen,
et se jette dans la Manche entre le Havre-de-
Grâce et Honfleur.

90.

Où la Somme prend-elle sa source, etc.? La
Somme prend sa source dans le département de
l'Aisne, près de celle de l'Escaut, arrose Saint-
Quentin, Péronne, Amiens, Abbeville, et se jette
dans la Manche, au-dessus de Saint-Valery.

91.

Où le Shannon prend-il sa source, etc.? Le Shannon prend sa source en Irlande, traverse les lacs de Ree et de Derg, passe par Limerick, et se jette dans l'océan Atlantique à l'ouest de l'Irlande.

92.

Où la Saverne prend-elle sa source, etc.? La Saverne prend sa source dans les montagnes du pays de Galles, passe par Montgomery, Shrewsbury, Worcester, Glocester, et se jette dans l'océan Atlantique près de Bristol.

93.

Où la Loire prend-elle sa source, etc.? La Loire prend sa source au mont Gerbier-des-Joncs, dans le département de l'Ardèche, arrose le Puy, Roanne, Nevers, la Charité, Briare, Orléans, Blois, Tours, Saumur, Nantes, et se jette dans l'Océan à Paimbœuf.

94.

Où la Charente prend-elle sa source, etc.? La Charente prend sa source dans le département de la Haute-Vienne, arrose Angoulême, Cognac, Saintes et Rochefort, et se jette dans l'Océan vis-à-vis de l'île d'Oléron.

95.

Où la Garonne prend-elle sa source, etc.? La Garonne prend sa source au val d'Aran, dans les Pyrénées, passe par Toulouse, Castel-Sarrasin, Agen, Aiguillon, Marmande, Bordeaux, le bourg du Bec-d'Ambez, où elle reçoit la Dordogne, et prend le nom de Gironde jusqu'à son embouchure dans l'océan Atlantique.

96.

Où l'Adour prend-il sa source, etc.? L'Adour prend sa source dans les Pyrénées, arrose Bagnères, Tarbes, Saint-Sever, Dax, Bayonne, et se jette dans l'océan Atlantique.

97.

Où le Minho prend-il sa source, etc.? Le Minho prend sa source au nord de la Galice, arrose Lugo, Orense, sépare l'Espagne du Portugal, passe à Tuy, et se jette dans l'océan Atlantique au-dessous de cette ville.

98.

Où le Duero prend-il sa source, etc.? Le Duero prend sa source dans la Vieille-Castille, arrose Soria, Zamora, Miranda, Porto, et se jette dans l'océan Atlantique au-dessous de cette ville.

99.

Où le Tage prend-il sa source, etc.? Le Tage prend sa source dans la Nouvelle Castille sur les frontières de l'Aragon, arrose Tolède, Alcantara, Santaren, Lisbonne et se jette dans l'océan Atlantique au-dessous de cette ville.

100.

Où la Guadiana prend-elle sa source, etc.? La Guadiana prend sa source dans la Nouvelle Castille, arrose Calatrava, Mérida, Badajoz, traverse une partie du Portugal, sépare le royaume des Algarves de l'Andalousie et se jette dans l'océan Atlantique.

101.

Où le Guadalquivir prend-il sa source, etc.? Le Guadalquivir prend sa source sur les confins du royaume de Murcie, au pied de la Sierra Segura, passe à Andujar, à Cordoue, à Séville, et se jette dans l'océan Atlantique à Saint-Lucar.

102.

Où l'Ebre prend-il sa source, etc.? L'Ebre prend sa source dans les Asturies, près d'un bourg nommé Fontèbre, côtoie les provinces basques et la Navarre, arrose Logrono, traverse l'Aragon, passe à Saragosse, à Tortose, et se jette dans la Méditerranée au-dessous de cette ville.

103.

Où le Rhône prend-il sa source, etc.? Le Rhône prend sa source en Suisse au mont Furca, passe près de Sion, traverse le lac de Genève, arrose Genève, Lyon, Vienne, Tournon, Valence, Montélimart, Pont-Saint-Esprit, Avignon, Tarascon, Beaucaire, Arles, et se jette dans la Méditerranée par plusieurs embouchures.

104.

Où l'Arno prend-il sa source, etc.? L'Arno prend sa source dans les Apennins, à l'est de la Toscane, passe près d'Arezzo, arrose Florence et Pise, et se jette dans la Méditerranée au-dessus de Livourne.

105.

Où le Tibre prend-il sa source, etc.? Le Tibre prend sa source dans les Apennins, en Toscane, passe près de Pérouse, arrose Rome, et se jette dans la Méditerranée à Ostie.

106.

Où le Pô prend-il sa source, etc.? Le Pô prend sa source près du mont Viso, passe par Carignano, Turin, Casal, Plaisance, Crémone, Revero, et se jette dans le golfe de Venise par plusieurs embouchures, près du lac de Comacchio.

107.

Où l'Adige prend-il sa source, etc.? L'Adige prend sa source dans les montagnes du Tyrol, arrose Trente, Vérone, traverse le royaume Lombard-Vénitien, et se jette dans le golfe de Venise près de l'embouchure du Pô.

108.

Où le Danube prend-il sa source, etc.? Le Danube prend sa source dans la forêt Noire, dans le grand-duché de Bade, baigne Ulm, Ratisbonne, Passaw, Lintz, Vienne, Presbourg, Bude, Pest, Peterwardein, Belgrade, Silistria, Braïlow, Ismaïl, et se jette dans la mer Noire par plusieurs embouchures.

109.

Où le Dniester prend-il sa source, etc.? Le Dniester prend sa source aux monts Karpathes, dans la Gallicie, arrose Choczim, Bender, et se jette dans la mer Noire au-dessous d'Akerman.

110.

Où le Dniéper prend-il sa source, etc.? Le Dniéper ou l'ancien Borysthène prend sa source en Russie dans le gouvernement de Smolensk, arrose Mohilev, Kiev, Ekaterinoslav, Kherson, et se jette dans la mer Noire à Otchakov.

111.

Où le Don prend-il sa source, etc.? Le Don, autrefois appelé Tanaïs, prend sa source près de Toula, passe près de Voronez, arrose Tcherkask, et se jette dans la mer d'Azof à Azof.

112.

Où le Volga prend-il sa source, etc.? Le Volga, l'un des plus grands fleuves du monde, sort du lac Selinguer, dans le gouvernement de Tver, arrose Tver, Jaroslav, Kostroma, Nijnei-Novgorod, Kasan, Simbirsk, Saratov, Astracan, et se jette dans la mer Caspienne par un grand nombre d'embouchures après un cours de huit cents lieues.

113.

Où l'Oural prend-il sa source, etc.? L'Oural prend sa source aux monts Ourals dans le gouvernement d'Orenbourg, sépare la Russie d'Europe de celle d'Asie, arrose Orenbourg et se jette dans la mer Caspienne.

LEÇON X.

RIVIÈRES DE L'EUROPE.

(Une rivière est un courant d'eau qui se jette dans un fleuve. L'endroit où deux courans d'eau se réunissent se nomme confluent.)

114.

Combien y a-t-il de rivières principales en Europe? Il y en a trente-deux; ce sont: le Bug, qui se jette dans la Vistule; la Warthe, qui se jette dans l'Oder; le Necker, l'Aar, le Mein et la Moselle, qui se jettent dans le Rhin; la Sambre, qui se jette dans la Meuse; la Scarpe et la Lys, qui se jettent dans l'Escaut; l'Yonne, la Marne et l'Oise, qui se jettent dans la Seine; l'Allier, le Cher, la Vienne et la Mayenne, qui se jettent dans la Loire; le Tarn, le Lot et la Dordogne, qui se jettent dans la Garonne; la Saône, l'Isère et la Durance, qui se jettent dans le Rhône; le Tésin et l'Adda, qui se jettent dans le Pô; le Lech, l'Isar, l'Inn, la Drave, le Save, la Theiss et le Pruth, qui se jettent dans le Danube; et la Kama, qui se jette dans le Volga.

4

115.

Où le Bug prend-il sa source, par où passe-t-il, et dans quel fleuve se jette-t-il? Le Bug prend sa source dans la Gallicie, à l'est de Lemberg, et se décharge dans la Vistule au-dessous de Varsovie.

116.

Où la Warthe prend-elle sa source, etc.? La Warthe prend sa source près de Cracovie, passe à Posen, à Landsberg, et se jette dans l'Oder à Custrin.

117.

Où le Necker prend-il sa source, etc.? Le Necker prend sa source près de celle du Danube, passe près de Stuttgard, arrose Heilbronn, Heidelberg, et se jette dans le Rhin à Manheim.

118.

Où l'Aar prend-il sa source, etc.? L'Aar prend sa source dans le canton de Berne, traverse les lacs de Brientz et de Thun, arrose Berne, Soleure, Arau, et se jette dans le Rhin vis-à-vis de Waldshut.

119.

Où le Mein prend-il sa source, etc.? Le Mein prend sa source dans la Bavière, passe par Bamberg, Wurtzbourg, Francfort, et se jette dans le Rhin vis-à-vis de Mayence.

120.

Où la Moselle prend-elle sa source, etc.? La Moselle prend sa source dans les Vosges, arrose Épinal, Toul; reçoit la Meurthe, passe à Metz, Thionville, Trèves, et se jette dans le Rhin à Coblentz.   121.

Où la Sambre prend-elle sa source, etc.? La Sambre prend sa source au nord du département de l'Aisne, passe par Landrecies, Maubeuge, Charleroi, et se jette dans la Meuse à Namur.

122.

Où la Scarpe prend-elle sa source, etc.? La Scarpe prend sa source au nord-ouest d'Arras, traverse Arras, Douai, et se jette dans l'Escaut.

123.

Où la Lys prend-elle sa source, etc.? La Lys prend sa source dans le département du Pas-de-Calais, arrose Aire, Courtrai, et se jette dans l'Escaut à Gand.

124.

Où l'Yonne prend-elle sa source, etc.? L'Yonne prend sa source dans le département de la Nièvre près de Château-Chinon, arrose Auxerre, Joigny, Sens, et joint la Seine à Montereau-Faut-Yonne.

125.

Où la Marne prend-elle sa source, etc.? La Marne prend sa source près de Langres, dans le département de la Haute-Marne, arrose Joinville, Vitry-le-Français, Châlons, Épernay, Château-Thierry, Meaux, et joint la Seine à Charenton.

126.

Où l'Oise prend-elle sa source, etc.? L'Oise

prend sa source dans le département des Ardennes, près de Rocroy, reçoit l'Aisne, arrose Guise, La Fère, Noyon, Compiègne, Pontoise, et se jette dans la Seine au-dessous de cette ville.

127.

Où l'Allier prend-il sa source , etc.? L'Allier prend sa source dans le département de la Lozère aux monts Cévennes, arrose Brioude, Issoire, Vichy, Moulins, et se jette dans la Loire au-dessous de Nevers.

128.

Où le Cher prend-il sa source , etc.? Le Cher prend sa source près d'Aubusson dans le département de la Creuse, arrose Montluçon, Saint-Amand, Saint-Agnan, et se jette dans la Loire entre Tours ˙˙Saumur.

129.

Où la Vienne prend-elle sa source , etc.? La Vienne prend sa source dans le département de la Haute-Vienne, arrose Limoges, Confolens, Chatelleraut, reçoit la Creuse, passe à Chinon, et joint la Loire à Candé.

130.

Où la Mayenne prend-elle sa source , etc.? La Mayenne prend sa source dans le département de l'Orne, arrose Mayenne, Laval, Château-Gontier, reçoit la Sarthe, passe à Angers, et se jette dans la Loire au-dessous le cette ville.

131.

Où le Tarn prend-il sa source, etc.? Le Tarn

prend sa source dans le département de la Lozère, aux monts Cévennes, arrose Alby, Montauban, reçoit l'Aveiron et se jette dans la Garonne à Moissac.

132.

Où le Lot prend-il sa source, etc.? Le Lot prend sa source dans le département de la Lozère, aux monts Cévennes, arrose Mende, Cahors, et joint la Garonne à Aiguillon.

133.

Où la Dordogne prend-elle sa source, etc.? La Dordogne se forme au pied du Mont-d'Or, dans le département du Puy-de-Dôme, de deux ruisseaux nommés la Dor et la Dogne, reçoit la Corrèze, arrose Bergerac, Libourne, et se jette dans la Garonne au Bourg du Bec d'Ambez.

134.

Où la Saône prend-elle sa source, etc.? La Saône prend sa source dans le département des Vosges, près de Plombières, arrose Gray, Auxonne, Châlons, Mâcon, Trévoux, et se jette dans le Rhône à Lyon.

135.

Où l'Isère prend-elle sa source, etc.? L'Isère prend sa source au mont Iserano dans les Alpes, arrose Grenoble, et joint le Rhône entre Tournon et Valence.

136.

Où la Durance prend-elle sa source, etc.? La Durance prend sa source dans les Alpes, arrose Briançon, Embrun, Cavaillon, et se jette dans le Rhône au-dessous d'Avignon.

4.

137.

Où le Tésin prend-il sa source, etc.? Le Tésin prend sa source près du mont Saint-Gothard, arrose Bellinzone, traverse le lac Majeur, passe à Pavie, et se jette dans le Pô.

138.

Où l'Adda prend-il sa source, etc.? L'Adda prend sa source dans les Alpes, arrose Sondrio, traverse le lac de Côme, passe par Lodi, et se jette dans le Pô entre Crémone et Plaisance.

139.

Où le Lech prend-il sa source, etc.? Le Lech prend sa source dans les montagnes du Tyrol, traverse la Bavière, passe par Augsbourg, et se jette dans le Danube près de Donavert.

140.

Où l'Isar prend-il sa source, etc.? L'Isar prend sa source dans les montagnes du Tyrol, arrose Munich, Landshut, Landau, et se jette dans le Danube.

141.

Où l'Inn prend-il sa source, etc.? L'Inn prend sa source dans le canton des Grisons, passe à Inspruck, et se jette dans le Danube à Passaw.

142.

Où la Drave prend-elle sa source, etc.? La Drave prend sa source dans les montagnes du Tyrol, arrose Villach, Mahrburg, Petau, Eszek, et joint le Danube près de cette ville.

143.

Où la Save prend-elle sa source, etc.? La Save prend sa source dans la Carniole, passe près de Laybach et d'Agram, arrose Siszek, Gradiska, Brod, Sabacz, et se jette dans le Danube à Belgrade, au-dessous de Semlin.

144.

Où la Theiss prend-elle sa source, etc.? La Theiss prend sa source aux monts Karpathes, traverse la Hongrie, et se jette dans le Danube près de Péterwardein.

145.

Où le Pruth prend-il sa source, etc.? Le Pruth prend sa source aux monts Karpathes, dans la Gallicie, arrose Czernowicz, et se jette dans le Danube au-dessous de Galatz.

146.

Où la Kama prend-elle sa source, etc.? La Kama prend sa source en Russie dans le gouverment de Viatka, arrose Perm, et se jette dans le Volga au sud de Kasan.

LEÇON XI.

DIVISION DES CONTRÉES DE L'EUROPE AU NORD.

147.

Comment divise-t-on les Iles Britanniques? En quatre parties, qui sont: l'Angleterre, capiale Londres, villes principales Bristol, Birmingham, Liverpool, Manchester, et York; l'Ecosse,

capitale Edimbourg, ville principale Glascow;
l'Irlande, capitale Dublin, ville principale Cork;
plusieurs petites îles (*Voir le n° 47*).

148.

Comment divise-t-on le Danemark ? On le
divise en partie continentale et en îles : la partie
continentale comprend, le Jutland, capitale Vi-
borg, villes principales Aalborg et Sleswig; le
duché de Holstein, villes principales Kiel et
Altona; le duché de Lauenbourg, capitale Lauenbourg: pour la partie des îles (*Voir le n° 48*).

149.

*Comment divise-t-on le royaume de Nor-
wège?* En cinq parties principales, qui sont: les
gouvernemens de Christiania ou de l'Aggerhuus,
capitale Christiania; de Christiansand, capitale
Christiansand; de Bergen, capitale Bergen; de
Drontheim, capitale Drontheim; et les îles (*Voir
'e n° 49*). Le Finmark ou Laponie Norwégienne,
qui est la partie la plus septentrionale de la Norwège, ne renferme que de misérables bourgades.

150.

Comment divise-t-on la Suède? En quatre
parties, qui sont: la Suède proprement dite, capitale Stockholm, villes principales Upsal et Nikœ-
ping; le Nordland qui comprend la Laponie
Suédoise, villes principales Luléa et Tornéa; le
Gothland villes principales Christianstadt, Carls-

crone, Calmar et Gothembourg; et les îles (*Voir le n° 49*).

151.

Comment divise-t-on la Russie ? En quatre parties; celle du nord, celle du milieu, celle du midi, et les îles.

La partie du nord contient seize gouvernemens ou provinces, dont les villes principales sont: Saint-Pétersbourg, Wibourg, Abo, Arkhangel, Novgorod, Revel, Riga, etc.

La partie au milieu contient dix-huit gouvernemens, dont les villes principales sont : Moscou, Toula, Smolensk, Grodno, Vilna, Mittau, etc.

La partie au midi contient vingt gouvernemens ou provinces, dont les villes principales sont: Voronez, Kiev, Poltava, Ekaterinoslav, Odessa, Astracan, etc.

Les îles (*Voir le n° 50*).

LEÇON XII.

DIVISION DES CONTRÉES DE L'EUROPE AU MILIEU.

ANCIENNE DIVISION DE LA FRANCE.

152.

Comment divisait-on la France avant 1789 ? On la divisait en trente-deux gouvernemens ou provinces, dont vingt au circuit et douze au milieu.

153.

Quelle était la disposition respective de ces différentes provinces? Les vingt provinces du circuit formaient une espèce de carré, dont un côté était au nord, l'autre au levant, l'autre au midi, et l'autre au couchant; les douze du milieu formaient une espèce de triangle dont chaque côté contenait quatre provinces.

154.

Quelles étaient les provinces du circuit au nord? La Normandie, capitale Rouen; la Picardie, capitale Amiens; l'Artois, capitale Arras, et la Flandre, capitale Lille.

155.

Quelles étaient les provinces du circuit à l'orient? La Lorraine, capitale Nancy; l'Alsace, capitale Strasbourg; la Franche-Comté, capitale Besançon; la Bourgogne, capitale Dijon; le Lyonnais, capitale Lyon; et le Dauphiné, capitale Grenoble.

156.

Quelles étaient les provinces du circuit au midi? La Provence, capitale Aix; le Languedoc, capitale Toulouse; le Roussillon, capitale Perpignan; le comté de Foix, capitale Foix; le Béarn, capitale Pau.

157.

Quelles étaient les provinces du circuit à l'occident? La Guyenne et la Gascogne, capitale Bordeaux; la Saintonge et l'Angoumois, capitales

Saintes et Angoulême; le Poitou, capitale Poitiers; l'Aunis, capitale la Rochelle; et la Bretagne, capitale Rennes.

158.

Quelles étaient les provinces du milieu au nord? L'Anjou, capitale Angers; le Maine et le Perche, capitale le Mans; l'Orléanais, capitale Orléans; l'Ile-de-France, capitale Paris.

159.

Quelles étaient les provinces du milieu à l'orient? La Champagne, capitale Troyes; le Nivernais, capitale Nevers; le Bourbonnais, capitale Moulins; l'Auvergne, capitale Clermont.

160.

Quelles étaient les provinces du milieu à l'occident? le Limousin, capitale Limoges; la Marche, capitale Guéret; le Berry, capitale Bourges; la Touraine, capitale Tours.

NOUVELLE DIVISION DE LA FRANCE.

161.

Comment divise-t-on maintenant la France? On la divise en 86 départemens, dont 84 ont leurs chefs-lieux dans les anciennes provinces; un est formé de l'île de Corse, et l'autre, du comtat d'Avignon réuni à la France en 1791.

DÉPARTEMENS DU CIRCUIT AU NORD.

162.

Combien y a-t-il de départemens dont les chefs-lieux sont dans l'ancienne NORMANDIE

Il y en a cinq, qui sont: les départemens de la Seine-Inférieure, chef-lieu ROUEN, ville principale Dieppe; de l'Eure, chef-lieu ÉVREUX; du Calvados, chef-lieu CAEN; de la Manche, chef-lieu SAINT-LÔ, ville principale Cherbourg; et de l'Orne, chef-lieu ALENÇON.

163.

Quel est le département dont le chef-lieu est dans l'ancienne PICARDIE? C'est le département de la Somme, chef-lieu AMIENS.

164.

Quel est le département dont le chef-lieu est dans l'ancien ARTOIS? C'est le département du Pas-de-Calais, chef-lieu ARRAS, villes principales Boulogne, Calais, Saint-Omer.

165.

Quel est le département dont le chef-lieu est dans l'ancienne FLANDRE FRANÇAISE? C'est le département du Nord, chef-lieu LILLE; villes principales Douai et Dunkerque.

DÉPARTEMENS DU CIRCUIT AU LEVANT.

166.

Combien y a-t-il de départemens dont les chefs-lieux sont dans l'ancienne LORRAINE? Il y en a quatre, qui sont: les départemens de la Meurthe, chef-lieu NANCY; des Vosges, chef-lieu ÉPINAL; de la Meuse, chef-lieu BAR-LE-DUC; de la Moselle, chef-lieu METZ.

167.

Combien y a-t-il de départemens dont les chefs-lieux sont dans l'ancienne ALSACE? Il y en a deux, qui sont: les départemens du Bas-Rhin, chef-lieu STRASBOURG; du Haut-Rhin, chef-lieu COLMAR, ville principale Mulhouse.

168.

Combien y a-t-il de départemens dont les chefs-lieux sont dans l'ancienne FRANCHE-COMTÉ? Il y en trois, qui sont: les départemens du Doubs, chef-lieu BESANÇON; de la Haute-Saône, chef-lieu VESOUL; du Jura, chef-lieu LONS-LE-SAULNIER, ville principale Dôle.

169.

Combien y a-t-il de départemens dont les chefs-lieux sont dans l'ancienne BOURGOGNE? Il y en a quatre, qui sont: les départemens de la Côte-d'Or, chef-lieu DIJON, ville principale Beaune; de l'Yonne, chef-lieu AUXERRE; de Saône-et-Loire, chef-lieu MACON; de l'Ain, chef-lieu BOURG.

170.

Combien y a-t-il de départemens dont les chefs-lieux sont dans l'ancien LYONNAIS? Il y en a deux, qui sont: les départemens du Rhône, chef-lieu LYON; de la Loire, chef-lieu MONTBRISON, ville principale Saint-Étienne.

171.

Combien y a-t-il de départemens dont les chefs-lieux sont dans l'ancien DAUPHINÉ? Il y en a trois, qui sont : les départemens de l'Isère, chef-lieu GRENOBLE; de la Drôme, chef-lieu VALENCE; des Hautes-Alpes, chef-lieu GAP.

DÉPARTEMENS AU MIDI.

172.

Combien y a-t-il de départemens dont les chefs-lieux sont dans l'ancienne PROVENCE? Il y en a trois, qui sont : les départemens des Basses-Alpes, chef-lieu DIGNE; du Var, chef-lieu DRAGUIGNAN, ville principale Toulon; des Bouches-du-Rhône, chef-lieu MARSEILLE, ville principale Aix.

173.

Combien y a-t-il de départemens dont les chefs-lieux sont dans l'ancien LANGUEDOC? Il y en a huit, qui sont : les départemens de la Haute-Garonne, chef-lieu TOULOUSE; du Tarn, chef-lieu ALBY, ville principale Castres; de l'Aude, chef-lieu CARCASSONNE, ville principale Narbonne; de l'Hérault, chef-lieu MONTPELLIER, ville principale Béziers; du Gard, chef-lieu NÎMES; de la Lozère, chef-lieu MENDE; de la Haute-Loire, chef-lieu LE PUY; de l'Ardèche, chef-lieu PRIVAS.

174.

Quel est le département dont le chef-lieu est dans l'ancien ROUSSILLON? C'est le département des Pyrénées-Orientales, chef-lieu PERPIGNAN.

175,

Quel est le département dont le chef-lieu est dans l'ancien COMTÉ DE FOIX ? C'est le département de l'Arriège, chef-lieu Foix.

176.

Quel est le département dont le chef-lieu est dans l'ancien BÉARN ? C'est le département des Basses-Pyrénées, chef-lieu Pau, ville principale Bayonne.

DÉPARTEMENS DU CIRCUIT AU COUCHANT.

177.

Combien y a-t-il de départemens dont les chefs-lieux sont dans l'ancienne GUYENNE ? Il y en a neuf, qui sont : les départemens de la Gironde, chef-lieu Bordeaux ; de la Dordogne, chef-lieu Périgueux ; du Lot-et-Garonne, chef-lieu Agen ; du Lot, chef-lieu Cahors ; de l'Aveyron, chef-lieu Rhodez ; de Tarn-et-Garonne, chef-lieu Montauban ; des Landes, chef-lieu Mont-de-Marsan ; du Gers, chef-lieu Auch ; des Hautes-Pyrénées, chef-lieu Tarbes.

178.

*Quel est le département dont le chef-lieu est dans l'ancien pays d'*AUNIS? C'est le département de la Charente-Inférieure, chef-lieu La Rochelle, villes principales Rochefort et Saintes.

179.

Quel est le département dont le chef-lieu est

dans l'ancien ANGOUMOIS? C'est le département de la Charente, chef-lieu ANGOULÊME.

180.

Combien y a-t-il de départemens dont les chefs-lieux sont dans l'ancien POITOU? Il y en a trois, qui sont: les départemens de la Vienne, chef-lieu POITIERS; des deux-Sèvres, chef-lieu NIORT; de la Vendée, chef-lieu BOURBON-VENDÉE.

181.

Combien y a-t-il de départemens dont les chefs-lieux sont dans l'ancienne BRETAGNE? Il y en a cinq, qui sont, les départemens d'Ille-et-Vilaine, chef-lieu RENNES; de la Loire-Inférieure, chef-lieu NANTES; du Morbihan, chef-lieu VANNES, ville principale Lorient; du Finistère, chef-lieu QUIMPER, ville principale Brest; des Côtes-du-Nord, chef-lieu SAINT-BRIEUX.

DÉPARTEMENS DU MILIEU AU NORD.

182.

Quel est le département dont le chef-lieu est dans l'ancien ANJOU? C'est le département de Maine-et-Loire, chef-lieu ANGERS.

183.

Combien y a-t-il de départemens dont les chefs-lieux sont dans l'ancien MAINE? Il y en a deux, qui sont: les départemens de la Sarthe, chef-lieu LE MANS; de la Mayenne, chef-lieu LAVAL.

184.

Combien y a-t-il de départemens dont les chefs-lieux sont dans l'ancien ORLÉANAIS? Il y en a trois, qui sont : les départemens du Loiret, chef-lieu ORLÉANS; de Loir-et-Cher, chef-lieu BLOIS; de l'Eure-et-Loir, chef-lieu CHARTRES.

185.

Combien y a-t-il de départemens dont les chefs-lieux sont dans l'ancienne ILE-DE-FRANCE? Il y en a cinq, qui sont : les départemens de la Seine, chef-lieu PARIS; de Seine-et-Oise, chef-lieu VERSAILLES; de Seine-et-Marne, chef-lieu MELUN; de l'Aisne, chef-lieu LAON; de l'Oise, chef-lieu BEAUVAIS.

DÉPARTEMENS DU MILIEU A L'ORIENT.

186.

Combien y a-t-il de départemens dont les chefs-lieux sont dans l'ancienne CHAMPAGNE? Il y en a quatre, qui sont : les départemens de l'Aube, chef-lieu TROYES; de la Haute-Marne, chef-lieu CHAUMONT; de la Marne, chef-lieu CHALONS, ville principale Reims; des Ardennes, chef-lieu MÉZIÈRES.

187.

Quel est le département dont le chef-lieu est dans l'ancien NIVERNAIS? C'est le département de la Nièvre, chef-lieu NEVERS.

5.

188.

Quel est le département dont le chef-lieu est dans l'ancien BOURBONNAIS? C'est le département de l'Allier, chef-lieu MOULINS.

189.

Combien y a-t-il de départemens dont les chefs-lieux sont dans l'ancienne AUVERGNE? Il y en a deux, qui sont: les départemens du Puy-de-Dôme, chef-lieu CLERMONT, ville principale Riom; du Cantal, chef-lieu AURILLAC.

DÉPARTEMENS DU MILIEU A L'OCCIDENT.

190.

Combien y a-t-il de départemens dont les chefs-lieux sont dans l'ancien LIMOUSIN ? Il y en a deux, qui sont: les départemens de la Haute-Vienne, chef-lieu LIMOGES; de la Corrèze, chef-lieu TULLE.

191.

Quel est le département dont le chef-lieu est dans l'ancienne MARCHE? C'est le déportement de la Creuse, chef-lieu GUÉRET.

192.

Combien y a-t-il de départemens dont les chefs-lieux sont dans l'ancien BERRY ? Il y en a deux, qui sont : les départemens du Cher, chef-lieu BOURGES; de l'Indre, chef-lieu CHATEAU-ROUX.

193.

Quel est le département dont le chef-lieu est

dans l'ancienne TOURAINE? C'es le département d'Indre-et-Loire, chef-lieu Tours.

COMTAT D'AVIGNON ET CORSE.

194.

Quel est le département formé du comtat d'AVIGNON? C'est le département de Vaucluse, chef-lieu Avignon.

195.

*Quel est le département que forme l'*ILE DE CORSE? C'est celui de la Corse, chef-lieu Ajaccio, ville principale Bastia.

LEÇON XIII.

SUITE DE LA DIVISION DES CONTRÉES DE L'EUROPE AU MILIEU.

196.

Comment divise-t-on la Hollande?

La Hollande comprend neuf provinces, qui sont: la Hollande proprement dite, villes principales Amsterdam, Harlem, La Haye, Leyde et Rotterdam; la Zélande, capitale Middelbourg, ville principale Flessingue; le Brabant septentrional, villes principales Bois-le-Duc, Bréda et Berg-op-Zoom; la province d'Utrecht, capitale Utrecht; la province de Gueldre, capitale Arnheim, ville principale Nimègue; la province de l'Over-Yssel, capitale Zwol, ville principale Deventer; la province de Drenthe, capitale Assen;

la province de Groningue, capitale Groningue;
et la Frise, capitale Leuwarden.

Comment divise-t-on la Belgique?

La Belgique se divise en neuf parties, qui sont:
le Brabant méridional, capitale Bruxelles, ville
principale Louvain; la province d'Anvers, capitale Anvers, ville principale Malines; le Lim-
bourg, capitale Maestricht; la province de Liège,
capitale Liège; la province de Namur, capitale
Namur; le Hainaut, capitale Mons; la Flandre
orientale, capitale Gand; la Flandre occidentale, capitale Bruges, villes principales Ostende,
Nieuport et Courtrai; et le grand-duché de
Luxembourg, capitale Luxembourg. (1)

197.

*Quels sont les trente-neuf états que comprend
l'Allemagne sous le nom de confédération germanique? Ce sont:*

1° Une partie de l'empire d'Autriche, savoir:
l'archiduché d'Autriche, capitale Vienne, ville
principale Lintz; la Moravie, capitale Brunn, villes
principales Ohmutz et Troppau; le royaume de Bohême, capitale Prague; le Tyrol, villes principales
Inspruck et Trente; l'Illyrie, capitale Laybach,
villes principales Klagenfurt et Trieste; et la Styrie, capitale Gratz.

2° Une partie du royaume de Prusse, savoir: le

---

(1) Cette province, qui fait partie de la confédération
germanique, est maintenant un objet de litige entre la
Hollande et la Belgique.

Brandebourg, capitale Berlin, ville principale Postdam; la Silésie, capitale Breslau; la Poméranie, villes principales Stettin et Stralsund; la province de Saxe, villes principales Magdebourg et Erfurth; la Westphalie, capitale Munster; le duché de Clèves et de Berg, villes principales Cologne, Clèves et Dusseldorf; le duché du Bas-Rhin, villes principales Coblentz, Aix-la-Chapelle et Trèves.

3° Quatre royaumes: ceux de Saxe, capitale Dresde, ville principale Leipsig; de Hanovre, qui appartient à l'Angleterre, capitale Hanovre, villes principales Embden, Gottingue, Lunebourg; de Bavière, capitale Munich, villes principales Augsbourg, Ratisbonne, Nuremberg, Wurtzbourg; de Wurtemberg, capitale Stuttgard, ville principale Ulm.

4° Sept grands duchés: ceux de Bade, capitale Carlsruhe, villes principales Baden et Constance; de Luxembourg, capitale Luxembourg; de Hesse-Darmstadt, capitale Darmstadt, ville principale Mayence; de Saxe-Weimar, capitale Weimar; d'Oldembourg, capitale Oldembourg; de Mecklenbourg-Schewrin, capitale Schewrin; et de Mecklenbourg-Strelitz, capitale Strelitz.

5° La Hesse électorale, capitale Cassel.

6° Huit duchés dont les principaux sont: le duché de Holstein, villes principales Kiel et Altona; de Lauenbourg, capitale Lauenbourg: ils appartiennent au roi de Danemark; de Brunswick, capitale Brunswick; de Saxe-Gotha, capitale Gotha; de Saxe-Cobourg, capitale Cobourg; de Nassau, capitale Visbaden.

7° Douze principautés, dont les capitales sont peu importantes.

8° Le landgraviat de Hesse-Hombourg, capitale Hombourg.

9° Quatre villes libres : Lubeck, Hambourg, Brême et Francfort-sur-le-Mein.

198.

Comment divise-t-on le royaume de Prusse?
Le royaume de Prusse se divise en deux parties, qui sont : les provinces comprises dans la confédération germanique (*Voyez le n° 197*), et celles qui n'en font pas partie, savoir : La Prusse orientale, capitale Kœnigsberg; la Prusse occidentale, capitale Dantzig; et le grand-duché de Posen, capitale Posen.

199.

Comment divise-t-on le royaume de Pologne?
En huit provinces ou voïvodies, dont les villes principales sont Varsovie, Sandomir et Lublin.

Cracovie est une ville libre sous la protection de la Russie, de l'Autriche et de la Prusse.

La Pologne comprenait autrefois, outre ce royaume, des provinces à l'est, formant aujourd'hui huit gouvernemens de la Russie; la Gallicie, qui appartient à l'Autriche, et le grand-duché de Posen, qui appartient à la Prusse.

200.

Comment divise-t-on la Hongrie? La Hongrie, qui appartient à l'Autriche, est divisée en quatre parties, qui sont : la Hongrie proprement dite, capitale Bude ou Ofen, villes principales Presbourg, Pest et Temeschwar; la Transylvanie, capitale Hermanstadt; la Sclavonie, divisée en partie civile et en partie militaire, dont les chefs-lieux sont Eszek et Péterwardein; et la Croatie civile, capitale Agram.

201.

Comment divise-t-on l'empire d'Autriche? En deux parties, qui sont : les états compris dans la confédération germanique (*Voir le n° 197*) et ceux qui n'en font pas partie, savoir : la Gallicie, capitale Lemberg; la Hongrie, capitale Bude; la Croatie militaire, capitale Carlstadt; la Dalmatie, capitale Zara, villes principales Spalatro et Raguse; et le royaume Lombard-Vénitien, qui fait partie de l'Italie, capitale Milan.

202.

Comment divise-t-on la Suisse? La Suisse ou confédération helvétique se divise en vingt-deux cantons, dont neuf catholiques, huit protestans et cinq mixtes.

Les cantons catholiques sont : Fribourg, Lucerne, Schwitz, Soleure, Tésin chef-lieu Bellinzone, Underwald chef-lieu Stantz, Ury chef-lieu Altorf, le Valais chef-lieu Sion, Zug.

Les cantons protestans sont : Argovie chef-lieu Arau, Bâle, Berne, Genève, Neufchâtel, Schaffouse, Vaud chef-lieu Lausanne, Zurich.

Les cantons mixtes sont: Appenzel, Glaris, Grisons chef-lieu Coire, Saint-Gall, Turgovie chef-lieu Frauenfeld.

LEÇON XIV.

DIVISION DES CONTRÉES DE L'EUROPE AU MIDI.

203.

Comment divise-t-on le Portugal? Le Portugal est divisé en six parties, qui sont : la province entre Duero et Minho, capitale Braga, ville principale Porto; la province de Traz-os-Montes, villes principales Bragance et Chaves; la province de Beira, capitale Coimbre; la province de l'Estramadure, capitale Lisbonne; la province de l'Alentejo, capitale Evora; le royaume des Algarves, villes principales Lagos et Tavira.

204.

Comment divise-t-on l'Espagne? L'Espagne est divisée en quatorze provinces ou royaumes; savoir: cinq au nord, quatre au milieu, deux au midi, et trois à l'est.

Les cinq au nord sont: la Galice, capitale Santiago de Compostelle, villes principales la Corogne et le Ferrol ; les Asturies, capitale Oviedo ; les provinces basques, capitale Bilbao, villes principales Vittoria, Saint-Sébastien et Fontarabie à l'embouchure de la Bidassoa ; la Navarre, capitale Pampelune ; et l'Aragon, capitale Saragosse.

Les quatre au milieu sont : la Vieille-Castille, capitale Burgos, ville principale Ségovie ; le royaume de Léon, capitale Léon, ville principale Salamanque ; la Nouvelle-Castille, capitale Madrid ; l'Estramadure, capitale Badajoz.

Les deux au midi sont : l'Andalousie, capitale Séville, villes principales Cordoue, Grenade, Malaga, Cadix et Gibraltar (cette dernière ville appartient à l'Angleterre) ; et le royaume de Murcie, capitale Murcie, ville principale Carthagène.

Les trois à l'est sont : le royaume de Valence, capitale Valence, ville principale Alicante ; la principauté de Catalogne, capitale Barcelone, ville principale Roses ; et les îles Baléares, capitale Palma.

205.

Comment divise-t-on l'Italie? En onze états, dont cinq grands et six petits. Les cinq grands sont : 1° le royaume de Sardaigne, comprenant la Savoie, capitale Chambéry, ville principale Annecy ; le Piémont, capitale Turin, villes principales Aoste, Vercelli, Alexandrie, Asti, Saluces et Nice ; l'état de Gênes, capitale Gênes, villes principales Savone et Chiavari ; et l'île de Sardaigne, capitale Cagliari ;

2° Le royaume Lombard-Vénitien qui appartient à l'Autriche, et qui comprend l'ancien duché de Milan, capitale Milan, villes principales

Crémone et Mantoue; les états de l'ancienne république de Venise, capitale Venise, villes principales Vérone, Vicence, Padoue, Trévise et Udine;

3° Le grand-duché de Toscane, capitale Florence, villes principales Livourne, Piombino et Sienne;

4° Les états du pape, capitale Rome, villes principales Ferrare, Bologne, Ravenne, Rimini, Urbin, Ancône, Lorette, Macerata, Pérouse, Spolète, Viterbe, Ponte-Corvo et Bénévent (ces deux dernières villes sont enclavées dans le royaume de Naples);

5° Le royaume de Naples ou des Deux-Siciles, capitale Naples, villes principales Aquila, Salerne, Foggia, Bari, Tarente, Cosenza en Italie: Palerme et Messine dans l'île de Sicile.

Les *six petits* sont:

1° Le duché de Parme, capitale Parme, ville principale Plaisance;

2° Le duché de Modène, capitale Modène, villes principales Reggio et Mirandole;

3° Le duché de Lucques, capitale Lucques;

4° Le duché de Massa, capitale Massa;

5° La république de Saint-Marin sous la protection du pape;

6° La principauté de Monaco sous la protection du roi de Sardaigne.

206.

Comment divise-t-on la Turquie? La Turquie est divisée en septentrionale et en méridionale. La Turquie septentrionale comprend sept provinces ; ce sont : la Moldavie, capitale Jassi ; la Walaquie, villes principales Bucharest et Tergovist ; la Bulgarie, capitale Sophie ; la Servie, capitale Belgrade ; la Bosnie, capitale Bosna-Seraï ; la Croatie, capitale Bihacs ; et l'Herzegovine, capitale Mostar. La Turquie méridionale comprend quatre parties ; ce sont : la Romélie, villes principales Constantinople, Andrinople et Salonique ; l'Albanie, capitale Janina, ville principale Scutari ; la Thessalie, villes principales Larisse et Tricala et les îles. (*Voir le n° 57.*)

207.

Comment divise-t-on la Grèce? En quatre parties, savoir : 1° la Livadie, villes principales Livadie et Athènes ; 2° l'île de Negrepont ou Eubée, capitale Negrepont ; 3° le Péloponèse, villes principales Corinthe, Argos, Napoli de Romanie, Tripolitza, Misitra, Navarin ; 4° Les Cyclades et une partie des Sporades. (*Voir le n° 58.*)

SECTION II.
ASIE.

LEÇON I.
BORNES DE L'ASIE.
208.

Quelles sont les bornes de l'Asie? L'Asie est bornée, au nord, par l'océan Glacial; à l'occident, par les monts Ourals, l'Oural, la mer Caspienne, le Caucase, la mer Noire, la mer de Marmara, l'Archipel, la Méditerranée, l'isthme de Suez et la mer Rouge, qui la sépare presque entièrement de l'Afrique; au midi, par la mer des Indes; à l'est, par le grand Océan ou mer Pacifique.

LEÇON II.
CONTRÉES DE L'ASIE.
209.

En combien de contrées divise-t-on l'Asie? On divise l'Asie en onze contrées, dont une au nord, qui est la Sibérie ou Russie d'Asie, villes principales Tobolsk, Tomsk, Irkoutsk, etc.; deux à l'est, le Japon, villes principales Yédo, Miaco et Nangasaki; l'empire chinois, capitale Pékin, villes principales Nankin et Canton; deux au midi, l'Indo-Chine ou presqu'île au-delà du Gange, villes principales Ummérapoura, Kécho, Malacca, etc.; l'Hindoustan, villes principales Calcutta, Benarès, Délhy, Cachemire, Surate, Goa et Calicut sur la côte de

Malabar, et Madras sur la côte de Coromandel; quatre au milieu, le Béloutchistan, capitale Kélat; l'Afghanistan, villes principales Kaboul, Candahar et Balk; la Tartarie Indépendante, villes principales Boukhara et Samarkand; la Perse, capitale Tehéran, ville principale Ispahan; deux à l'ouest, l'Arabie, capitale La Mecque, villes principales Médine, Moka, etc., et la Turquie d'Asie, villes principales Smyrne, Damas, Jérusalem, Bagdad, etc.

LEÇON III.
MERS DE L'ASIE.

210.

Par combien de mers l'Asie est-elle baignée? L'Asie est baignée par treize mers, dont quatre grandes et neuf petites.

211.

Quelles sont les grandes mers de l'Asie et quelles contrées baignent-elles? Ce sont: l'océan Glacial au nord, qui baigne la Russie d'Asie; la mer des Indes au midi, qui baigne l'Arabie, l'Hindoustan et l'Indo-Chine; le grand Océan à l'orient, qui baigne la Chine, le Japon et la Sibérie; la Méditerranée à l'occident, qui baigne la Turquie d'Asie.

212.

Quelles sont les neuf petites mers de l'Asie, et quelles contrées baignent-elles? Ce sont: la mer Caspienne, qui baigne la Tartarie Indépendante et la Perse la mer Noire, la mer de Marmara et

6.

l'Archipel, formées par la Méditerranée; elles baignent la Turquie d'Asie; la mer de la Chine qui baigne l'Indo-Chine et la Chine; la mer Jaune, qui baigne la Chine; la mer du Japon, entre l'empire chinois et le Japon; la mer d'Ochotsk, qui baigne la Sibérie, et la mer de Béhring entre l'Asie et l'Amérique. Ces cinq dernières mers sont formées par le grand Océan.

LEÇON IV.

GOLFES ET DÉTROITS D'ASIE.

213.

Combien y a-t-il de golfes principaux en Asie? Il y en dix, ce sont: le golfe de l'Obi, au nord de la Sibérie, formé par l'océan Glacial; le golfe d'Anadyr, formé par la mer de Béhring, et le golfe de Kamtchatka, formé par la mer d'Ochotsk au nord de la Sibérie; le golfe de Pékili, formé par la mer Jaune en Chine; le golfe de Tonkin, entre la Chine et l'Indo-Chine, et le golfe de Siam au sud de l'Indo-Chine, tous deux formés par la mer de la Chine; le golfe de Bengale entre l'Indo-Chine et l'Hindoustan; le golfe d'Oman ou mer d'Arabie, entre l'Hindoustan et l'Arabie, tous deux formés par la mer des Indes; le golfe Persique, formé par le golfe d'Oman, entre la Perse et l'Arabie; et le golfe Arabique ou mer Rouge, formé par la mer d'Oman, entre l'Arabie et l'Afrique.

214.

Combien y a-t-il de détroits principaux en Asie? Il y en a dix, ce sont : le détroit de Béhring, entre l'Asie et l'Amérique ; la Manche de la Tartarie et le détroit de La Peyrouse, qui joignent la mer d'Ochotsk à la mer du Japon ; le détroit de Korée entre la Chine et le Japon ; le détroit de Malacca, au sud de l'Indo-Chine ; le détroit de Manar, au sud-est de l'Hindoustan ; le détroit d'Ormus, à l'entrée du golfe Persique ; le détroit de Bab-el-Mandeb, à l'entrée de la mer Rouge ; et les détroits des Dardanelles et de Constantinople, entre la Turquie d'Europe et la Turquie d'Asie.

LEÇON V.
ILES D'ASIE.

215.

Combien y a-t-il de principaux groupes d'îles dépendant de l'Asie? Il y en a neuf, ce sont : les îles Liakof ou nouvelle Sibérie dans l'Océan Glacial ; les Kouriles entre la mer d'Ochotsk et le grand Océan ; les îles du Japon entre la mer du Japon et le grand Océan ; les îles Lieou-Kieou, dans le grand Océan ; les îles Andaman et Nicobar, dans le golfe de Bengale ; les Maldives et les Lacquedives, dans la mer des Indes, et une partie des Sporades dans l'Archipel.

216.

Combien y a t-il d'îles principales en Asie ? Il y en a dix, ce sont ; l'île de Tchoka séparée du continent par la manche de Tartarie ; l'île Formela, l'île Macao, et l'île Hainan, dans la mer de la Chine ; l'île de Ceylan dans la mer des Indes, l'île de Bombay sur la côte occidentale de l'Hindoustan ; l'île de Bahrein dans le golfe Persique ; les îles de Chypre et de Rhodes, dans la Méditerranée, et l'île de Marmara dans la mer du même nom.

217.

Quelles sont les îles d'Asie qui appartiennent à la Sibérie ? Ce sont : les îles Liakof et les Kouriles septentrionales.

218.

Quelles sont les îles qui forment l'empire du Japon ? Ce sont : l'île Kiusiu , capitale Naugasaki ; l'île Sikoke, l'île Niphon, capitale Miaco ; l'île Yezo ; le midi de l'île Tchoka et les Kouriles méridionales.

219.

Quelles sont les îles qui appartiennent à la Chine ? Ce sont : l'île Hainan, capitale Kioungtcheou ; l'île Formose, capitale Taï - Ouan ; les îles Lieou - Kieou et la partie septentrionale de l'île Tchoka.

220.

Quelle est l'île sur la côte de la Chine qui appartient aux Portugais ? C'est l'île Macao.

221.

Quelle est l'île d'Asie qui dépend de l'Arabie ? C'est l'île de Bahrein.

222.

Quelles sont les îles qui dépendent de la Turquie d'Asie? Ce sont: l'île de Marmara, une partie des Sporades dont les principales sont: Metelin, Scio, Samos et Cos; l'île de Rhodes, capitale Rhodes; et l'île de Chypre, capitale Nicosie.

223.

Quelles sont les îles d'Asie qui appartiennent à l'Angleterre? Ce sont: l'île de Ceylan, villes principales Columbo et Trinquemale, et l'île de Bombay.

224.

Quelles sont les îles d'Asie qui sont ouvertes à toutes les nations? Ce sont: les îles d'Andaman, de Nicobar, les Maldives et les Lacquedives.

LEÇON VI.

PRESQU'ILES ET CAPS D'ASIE.

225.

Combien y a-t-il de presqu'îles en Asie; Il y en a huit, savoir, quatre grandes et quatre petites, les quatre grandes sont: la presqu'île orientale des Indes ou l'Indo-Chine, la presqu'île occidentale des Indes ou la partie méridionale de l'Hindoustan, l'Arabie, et l'Anatolie en Turquie? les quatre petites sont: le Kamtchatka, à l'est de la Sibérie; la Korée, à l'est de la Chine; la presqu'île de Malacca, au sud de l'Indo-Chine; et le Guzarate, à l'ouest de l'Hindoustan.

226.

Combien y a-t-il de caps principaux en Asie? Il y en a huit, ce sont : le cap Oriental, sur le détroit de Béhring ; le cap Romania, au sud de la presqu'île de Malacca ; le cap Comorin, au midi de l'Hindoustan ; le cap Jask, en Perse ; les caps Razalgate et Fartash, en Arabie ; le cap Smyrne et le cap Baba, à l'ouest de la Turquie.

LEÇON VII.

LACS ET MONTAGNES D'ASIE.

227.

Combien y a-t-il de lacs principaux en Asie? Il y en a huit, ce sont : le lac Asphaltite ou mer Morte, entre la Turquie et l'Arabie ; le lac Van, en Turquie ; le lac Urmia, en Perse ; le lac Zereh, dans l'Afghanistan ; le lac d'Aral dans la Tartarie indépendante ; les lacs Balkachi et Saïsan, dans l'empire Chinois, et le lac Baïkal en Sibérie.

228.

Combien y a-t-il de chaînes de montagnes principales en Asie? Il y en a dix, ce sont : le mont Caucase entre la mer Caspienne et la mer Noire ; les monts Ourals, entre la Russie d'Europe et la Sibérie ; la chaîne Altaïque et les monts Stavanoï, entre la Sibérie et l'empire chinois ; les monts Himalaya entre l'Hindoustan et l'empire chinois; les monts Mogs qui s'étendent dans l'Indo-Chine jusqu'au cap Romania; les monts Gauts qui s'étendent dans l'Hindoustan jusqu'au cap Comorin; le mont Taurus et le Liban, dans la Turquie d'Asie, et les monts El-Ared au centre de l'Arabie.

229.

Quels sont les monts les plus remarquables de l'Asie? Ce sont : les monts Dawalagiri et Jawahir, les pics les plus élévés du globe, dans la chaîne de l'Himalaya; le mont Ararat, en Perse; le mont Thabor, et le mont Carmel, dans la chaîne du Liban; les monts Sinaï et Horeb, au nord-ouest de l'Arabie, et le pic d'Adam dans l'île de Ceylan.

LEÇON VIII.

FLEUVES DE L'ASIE.

230.

Combien y a-t-il de fleuves principaux en Asie? Il y en a dix-huit, dont trois ont leur embouchure au nord de l'Asie, trois à l'Orient, douze au midi.

231.

Quels sont les fleuves qui ont leur embouchure au nord de l'Asie? Ce sont : l'Obi, le Jenisei, et la Lena, qui coulent du sud au nord et se jettent dans l'océan Glacial.

232.

Quels sont les fleuves qui ont leur embouchure à l'orient de l'Asie? Ce sont : l'Amur ou Saghalien, qui se jette dans la mer d'Ochotsk; le Hoang-Ho ou la rivière Jaune, et le Kiang-Ho ou la rivière Bleue, qui se jettent dans la mer Jaune.

233.

Quels sont les fleuves qui ont leur embouchure au midi de l'Asie? Ce sont : le Mei-Kong qui se jette dans la mer de la Chine; le Mei-nam, qui se jette dans le golfe de Siam; le Taluam, l'Irrouady, le Bramapouter, le Gange, le Godavéry et le Kistnak, qui se jettent dans le golfe de Bengale; le Djihoun ou Oxus, qui se jette dans le lac d'Aral; le Sind ou Indus, qui reçoit l'Hydaspe et se jette dans le golfe d'Oman; le Tigre et l'Euphrate, qui se jettent dans le golfe Persique par la même embouchure.

LEÇON IX.

DIVISIONS DES CONTRÉES DE L'ASIE.

234.

Comment divise-t-on la Russie d'Asie? En deux parties principales : la Sibérie, villes principales Tobolsk, Tomsk, Irkoutsk, et les pays entre le Caucase et l'Araxe, villes principales Koutatis, Tiflis en Géorgie, Bakou et Érivan.

Nota. Pour la division du Japon, voy. n° 218.

235.

Comment divise-t-on l'empire chinois? En quatre parties, savoir: 1° la Chine proprement dite, capitale Pékin, villes principales Nankin et Canton; 2° la Korée; 3° la Tartarie chinoise qui comprend la Mantchourie, capitale Tsitsicar, la Mongolie et la Kalmoukie; 4° les pays tributaires à l'ouest, qui sont: la petite Boukharie, capitale Yarcand; le Thibet, capitale Lassa; et le Boutan.

236.

Comment divise-t-on l'Indo-Chine? En cinq parties: 1° l'empire des Birmans, capitale Ummérapoura, villes principales Ava, Pégou et Ghergong; 2° le royaume de Siam, capitale Bankok, ville principale Siam ou Juthia; 3° l'empire d'Annam, qui comprend quatre royaumes principaux: le Tonkin, capitale Kécho; le Laos, capitale Lant-Chang; le Camboge, capitale Camboge; et la Cochinchine, capitale Saigon, ville principale Kéhoa; 4° la presqu'île de Malacca, ville principale Malacca; 5° les possessions anglaises, savoir: les villes d'Aracan, de Rangoun et de Martaban sur la côte occidentale, Malacca au sud de la province du même nom, et les provinces enlevées aux Birmans entre les monts Mogs et le golfe de Bengale.

237.

Comment divise-t-on l'Hindoustan? En quatre parties, savoir: 1° les possessions de la compagnie anglaise des Indes, capitale Calcutta, divisées en rois présidences : la présidence de Calcutta ou du Bengale, capitale Calcutta, villes principales Dacca, Patna, Bénarès, Agra, Delhy, ancienne capitale de l'empire des Mogols, et Kétek; la présidence de Madras, capitale Madras, villes principales Séringapatam, Calicut et Cochin; la présidence de Bombay capitale Bombay, dans l'île du même nom, villes principales Pounah, ancienne capitale des états des Mahrattes, Surate, Cambaie, Ahmédabad;

2° Les autres possessions européennes, savoir : les possessions françaises dont les principales sont : Chandernagor, au nord de Calcutta, Ganjam et Pondichéry sur la côte de Coromandel, et Mahé sur la côte de Malabar; les possessions portugaises, chef-lieu Goa, et les possessions danoises, chef-lieu Tranquebar au midi de Pondichéry.

3° Les états alliés ou tributaires des Anglais, savoir : au nord, le Nepaul, capitale Catmandou : l'état d'Oude, capitale Laknau, ville principale Oude; au nord-ouest, les possessions des Rajepoutes, villes principales Jeypour et Barode; au centre, l'état de Nizam, capitale Hayderabad, villes principales Visapour et Golconde; au sud, l'état Maïssour, capitale Maïssour : et l'état de Travancore, capitale Trivandéram.

4° Les états indépendans, savoir : l'état des Seiks, capitale Lahore, ville principale Cachemire; l'état de Sindhy, capitale Hayderabad; et l'état de Sindhya, capitale Oudjein.

238.

Comment divise-t-on le Béloutchistan ? Ce pays très peu connu se partage en six parties : Kélat est la seule ville qui mérite d'être nommée.

239.

Comment divise-t-on l'Afghanistan ? En quatre parties : l'Afghanistan propre, capitale Caboul, ville principale Candahar ; le Moultan, capitale Moultan ; le Khoraçan, capitale Hérat, et le Balkan, capitale Balk.

240.

Comment divise-t-on la Tartarie-Indépendante ? On la divise en cinq parties ; savoir : au nord et au centre, le pays des Kirghiss ; à l'est, le Turkestan, capitale Turkestan ; au sud, la grande Boukharie, capitale Boukhara, ville principale Samarkand, et l'état de Khiva, capitale Khiva ; à l'ouest, la Turcomanie.

241.

Comment divise-t-on la Perse ? En douze provinces dont les villes principales sont Téhéran, capitale actuelle, Ispahan ancienne capitale, Tauris, Cazbin, Hamadan, Chiraz, Bender-Abassy et Yezd.

242.

Comment divise-t-on l'Arabie ? En six parties, qui sont : l'Hedjaz, capitale La Mecque, ville principale Médine ; l'Yémen, capitale Sana, ville principale Moka ; l'Hadramaout, capitale Mareb ; l'Oman, capitale Rostak, villes principales

Oman et Mascate; le Lahsa, capitale Lahsa; et le Nedjed, capitale Derréyé.

243.

Comment divise-t-on la Turquie d'Asie?
En six parties : 1° l'Anatolie, villes principales Trébisonde, Sivas, Tokat, Amasie, Angora, Scutari, Burse, Kutahié, Smyrne et Konié; 2° l'Arménie turque, ville principale Erzeroum; 3° le Kurdistan turc, villes principales Van et Mossoul; 4° l'Aldjézira ou Mésopotamie, villes principales Diarbékir et Orfa; 5° l'Irak-Arabi, villes principales Bagdad et Bassora; 6° la Syrie, villes principales Alep, Antioche, Damas, Acre et Jérusalem.

SECTION III.

AFRIQUE.

LEÇON I.
BORNES DE L'AFRIQUE.
244.

Quelles sont les bornes de l'Afrique ? L'A-
frique est bornée au nord par la Méditerranée ;
au levant, par l'isthme de Suez, qui la joint à
l'Asie par la mer Rouge et la mer des Indes ;
au midi par le Grand-Océan, et au couchant par
l'océan Atlantique.

LEÇON II.
CONTRÉES D'AFRIQUE.
245.

*En combien de contrées divise-t-on l'Afri-
que ?* En seize contrées, dont deux sur la côte
de la Méditerranée, ce sont : l'Egypte, villes principales le Caire et Alexandrie ; et la Barbarie,
villes principales Tripoli, Tunis, Alger et Maroc.

Quatre sur la côte de l'océan Atlantique, savoir :
le Sahara ou grand Désert, peu connu ; la Sénégambie, villes principales Saint-Louis, Bambouk
et Saint-James ; la Guinée, villes principale Cou-
massie, Abomey, Benin et San-Salvador, et es
pays des Hottentots.

7.

Une sur la côte de la mer du Sud; c'est le gouvernement du Cap, capitale la ville du Cap.

Cinq sur la côte de la mer des Indes, ce sont: la Cafrerie propre; le Monomotapa, villes principales Sofala et Zimbao; le royaume de Mozambique, capitale Mozambique; le Zanguebar, capitale Mélinde; l'Ajan, capitales Brava et Magadoxo.

Deux sur la côte de la mer Rouge, savoir: l'Abyssinie, capitale Gondar, et la Nubie, capitale Sennaar.

Deux au milieu, qui sont: la Nigritie ou Soudan, très peu connue; villes principales Cobbé, Bournou, Ségo et Tombouctou; une vaste contrée inconnue entre la Guinée et le Zanguebar.

LEÇON III.
GOLFES ET DÉTROITS D'AFRIQUE.
246.

Combien y a-t-il de golfes principaux en Afrique? Il y en a quatre, qui sont: les golfes de Sidra ou de la Syrte et de Cabès en Barbarie; le golfe de Guinée sur la côte de la Guinée; et la baie de Lagoa dans la Cafrerie.

247.

Combien y a-t-il de détroits en Afrique? Il y en a trois, qui sont: le détroit de Gibraltar, entre la Barbarie et l'Espagne; le canal de Mozambique, entre le Mozambique et l'île de Madagascar; et le détroit de Bal-el-Mandeb, à l'entrée de la mer Rouge.

LEÇON IV.
ILES D'AFRIQUE.
248.

Combien y a-t-il d'îles ou de groupes d'îles remarquables en Afrique? Il y en a dix-neuf, savoir :

Onze dans l'océan Atlantique, qui sont : les Açores, l'île de Madère, les îles Canaries, les îles du cap Vert, l'île Saint-Louis, l'île de Gorée, Fernando-Po, l'île du Prince, l'île Saint-Thomas, Anna-Bona et l'île Sainte-Hélène.

Huit dans la mer des Indes, qui sont : l'île Rodrigue, l'île de France ou de Maurice, l'île Bourbon, l'île de Madagascar, les Comores, l'île de Zanzibar; les Seychelles partagées en deux groupes, savoir : les Amirantes et les Mahé, et l'île de Socotora.

249.

Quelles sont les îles de l'Afrique qui appartiennent à la France? Ce sont : l'île de Saint-Louis, à l'embouchure du Sénégal; l'île de Gorée, au sud du cap Vert, et l'île Bourbon.

La France possède de plus un petit établissement dans l'île de Madagascar.

250.

Quelles sont les îles de l'Afrique qui appartiennent aux Anglais? Ce sont : Fernando-Po, l'île Sainte-Hélène, capitale Jamesfort; l'île de France ou de Maurice, l'île Rodrigue, les Seychelles et l'île de Socotora.

251.

Quelles sont les îles de l'Afrique qui appartiennent aux Espagnols? Ce sont : les Canaries, dont les principales sont : Canarie, l'île de Fer, l'île de Ténériffe et Fortaventura, et dans le golfe de Guinée, l'île du Prince et Annabona.

252.

Quelles sont les îles de l'Afrique qui appartiennent aux Portugais? Ce sont : les Açores, dont les principales sont : Tercère et Saint-Michel; l'île de Madère, capitale Funchal; les îles du cap Vert, dont la principale est San-Iago et l'île Saint-Thomas.

253.

Quelles sont les îles de l'Afrique qui n'appartiennent à aucune nation européenne? Ce sont : l'île de Madagascar, ville principale Mouzangaye, les Comores, dont la principale est Comore, et l'île de Zanzibar.

LEÇON V.
CAPS D'AFRIQUE.

254.

Combien y a-t-il de caps principaux en Afrique? Il y en a quinze, qui sont : les caps Bon et Ceuta en Barbarie; le cap Badajor et le cap Blanc dans le Sahara; le cap Vert et le cap Sainte-Marie, dans la Sénégambie; le cap des Palmes, le cap des trois Pointes, le cap Lopez et le cap Nègre, dans la Guinée; le cap de Bonne-Espérance et le cap des Aiguilles, dans le gouvernement du Cap; le cap Natal ou d'Ambre, au nord de l'île de Madagascar; le cap Delgado, au nord du Mozambique; et le cap Guardafui, au nord de la côte d'Ajan.

LEÇON VI.

LACS ET MONTAGNES D'AFRIQUE.

255.

Combien y a-t-il de lacs principaux en Afrique? Il y en a cinq, qui sont : le lac Menzaléh, formé par deux anciennes branches du Nil, près de Damiette, et le lac Kairoun, autrefois Mœris, en Égypte; le lac Dambéa, dans l'Abyssynie; le lac Maravi, à l'ouest du Mozambique; et le lac Tsad, en Nigritie, que l'on suppose être une mer intérieure.

256.

Combien y a-t-il de montagnes principales en Afrique? Il y en a huit, qui sont : les monts Atlas, qui s'étendent depuis l'Egypte jusqu'à l'océan Atlantique; les monts Abesh, le long de la mer Rouge, dans l'Egypte et la Nubie; les monts de la Lune, au centre de l'Afrique; les monts Lupata ou l'Epine du Monde, le long de la côte orientale de l'Afrique; les montagnes de Madagascar, dans l'île de ce nom; les monts de Kong, qui séparent la Nigritie de la Guinée; les monts de la Sierra-Léona, dans la Sénégambie; ils sont une continuation des monts de Kong; et le pic de Ténériffe, dans l'île de ce nom.

LEÇON VII.

FLEUVES ET RIVIÈRES D'AFRIQUE.

257.

Combien y a-t-il de fleuves principaux en Afrique? Il y en a sept, ce sont : le Nil qui, après avoir parcouru la Nubie et l'Egypte, se jette dans la Méditerranée, entre Damiette et Alexandrie; le Niger, qui prend sa source dans les montagnes de Kong, traverse toute la Nigritie, et dont le cours ensuite n'est pas encore connu; le Sénégal, la Gambie, le Zaïre, et la rivière d'Orange, qui se jettent dans l'Océan; et le Zembèze ou Cuama, qui passe par le Monomotapa, et se jette dans la mer des Indes.

LEÇON VIII.

DIVISIONS DES PRINCIPALES CONTRÉES D'AFRIQUE, ET POSSESSIONS EUROPÉENNES.

258.

Comment divise-t-on l'Égypte? En trois parties, qui sont : la Basse-Egypte ou Delta, villes principales Alexandrie, Rosette, Damiette et Aboukir; l'Egypte du milieu, capitale le Caire; la Haute-Egypte, villes principales Syout et Syène ou Assouan.

259.

Comment divise-t-on la Barbarie? On la divise en quatre parties, qui sont : 1° l'empire de Maroc, capitale Maroc, villes principales Tafilet, Magador, Fez et Tanger; 2° le royaume d'Alger, capitale Alger; 3° la république de Tunis, capitale Tunis; 4° l'état de Tripoli, qui comprend trois parties principales, savoir : l'état de Tripoli proprement dit, chef-lieu Tripoli; le pays de Barca, ville principale Derne; et le Fezzan, capitale Mourzouck.

260.

Comment divise-t-on la Guinée? En deux parties principales, savoir : la Guinée septentrionale, dont les côtes sont appelées Sierra-Léona, côte des graines ou de poivre, côte des dents ou d'ivoire, côte d'or et côte des esclaves; et la Guinée méridionale, dont les parties principales sont le Loango, le Congo et le royaume d'Angola.

261.

Quelles sont les parties les plus connues de la Nigritie ou Soudan? Ce sont : le royaume de Tombouctou, celui de Bambara, capitale Ségo, celui de Bournou et le Darfour, capitale Cobbé.

262.

Quelles sont, en Afrique, les possessions des divers états de l'Europe? Ce sont : le fort de la Calle, sur la côte de la Barbarie; et le Sénégal, chef-lieu Saint-Louis, qui appartiennent à la France; le fort Saint-James, chef-lieu de plusieurs établissemens sur la Gambie, et le gouvernement du cap de Bonne-Espérance, qui appartiennent à l'Angleterre; Ceuta en Barbarie, qui appartient à l'Espagne; Geba et Cachéo dans la Sénégambie; l'Angola, capitale Loanda, le Benguela et une partie du Congo dans la Guinée méridionale, qui appartiennent aux Portugais; ils dominent aussi dans le Monomotapa, le Mozambique et le Zanguebar; Christianborg, dans la Guinée septentrionale, appartient au Danemark, et l'Egypte est sous la dépendance du Grand-Turc.

SECTION IV.
AMÉRIQUE.

LEÇON I.
DIVISION GÉNÉRALE DE L'AMÉRIQUE.
263.

Comment se divise l'Amérique? L'Amérique, que l'on nomme aussi le Nouveau-Monde, se divise en deux grands continens, savoir : l'Amérique septentrionale et l'Amérique méridionale, jointes ensemble par l'isthme de Panama.

LEÇON II.
CONTRÉES DE L'AMÉRIQUE.
264.

En combien de contrées divise-t-on l'Amérique septentrionale ? En six contrées, qui sont: l'Amérique russe, le Groënland, l'Amérique anglaise ou la Nouvelle-Bretagne, capitale Québec; les Etats-Unis, capitale Washington; le Mexique, capitale Mexico, le Guatimala, capitale Guatimala.

265.

En combien de contrées divise-t-onl'Amérique méridionale? En neuf, qui sont : la Colombie, capitale Santa-Fé de Bogota; le Pérou, capitale Lima; le Haut-Pérou ou Bolivia, capitale Chuquisaca ou la Plata; le Chili, capitale San-Iago; la Patagonie, qui est peu habitée; la Plata, ca-

pitale Buenos-Ayres; le Paraguay, capitale l'As-
somption ; le Brésil, capitale Rio-Janeiro, et la
Guyane, villes principales Cayenne et Paramaribo.

LEÇON III.

MERS D'AMÉRIQUE.

266.

*Par combien de mers l'Amérique est-elle
baignée?* Par six mers, qui sont : l'océan Glacial
et la mer de Baffin, au nord; l'océan Atlantique et
la mer des Antilles ou des Caraïbes, à l'est; le
Grand-Océan ou océan Pacifique, et la mer de
Béhring, à l'ouest.

LEÇON IV.

GOLFES ET DÉTROITS D'AMÉRIQUE.

267.

*Combien y a-t-il de grands golfes en Amé-
rique?* Il y a quatre; ce sont : la baie d'Hudson,
formée par la mer de Baffin; le golfe de Saint-
Laurent, formé par l'océan Atlantique; le golfe
du Mexique, formé par la mer des Antilles; et le
golfe de Californie ou mer Vermeille, formé par
le Grand-Océan.

268.

*Combien y a-t-il de petits golfes en Amé-
rique?* Il y en a treize, savoir: onze dans l'océan
Atlantique et deux dans le Grand-Océan.

Les onze petits golfes dans l'océan Atlantique

sont : les baies de Fundy, de Delaware et de Chesapeak, à l'orient des États-Unis; la baie de Campêche, dans le Mexique; la baie d'Honduras, dans le Guatimala; les golfes de Darien, de Maracaïbo et de Paria, au nord de la Colombie; la baie de Tous-les-Saints, à l'est du Brésil; les golfes de Saint-Mathias et de Saint-George, à l'est de la Patagonie.

Les deux petits golfes dans le Grand-Océan sont : les golfes de Guayaquil et de Panama, à l'ouest de la Colombie.

269.

Combien y a-t-il de détroits en Amérique? Il y en a neuf, qui sont : les détroits de Lancaster, au nord-ouest de la mer de Baffin; de Davis, qui fait communiquer la mer de Baffin avec l'océan Atlantique; de Cumberland et d'Hudson, qui font communiquer la baie d'Hudson avec l'océan Atlantique; le détroit de Belle-Ile, à l'est de la Nouvelle-Bretagne; le canal de Bahama, au sud des États-Unis; les détroits de Magellan et de Lemaire, au sud de la Patagonie; et le détroit de Béhring, entre l'Asie et l'Amérique.

LEÇON V.
ILES PRINCIPALES D'AMÉRIQUE.

270.

Comment divise-t-on les îles de l'Amérique? En sept parties, qui sont : les îles au nord de la baie d'Hudson, les îles dans le golfe de Saint-Laurent, les îles dans l'océan Atlantique, les îles entre l'océan Atlantique et la mer des Antilles, les îles au sud de l'Amérique, les îles dans le Grand-Océan et les îles de la mer de Béhring.

271.

Quelles sont les principales îles au nord de la baie d'Hudson ? Ce sont : les îles de James et de Southampton.

272.

Quelles sont les îles dans le golfe de Saint-Laurent ? Ce sont : Terre-Neuve, villes principales Plaisance et Saint-Jean; l'île Royale ou du cap Breton, capitale Louisbourg; l'île de Saint-Jean, l'île d'Anticosti et les îles Miquelon.

273.

Quelles sont les îles de l'Amérique dans l'océan Atlantique? Ce sont : les Bermudes, au milieu de l'Océan, Long-Island ou l'île Longue, sur la côte des États-Unis dont elle fait partie.

274.

Quelles sont les îles situées entre l'Océan et la mer des Antilles? Ce sont : les îles Lucayes ou de Bahama, les grandes Antilles et les petites Antilles.

275.

Quelles sont les îles principales parmi les Lucayes? Ce sont : Bahama, Lucaye, la Nouvelle-Providence et Guanahani ou San-Salvador,

276.

Quelles sont les grandes Antilles ? Ce sont :
l'île de Cuba, capitale la Havane, la Jamaïque,
villes principales Kingston et Spanish-Town ;
Saint-Domingue ou la république d'Haïti, villes
principales le Port-au-Prince, le Cap-Français
et Santo-Domingo ; et Porto-Rico, capitale Saint-
Jean-de-Porto-Rico.

277.

Comment divise-t-on les petites Antilles ? En
trois groupes, qui sont : les îles Vierges, les îles
du Vent et les îles sous le Vent.

Les îles Vierges sont à l'est de l'île de Porto-Rico ;
les principales sont : Saint-Thomas, Sainte-Croix et
Tortola.

Les principales îles du Vent sont : Anguille,
Saint-Martin, Saint-Barthélemy, la Barboude,
Saint-Christophe, Saint-Eustache, Antigoa,
Mont-Serrat, la Desirade, la Guadeloupe, Marie-
Galante, la Dominique, la Martinique, Sainte-
Lucie, Saint-Vincent, la Barbade, la Grenade,
Tabago et la Trinité.

Les principales îles Sous-le-Vent sont : Curaçao, Bonair et la Marguerite. Cette dernière île
fait partie de la Colombie.

278.

Quelles sont les îles au sud de l'Amérique?
Ce sont : 1° les îles Falkland ou Malouines ; 2° la
Nouvelle-Georgie ; 3° l'archipel de Magellan dont
les parties principales sont la Terre-de-Feu et

l'île des États ; 4° l'archipel de la Mère-de-Dieu.

279.

Quelles sont les îles dans le Grand-Océan ? Ce sont : l'île de Chiloé et les îles de Juan-Fernandez, qui dépendent du Chili ; les îles de Gallapagos et de Révilla-Gigédo ; l'archipel de Quadra et de Vancouver, qui dépend de la Nouvelle-Bretagne ; l'archipel du prince de Galles, l'île de Sitka et l'île de Kodiak, qui font partie de l'Amérique russe.

280.

Quelles sont les îles de la mer de Béhring ? Ce sont : les îles de Clarke, de Saint-Mathieu, de Saint-Paul, de Saint-Georges et les Aléoutiennes, qui toutes appartiennent à l'Amérique russe.

281.

Quelles sont les îles d'Amérique qui appartiennent à l'Angleterre ? Ce sont : les îles de James et de Southampton ; Terre-Neuve ; les îles du cap Breton, de Saint-Jean et d'Anticosti ; les Bermudes et les Lucayes ; la Jamaïque et la plupart des petites Antilles, savoir : Tortola, Anguille, la Barboude, Saint-Christophe, Antigoa, Mont-Serrat, la Dominique, Sainte-Lucie, Saint-Vincent, la Barbade, la Grenade, Tabago et la Trinité.

282.

Quelles sont les îles d'Amérique qui appar-

tiennent au Danemark? Saint-Thomas et Sainte-Croix.

283.

Quelle est l'île d'Amérique qui appartient à la Suède? Saint-Barthélemy.

284.

Quelles sont les îles d'Amérique qui appartiennent à la France? Ce sont : les îles Miquelon, la Guadeloupe, la Desirade, Marie-Galante, la Martinique et une partie de l'île Saint-Martin.

285.

Quelles sont les îles de l'Amérique qui appartiennent aux Pays-Bas? Saint-Eustache, Curaçao, Bonair et une partie de l'île Saint-Martin.

286.

Quelles sont les îles d'Amérique qui appartiennent à l'Espagne? Ce sont : Cuba et Porto-Rico.

LEÇON VI.
PRESQU'ILES ET CAPS D'AMÉRIQUE.

287.

Combien y a-t-il de presqu'îles principales en Amérique? Il y en a sept, qui sont : le Groënland, le Labrador et la Nouvelle-Écosse ou Acadie, dans la Nouvelle-Bretagne; la Floride, au sud-est des Etats-Unis; la Californie et le Yucatan, dans le Mexique, et l'Alaska, dans l'Amérique russe.

288.

Combien l'Amérique a-t-elle de caps principaux dans l'océan Atlantique ? Elle en a quinze, qui sont : le cap Farewell, au sud du Groënland ; le cap Chudley, au nord de la Nouvelle-Bretagne ; le cap Breton, à l'orient de l'île Royale ; le cap Sable, au sud de la Nouvelle-Écosse ; le cap Cod et le cap Hatteras, à l'orient des États-Unis ; le cap Agi, au midi de la Floride ; le cap Catoche, au nord du Yucatan ; le cap Saint-Antoine, à l'ouest de l'île de Cuba ; le cap Gracias-à-Dios, à l'est de la république de Guatimala ; le cap Nord, à l'embouchure du fleuve des Amazones ; le cap Saint-Roch, à l'orient du Brésil ; Sainte-Marie et le cap Saint-Antoine, à l'embouchure de la Plata, et le cap Horn, au sud de la Terre-de-Feu.

289.

Combien l'Amérique a-t-elle de caps principaux dans la mer Pacifique ? Elle en a trois, qui sont : le cap Blanc, au nord du Pérou ; le cap Saint-Lucas, au sud de la Californie, et le cap Occidental, opposé au cap Oriental en Asie.

LEÇON VII.

LACS, MONTAGNES ET VOLCANS DE L'AMÉRIQUE.

290.

Combien y a-t-il de lacs principaux en Amérique ? Il y en a neuf, qui sont : le lac de l'Esclave, dans la Nouvelle-Bretagne, les lacs Supérieur, Michigan, Huron, Erié et Ontario, au nord des Etats-Unis; le lac Nicaragua, dans le Guatimala; le lac Maracaïbo, dans la Colombie; le lac Titicaca, dans le Pérou; le lac de Los Patos, au sud du Brésil.

291.

Combien y a-t-il de grandes chaînes de montagnes dans l'Amérique? Il y en a quatre, qui sont : les monts Apalaches ou Alleghanys, qui traversent les Etats-Unis du sud-ouest au nord-est; les monts Rocheux et les monts de los Mimbres, qui traversent l'Amérique septentrionale du nord au sud et la Cordillière des Andes qui traverse l'Amérique méridionale, du nord au sud, le long de la côte du Grand-Océan. C'est dans cette chaîne que se trouve le Chimborazo, la plus haute montagne de l'Amérique.

292.

Combien y a-t-il de volcans principaux en Amérique? Il y en a cinq, qui sont : le mont Saint-Élie, dans l'Amérique russe; le mont Popocatepelt, dans le Mexique; le Cotopaxi et le Pichincha, dans la Colombie; et le volcan d'Aréquipa, dans le Pérou.

LEÇON VIII.

FLEUVES PRINCIPAUX DE L'AMÉRIQUE.

293.

Combien y a-t-il de fleuves principaux en Amé-

rique? Il y en a douze remarquables, savoir : six dans l'Amérique septentrionale ; ce sont : le fleuve Mackensie, qui se jette dans l'océan Glacial, le fleuve de Saint-Laurent, la Delaware, le Potomack, qui se jettent dans l'océan Atlantique, le Mississipi, et le Rio-del-Norte, qui se jettent dans le golfe du Mexique ; six dans l'Amérique méridionale ; ce sont : la Madeleine, qui se jette dans la mer des Antilles ; l'Orénoque, le fleuve des Amazones, le Tocantin, le Saint-François, et le Rio-de-la Plata, qui se jettent dans l'océan Atlantique.

294.

Où le fleuve Saint-Laurent prend-il sa source, par où passe-t-il et dans quelle mer se jette-t-il? Il sort du lac Ontario, arrose Montréal et Québec, et se jette dans l'océan Atlantique, vis-à-vis de l'île d'Anticosti.

295.

Où le Mississipi prend-il sa source, etc.? Dans les lacs du Canada, reçoit le Missouri, l'Ohio, l'Arkansas, la rivière Rouge, et se jette dans le golfe du Mexique, au-dessous de la Nouvelle-Orléans, après un cours d'environ mille lieues.

296.

Où l'Orénoque prend-il sa source, etc.? L'Orénoque prend sa source dans la Colombie, communique par un bras nommé le Cassiquiare avec le Rio-Négro, et se jette dans l'Océan par un grand nombre d'embouchures.

297.

Où le fleuve des Amazones prend-il sa source, etc.? Le fleuve des Amazones ou le Maragnon, le plus grand fleuve de la terre, prend sa source dans les Andes, sépare le Pérou de la Colombie, baigne le nord du Brésil, reçoit un grand nombre de rivières, entre autres l'Ucayalé, le Rio-Négro, le Madeira, le Topayos et le Xingu, et se jette dans l'Océan après un cours de mille à onze cents lieues.

298.

Où le Tocantin prend-il sa source, etc.? Le Tocantin prend sa source près de Villa-Boa, reçoit l'Araguay, se réunit à l'Amazone par un large canal, et forme ainsi à son embouchure l'île Marajo.

299.

De quels affluens se forme le Rio-de-la-Plata? Le Rio-de-la-Plata se forme de quatre grandes rivières, qui sont : le Paraguay, le Pilcomayo, le Parana et l'Uraguay, arrose Buenos-Ayres et Monte-Video, et se jette dans l'Océan par une embouchure presque aussi large que la Manche.

LEÇON IX.

DIVISION DES CONTRÉES.

3oo.

Quelles sont les parties principales que comprend la Nouvelle-Bretagne? Ce sont : à l'est, le Labrador ; le Canada , villes principales Montréal et Québec ; le Nouveau-Brunswick , capitale Frédérikstown , et la Nouvelle-Écosse ou Acadie , capitale Halifax ; au centre , la Nouvelle-Galles ; à l'ouest , la Nouvelle-Calédonie.

Les îles qui dépendent de la Nouvelle-Bretagne sont : au nord , les îles de la mer de Baffin , à l'est , Terre-Neuve , le cap Breton , Saint-Jean et Anticosti ; à l'ouest , les îles de la Reine-Charlotte et de Noutka.

3o1.

Comment divise-t-on les Etats-Unis? En vingt-quatre états , cinq territoires et un district. Les principales de ces provinces sont : 1° les dix états suivans : Massachussets , capitale Boston ; New-York , capitale New-York ; la Pensylvanie , capitale Philadelphie ; Maryland , ville principale Baltimore ; la Virginie , capitale Richmond ; la Caroline du Nord , capitale Raleigh ; la Caroline du Sud , ville principale Charlestown ; la Georgie , ville principale Savannah ; et la Louisiane , capitale la Nouvelle-Orléans.

2° Le territoire de la Floride , villes principales Saint-Augustin et Pensacola.

3° Le district de Columbia , capitale Washington , siège du gouvernement central.

Voyez la division détaillée des Etats-Unis, page 106.

3o2.

Comment divise-t-on la république du Mexique ? En dix-neuf états et cinq territoires , dont les villes principales sont : Mexico, Santa-Fé, Zacatécas, Saint-Louis-de-Potosi, Guadalaxara, Guanaxuato, Quérétaro, la Puebla et Vera-Cruz.

303.

Comment divise-t-on la république de Guatimala ? En sept états, dont les villes principales sont : Guatimala, Coban ou Verapaz, San-Salvador, Comayagua ou Valladolid et Léon.

304.

Comment divise-t-on la république de Colombie ? En douze départemens dont les villes principales sont : Santa-Fé-de-Bogota, Panama, Carthagène, Maracaybo, Caracas, Cumana, Popayan, Quito, Guayaquil et Cuença.

305.

Comment divise-t-on la république du Pérou ? En sept intendances qui portent le nom de leurs capitales ; ce sont : Lima, Truxillo, Guancabelica, Tarma, Guamanga, Cuzco et Arequipa.

306.

Comment divise-t-on la république du Haut-Pérou ? En cinq provinces dont les capitales sont : Chuquisaca ou la Plata, la Paz, Oropoza, Santa-Cruz-de-la-Sierra et Potosi.

307.

Comment divise-t-on la république du Chili ? En trois parties : 1° le Chili propre, capitale San-Iago ; villes principales Valparaiso et la Conception ou la Mocha ; 2° l'Araucanie, ville prin-

cipale Valdivia; 3° les îles, savoir : l'île de Chiloé et les îles de Juan-Fernandez.

3o8.

Comment divise-t-on la république de la Plata?
En neuf provinces, savoir : Buenos-Ayres; Cuyo,
capitale Mendoza ; Entre-Rios, capitale Santa-
Fé; Cordova; Tucuman, capitale San-Miguel de Tucuman ; Salta; le Choco, qui est peu connu ; Cor-
rientes, et la province Cisplatine ou Banda orientale, capitale Monte-Video, qui est occupée par
les Brésiliens.

3o9.

Comment divise-t-on l'empire du Brésil ?
En dix-neuf provinces dont les villes principales
sont : Rio-Janeiro, Villa-Rica, Saint-Paul, Bahia ou San-Salvador, Fernambouc, Saint-Louis
de Maranham, Belem ou Gran-Para et Villa-
Boa.

3io.

Comment divise-t-on la Guyane ? En trois
parties : la Guyane anglaise, capitale Stabrock; la
Guyane hollandaise, capitale Paramaribo; et la
Guyane française, capitale Cayenne.

SECTION V.

OCÉANIE.

LEÇON I.

ÉTENDUE ET DIVISION DE L'OCÉANIE.

311.

Que comprend-on sous le nom d'Océanie ?
On comprend sous le nom d'Océanie le continent
de la Nouvelle-Hollande, les îles qui sont entre
l'Asie et la Nouvelle-Hollande, et toutes celles qui
sont répandues dans le Grand-Océan ou mer Pacifique.

312.

Comment divise-t-on l'Océanie ? En trois
parties distinctes , savoir : la Notasie, l'Australie
et la Polynésie.

LEÇON II.

NOTASIE.

313.

Comment divise-t-on les îles de la Notasie ?
En trois groupes : les îles de la Sonde, les Moluques et les Philippines.

314.

Quelles sont les principales îles de la Sonde ?
Sumatra , traversée par une chaîne de montagnes

dont la plus haute est le mont Ophir ; villes principales Achem, Palenbang et Bencoulen ; Java, villes principales Batavia, Bantam et Chéribon ; Bornéo, la plus grande de toutes les îles après la Nouvelle-Hollande, capitale Bornéo. Parmi les autres îles de la Sonde, on remarque Banca, Billiton, Sumbava, Flores et Timor.

315.

Quelles sont les îles principales des Moluques ? Ce sont : Célèbes, Gilolo, Céram, Bourou, Amboine, Banda et Ternate.

316.

Quelles sont les îles principales des Philippines ? Ce sont, parmi les grandes, Luçon, capitale Manille ; Mindanao, capitale Mindanao. Parmi les petites, Leyte, Samar et Palawan.

LEÇON III.

AUSTRALIE.

317.

Que comprend l'Australie ? L'Australie comprend la Nouvelle-Hollande, la terre de Diémen, la Nouvelle-Guinée, la Nouvelle-Irlande, la Nouvelle-Bretagne, les îles Salomon, les Nouvelles-Hébrides ou archipel du Saint-Esprit, la Nouvelle-Calédonie et la Nouvelle-Zélande.

318.

Quelles sont les parties connues de la Nouvelle-Hollande ? On ne connaît encore que les côtes de cette île, presque aussi grande que l'Europe. La côte orientale, parcourue par une chaîne de montagnes qu'on nomme les Monts-Bleus, a reçu le nom de Nouvelle - Galles méridionale ; la ville principale est Sidney. Parmi les golfes et les baies que présentent les côtes, on remarque au nord le grand golfe de Carpentarie ; à l'ouest, la baie des Chiens-Marins ; au sud, le golfe de Spencer ; à l'est, la baie Botanique ou Botany-Bay.

LEÇON IV.

POLYNÉSIE.

319.

Comment divise-t-on la Polynésie ? En Polynésie septentrionale et en Polynésie méridionale.

320.

Quels sont les principaux groupes de la Polynésie septentrionale ? Ce sont : les îles Marie-Anne ou des Larrons, dont la principale est Guaham ; les Carolines, les Pelew, les Mulgraves et les Sandwich dont la principale est Owhyhée.

321.

Quelles sont les principales îles de la Polynésie méridionale ? Ce sont : les îles des Navigateurs, les îles Fidgi, les îles des Amis, les îles de la Société, dont la principale est Taïti ou Otaïti l'archipel Dangereux, l'archipel de la mer Mauvaise, les îles Marquises et l'île de Pâques.

LEÇON V.

PRINCIPAUX DÉTROITS DE L'OCÉANIE.
322.

Quels sont les principaux détroits de l'Océanie? Les principaux détroits de l'Océanie sont : le détroit de Malacca, entre la presqu'île de Malacca et l'île de Sumatra; le détroit de la Sonde, entre l'île de Sumatra et l'île de Java; le détroit de Macassar, entre l'île Bornéo et l'île des Célèbes; le détroit de Torres, entre la Nouvelle-Guinée et la Nouvelle-Hollande; le détroit de Bass, entre la Nouvelle-Hollande et la terre du Diémen, et le détroit de Cook, qui sépare la Nouvelle-Zélande en deux îles.

LEÇON VI.

POSSESSIONS EUROPÉENNES DANS L'OCÉANIE.
323.

Quelles sont les possessions européennes dans l'Océanie? Les Anglais ont dans la Nouvelle-Galles méridionale plusieurs établissemens dont le chef-lieu est Sidney; ils possèdent en outre la terre de Diémen.

Les possessions des Pays-Bas sont Bancoulen et Palenbang dans l'île de Sumatra; Banca, Billiton, la plus grande partie de l'île de Java, un établissement à Timor et les Moluques; Batavia, dans l'île de Java, est le chef-lieu des possessions hollandaises dans les Indes-Orientales, et Amboine, l'une des Moluques, est, après Batavia, la colonie la plus importante. Les Portugais ont aussi un établissement à Timor.

Les Philippines, les Marie-Anne et les Carolines appartiennent à l'Espagne.

ADDITIONS

A LA PREMIÈRE PARTIE.

SUBDIVISIONS DES ILES BRITANNIQUES, DIVISION DE LA RUSSIE ET DES ÉTATS-UNIS.

ILES BRITANNIQUES.

ANGLETERRE.

L'Angleterre est divisée en cinquante-deux comtés, dont trente-sept au circuit et quinze au milieu. Les trente-sept comtés au circuit forment une espèce de carré, dont six au nord, neuf à l'est, dix au midi, et douze à l'ouest. Parmi les quinze comtés au milieu, il y en a trois qui forment le triangle et douze qui l'environnent.

Comtés d'Angleterre au circuit.

Les six au nord sont : Northumberland, capitale Newcastle ; Durham, York, Lancaster, Westmoreland, capitale Appleby, et Cumberland, capitale Carlisle.

Les neuf à l'est sont : Lincoln, Norfolk, capitale Norwich ; Suffolk, capitale Ipswich ; Huntingdon, Cambridge, Bedford, Hertford, Essex, capitale Chemsford, et Middlesex, capitale Londres.

Les dix au midi sont : Kent, capitale Cantorbery ; Surry, capitale Guileford ; Sussex, capitale Chicester, Berk, villes principales Abingdon et Reading ; Hamps, capitale Winchester ; Wilts, capitale Salisbury ; Dorset, capitale Dorchester ; Somerset, villes principales Bath et Wells ; Devon, capitale Exeter ; Cornwall ou Cornouailles, capitale Launceston.

Les douze à l'ouest sont : Glamorgan, capitale Cardiff, Brecknock, capitale Brecon ; Radnor, Caermarthen ;

Pembroke; Cardigan, Montgomery, Merioneth , capitale
Harlech , Caernarvon, Anglesey , capitale Beaumaris ;
Denbigh et Flint.

Comtés d'Angleterre au milieu.

Les trois qui forment le triangle sont : Stafford, War-
wich et Worcester.

Les douze qui entourent sont : Chester, Derby, Nottingham, au nord; Leicester, Rutland, capitale Oakham;
Northampton, à l'est; Buckingham, Oxford; Gloucester,
au midi; Monmouth, Hereford et Sallop, capitale Shrewsbury, à l'ouest.

ÉCOSSE.

L'Ecosse est divisée en trente-deux comtés, dont neuf
au nord, dix au milieu, et treize au sud; les villes principales sont : Cromarty, Inverness, Aberdeen, Perth,
Saint-Andrews, Edimbourg, Glascow et Paislay.

IRLANDE.

L'Irlande est divisée en quatre provinces principales,
savoir : l'Ulster, au nord, renfermant neuf comtés,
capitale Londonderry, ville principale Belfast ; le Con-
naught, à l'ouest, renfermant cinq comtés, capitale Gal-
way ; le Munster, au sud , renfermant six comtés, capitale Corck, villes principales Limmerick et Waterford ;
le Leinster, à l'est, renfermant douze comtés, capitale
Dublin.

RUSSIE.

La Russie d'Europe est divisée en cinquante-quatre
gouvernemens ou provinces, dont seize au nord, dix-
huit au milieu, et vingt au midi.

Les seize gouvernemens au nord sont : la Bothnie
orientale , capitale Uléaborg ; la Finlande capitale Hel-
singfors, ville principale Abo; les gouvernemens d'Archangel, de Wibourg, d'Olonetz, capitale Petrozavodsk ;

de Volodga, de Saint-Pétersbourg, d'Estonie capitale Revel ; de Livonie capitale Riga ; de Pskov, de Novgorod, de Tver, de Jaroslav, de Kostroma, de Viatka et de Perm.

Les dix-huit gouvernemens au milieu sont : la Courlande, capitale Mittau ; Vilna, Grodno, Minsk, Mohilev, Vitebsk, Smolensk, Kalouga, Moscou, Toula, Riazan, Tambov, Wladimir, Nijnei-Novgorod, Penza, Simbirsk, Cazan et Orenbourg.

Les vingt gouvernemens au midi sont : les gouvernemens de Volhinie, capitale Jitomir; de Podolie, capitale Kamenetz ; de Kiev, de Tchernigov, de Poltava, d'Ukraine ou Petite-Russie, capitale Kharkov ; de Koursk, d'Orel, de Voronez, de Saratov, d'Astracan, du Caucase, capitale Stavropol ; du Daghestan, capitale Derbent; de la Circassie, des Cosaques de la mer Noire, capitale Ekaterinoder ; des Cosaques du Don, capitale Tcharkask ; d'Ekaterinoslav, de la Crimée capitale Symferopol ; de Nikolaëv, capitale Kherson ; de la Bessarabie, villes principales Kichenau, Bender et Ismaïl.

La Russie possède encore quelques gouvernemens au sud du Caucase, conquêtes plus ou moins récentes faites sur les Tartares, les Turcs et les Persans.

ÉTATS-UNIS.

Les Etats-Unis sont divisés en trente provinces, dont dix au nord, dix au milieu, sept au midi, et trois à l'ouest.

Les dix provinces au nord sont : Vermont, capitale Montpellier; Main, capitale Portland ; New-Hampshire, capitale Concord; Massachusets, capitale Boston; Rhode-Island, capitale Newport; Connecticut, capitale Hartford ; New-York, capitale New-York.

Les dix provinces au milieu sont : Ohio capitale Columbus ; le territoire de Michigan, capitale Détroit; le territoire du nord-ouest New-Jersey, capitale Trenton;

la Pensylvanie, capitale Philadelphie ; Delaware, capitale Dover ; le Maryland, capitale Anna-polis, ville principale Baltimore ; le district de Colombia, capitale Washington ; la Virginie, capitale Richmond, villes principales Norfolk et Williamsbourg ; Tennessée, capitale Murfreesborough ; Kentucky, capitale Francfort ; Illinois, capitale Vandalia, et Indiana, capitale Indiana-polis.

Les sept provinces au midi sont : la Caroline au nord, capitale Raleigh ; la Caroline au midi, capitale Colombia, ville principale Charles-Town ; la Georgie, capitale Milldegville, ville principale Savannah ; l'état d'Alabama, capitale Cahaba ; le territoire de la Floride, capitale Pensacola ; l'état de Mississipi, capitale Columbia ; la Louisiane, capitale la Nouvelle-Orléans.

Les trois provinces à l'ouest sont : le territoire de Colombia, capitale Astoria ; l'état de Missouri, capitale Jefferson ; le territoire d'Arkansas, capitale Arkopolis.

FIN DE LA PREMIÈRE PARTIE.

SECONDE PARTIE.

NOTIONS DE GÉOGRAPHIE HISTORIQUE PHYSIQUE ET POLITIQUE.

LEÇON PRÉLIMINAIRE.

POPULATION, RACES D'HOMMES, DEGRÉS DE CIVILISATION, RELIGIONS, LANGUES ET GOUVERNEMENS.

1. *Quelle est la population du globe?* Elle est évaluée à environ 738 millions d'individus, savoir : 228 millions pour l'Europe; 390 millions pour l'Asie, 60 millions pour l'Afrique, 39 millions pour l'Amérique, 21 millions pour l'Océanie. L'Europe est, eu égard à son étendue, la partie du monde la plus peuplée.

2. *En combien de races principales divise-t-on les habitans de la terre?* En cinq races, savoir : *la race blanche*, qui occupe les parties centrales de l'ancien continent et dont les caractères sont la peau blanche, les cheveux longs, la face ovale; *la race orientale* de l'ancien continent, qui habite l'Asie au-delà du Gange, et qui a le teint jaune, les cheveux noirs et roides, la tête presque carrée; *la race américaine* au teint cuivré, qui occupe l'Amérique; *la race malaie*, qui habite l'Océanie, et *la race nègre* répandue sur la plus grande partie de l'Afrique, et dont les principaux caractères sont la couleur noire, les che-

veux laineux, le front convexe et les lèvres épaisses.

3. *A quoi doit-on attribuer ces différences notables entre des êtres qui ne forment qu'une seule espèce et ont tous une même origine ?* A l'influence du climat, de la nourriture, du genre de vie, des maladies et de certains usages.

4. *Comment divise-t-on les peuples d'après leur manière de vivre et les progrès qu'ils ont faits dans les arts ?* En trois classes, savoir : les sauvages, les barbares ou demi-civilisés et les peuples civilisés.

Les *sauvages* ne connaissent point l'art d'écrire, et toute leur industrie se borne à la chasse et à la pêche ; ils sont ordinairement nomades.

Les *barbares* ou *demi-civilisés* se sont éloignés de l'état sauvage par un culte, des lois et l'écriture ; mais leurs connaissances, encore très bornées, ne sont point coordonnées entre elles.

Les *peuples civilisés* ont rangé leurs connaissances en forme de sciences ; ils ont perfectionné les arts mécaniques ; ils cultivent les lettres et les beaux-arts et se soumettent au droit des gens, c'est-à-dire qu'en temps de paix, ils regardent toute nation comme amie, et qu'en temps de guerre, ils respectent la vie et les propriétés des citoyens non armés.

5. *Quelles sont les principales religions répandues sur la terre ?* Ce sont : 1° *le judaïsme*, qui

ne domine nulle part et que professent les Juifs dispersés sur toute la terre.

2° Le *Christianisme*, qui a porté la civilisation partout où il a pénétré. Il est divisé en trois grandes branches : l'*église catholique romaine* dont le chef spirituel est le pape; l'*église grecque*; le *protestantisme* dont les principales sectes sont le *luthérianisme* ou église évangélique; le *calvinisme* ou église réformée, et l'église anglicane ou épiscopale.

3° Le *Mahométisme* ou *Islamisme*, religion fondée par Mahomet en 622, et professée dans la Turquie d'Europe et dans une grande partie de l'Asie, de l'Afrique et de la Notasie. Les Mahométans sont divisés en deux sectes : les Sunnites ou sectateurs d'Omar, qui suivent, outre le Koran, un livre de traditions appelé la Sunna, et les Schutes ou sectateurs d'Ali, qui rejettent la Sunna.

4° Le *Bramisme*, professé dans l'Hindoustan. Deux de ses branches dominent sur le nord et l'est de l'Asie. L'une est le *Chamanisme*, dont le chef est le Dalaï-Lama, prêtre qui est censé ne jamais mourir; cette religion est professée dans le Thibet, la Mongolie, la Sibérie; l'autre branche est le *Boudhisme* ou le système bramique réformé par Boudha; il est suivi dans l'île de Ceylan et une partie de l'Indo-Chine. La *religion de Fo*, suivie en Chine par la multitude, est une branche de celle de Boudha, et le *culte de Sinto* professé au Japon est une sorte de chamanisme. Toutes ces religions ont pour base le polythéisme, et, comme le mahométisme, permettent la polygamie.

5° Le *Fétichisme* ou l'adoration d'un objet animé ou inanimé que chacun se choisit et regarde comme sa divinité tutélaire. De toutes les religions qui reconnaissent plusieurs dieux, c'est la plus grossière ; elle règne chez presque tous les peuples sauvages.

6. *Quelles sont les principales langues de l'Europe ?* Ce sont : l'italien, l'espagnol, le portugais, et le français, qui se sont formés du latin ; l'allemand, le hollandais, le flamand, le danois, le suédois et le norwégien, qui se sont formés du teutonique ; l'anglais, qui participe de ces deux grandes sources ; le russe, le hongrois, le polonais et le bohémien, qui se sont formés du sclavon ou esclavon ; le grec vulgaire, qui s'est formé de l'ancien grec, appelé maintenant grec littéral ; et le turc, qui s'est formé de l'oïghour ou tartare.

7. *Quelles sont les principales langues de l'Asie ?* Ce sont : le turc, l'arabe, le persan, l'oïghour, le mantchou, le chinois, le japonais, le malais, d'où dérivent la plupart des langues qu'on parle dans l'Océanie ; et le samscrit, qu'on ne parle pas et qui est la langue sacrée des brames.

8. *Quelles sont les principales langues de l'Afrique ?* Ce sont : l'arabe, le cophte et le grec moderne qu'on parle en Égypte ; la langue berbère qu'on parle en Barbarie ; les naturels ont une multitude d'idiomes différens.

9. *Quelles sont les langues d'Europe les plus répandues en Amérique?* Ce sont : 1° l'anglais, qu'on parle aux États-Unis et dans les possessions anglaises ; 2° l'espagnol, qu'on parle dans les anciennes possessions espagnoles, formant aujourd'hui les républiques du Mexique, de Guatimala, de la Colombie, du Pérou, du Haut-Pérou, du Chili et de la Plata, et dans les îles de Cuba et de Porto-Rico ; 3° le portugais, que l'on parle au Brésil ; 4° le français, qu'on parle à Haïti, dans la Louisiane et le Bas-Canada. Chaque colonie parle la langue de sa métropole. Il y a en outre une très grande variété d'idiomes indigènes.

10. *Quelles sont les différentes formes de gouvernement établies chez les peuples civilisés?* Ce sont : 1° la *monarchie*, ou le gouvernement de l'état par un seul chef ; la monarchie est *absolue*, lorsque l'autorité du souverain n'est point limitée, et *constitutionnelle*, lorsque le souverain partage le pouvoir législatif avec un ou plusieurs corps de l'état ; 2° *l'aristocratie* : c'est le gouvernement des nobles ou des personnes les plus considérables d'un état. Si ces personnes sont en petit nombre, le gouvernement se nomme *oligarchie* ; 3° la *démocratie* ou *république* : c'est le gouvernement dans lequel le peuple exerce la souveraine puissance. On appelle *république fédérative* ou *confédération* une réunion d'états ligués pour leur défense commune.

SECTION I.

EUROPE.

LEÇON I.

ILES BRITANNIQUES.

11. *Comment nommait-on autrefois l'Angleterre et l'Ecosse, et par quels peuples étaient-elles habitées ?* L'Angleterre, appelée Bretagne, était habitée par les Bretons, et l'Ecosse, appelée Calédonie, était habitée par les Scots au nord, et par les Pictes au midi, ainsi nommés parce qu'ils se peignaient le corps.

12. *Quels sont les peuples qui, à diverses époques, ont envahi l'Angleterre ?* Ce sont : 1° les Romains, qui en achevèrent la conquête vers l'an 78 de notre ère, et en restèrent maîtres jusqu'au milieu du 5e siècle ;

2° Les Angles et les Saxons, que les Bretons, opprimés par les Pictes, appelèrent d'Allemagne à leur secours, mais qui s'emparèrent du pays, le nommèrent Angleterre et forcèrent les Bretons à se retirer dans le pays de Galles à l'ouest, et dans la province de France qui de leur nom a été appelée Bretagne ;

3° Les Danois qui, après avoir ravagé le pays pendant deux cents ans, s'en emparèrent sous leur roi Canut en 1017.

10.

4° Les Normands qui, sous la conduite de Guillaume, duc de Normandie, s'en rendirent maîtres, et s'y établirent en 1066.

13. *A quelles époques l'Irlande, le pays de Galles et l'Ecosse ont-ils été réunis à l'Angleterre?* L'Irlande, appelée Hibernie, que ne soumirent point les Romains, resta indépendante jusqu'en 1172, époque à laquelle Henri II, roi d'Angleterre, en fit la conquête. Le pays de Galles fut incorporé à l'Angleterre en 1282 par Edouard I, et depuis lors, le fils aîné du roi a porté le titre de prince de Galles. L'Ecosse forma un état indépendant jusqu'au 17° siècle. Jacques VI, roi d'Ecosse, monta sur le trône d'Angleterre en 1603, et donna le nom de Grande-Bretagne aux deux états.

14. *Quel aspect présente le sol de l'Angleterre et quelles en sont les principales productions dans les trois règnes ?* Le sol de l'Angleterre, légèrement montueux et en général très bien cultivé, offre l'aspect le plus varié. Il ne produit pas de vin : la bière y supplée. Les brouillards dont l'air est souvent chargé entretiennent eu Angleterre une verdure perpétuelle ; les pâturages y nourrissent une grande quantité de bêtes à cornes et de moutons qui donnent de belles laines. Les chevaux anglais sont fort estimés. On ne trouve plus de loups en Angleterre, depuis le milieu du 10° siècle. La richesse minérale consiste surtout dans l'étain du comté de Cornouailles

et la houille ou charbon de terre qu'on trouve partout.

15. *Quel aspect présentent le sol de l'Ecosse et celui de l'Irlande?* L'Ecosse est un pays de montagnes; l'Irlande est un pays de plaines; toutes deux sont couvertes de fleuves et de lacs.

16. *Comment divise-t-on l'Ecosse?* En deux parties distinctes, les montagnes et les plaines, dont les habitans diffèrent par les mœurs et le langage. Les montagnards parlent encore la langue erse dans laquelle ont été composés les poèmes d'Ossian.

17. *Quelles sont, outre les monts Cheviots, les montagnes les plus remarquables de la Grande-Bretagne?* Ce sont : les monts Grampians en Ecosse, dont le sommet le plus élevé est le Ben-Nevis; les Moorlands, au nord de l'Angleterre, et les montagnes du pays de Galles dont le sommet le plus élevé est le Snowdon.

18. *Quels sont les principaux canaux des Iles Britanniques?* Ce sont : 1° en Angleterre, le canal de Bridgewater, le grand Trunk, le grand canal de Jonction et le canal d'Oxford; 2° en Ecosse, le canal de Glascow et le canal Calédonien; 3° en Irlande, le canal Royal.

19. *Quelles sont les curiosités naturelles et les antiquités les plus remarquables qu'on trouve dans les Iles Britanniques?* Ce sont : en Angleterre, 1° les restes de la muraille que

les Romains construisirent pour empêcher les incursions des Pictes ; elle commençait à l'ouest de Carlisle et se terminait à l'est de Newcastle ; 2° le Stonehenge, dans le comté de Wilts, espèce de cirque formé d'une triple enceinte de pierres énormes ;

En Ecosse, les cascades de la Clyde ;

En Irlande, la fameuse chaussée des Géans, amas étonnant de colonnes basaltiques.

20. *A quoi l'Angleterre est-elle redevable de sa richesse et de sa puissance?* A sa florissante marine, à son immense commerce avec tous les peuples de la terre et à son active industrie. Les exportations des produits de ses manufactures s'élèvent annuellement à plus d'un milliard.

21. *Quels sont la population, la religion et le gouvernement des Iles Britanniques?* On compte dans les Iles Britanniques 23,000,000 d'habitans (1). La religion de l'état est l'anglicane; le presbytérianisme, branche de la religion protestante, domine en Ecosse, et le catholicisme en Irlande : le gouvernement est une monarchie constitutionnelle.

22. *Quelles sont, dans les comtés du nord de l'Angleterre les villes qui offrent quelque par-*

____

(1) Ce nombre ne comprend que la population des Iles Britanniques proprement dites ; celle des possessions anglaises dans les cinq parties du monde s'élève à 127 millions 400,000 habitans.

ticularité remarquable ? Ce sont : *Newcastle*, qui fait un commerce considérable de charbon de terre. — *Sunderland*, port de mer. — *York*, résidence de l'un des deux archevêques anglicans. L'empereur Sévère y est mort. On y remarque la cathédrale, l'un des plus beaux monumens gothiques de l'Angleterre. — *Leeds*, centre de la fabrication et du commerce des étoffes de laine. — *Sheffield*, célèbre par sa coutellerie. — *Lancaster*, célèbre dans l'histoire par les dissensions entre la maison de ce nom et celle d'York. — *Manchester*, première ville manufacturière de l'Angleterre, centre du commerce de coton. — *Liverpool*, à l'embouchure de la Mersey, dont le port peut contenir 1,000 vaisseaux.

23. *Quelles sont, dans les contrées de l'est, les villes qui offrent quelque particularité remarquable ?* — *Lincoln*, où l'on voit une cloche énorme appelée *Tom*, que quinze hommes peuvent à peine sonner. — *New-Market*, célèbre par ses courses de chevaux. — *Cambridge*, fameuse par son université. — Londres, qui contient plus d'un million d'habitans : c'est la ville la plus peuplée qu'il y ait après Pékin et la plus commerçante de l'univers. Son port contient souvent plus de 1000 vaisseaux. Les édifices les plus remarquables sont : la cathédrale de Saint-Paul, le plus magnifique temple consacré au culte protestant, la tour de Londres, l'abbaye de Westminster, qui renferme les tombeaux de la famille

royale et des grands hommes. Un grand nombre de *squares* ou places carrées plantées d'arbres embellissent et assainissent cette capitale dont les rues ont de larges trottoirs. Londres a vu naître Bacon, Milton et Pope.

24. *Quelles sont, dans les comtés du midi, les villes qui offrent quelque particularité remarquable?* — *Canterbury*, où, sous Henri II, l'archevêque Thomas Becket fut assassiné devant l'autel de la cathédrale ; résidence de l'archevêque, primat d'Angleterre. — *Greenwich*, remarquable par son observatoire et son hôpital pour les marins. — *Douvres*, vis-à-vis de Calais, port très-fréquenté. — *Epsom*, remarquable par ses eaux minérales, d'où l'on extrait un sel purgatif. — *Hastings*, célèbre par la bataille qui rendit Guillaume, duc de Normandie, maître de l'Angleterre. — *Brighton*, connu par ses bains de mer. — *Windsor*, la plus belle maison de plaisance des rois d'Angleterre. Edouard III y institua l'ordre de la Jarretière. — *Portsmouth* et *Plymouth*, grands ports militaires. — *Bath*, célèbre par ses eaux minérales.

25. *Quels sont, dans les comtés du centre, les villes qui offrent quelque particularité remarquable?* — *Nottingham*, principal entrepôt des plus beaux bas de soie, de laine et de coton. — *Worcester*, où, en 1651, Cromwell défit l'armée écossaise, qui s'était avancée en Angleterre pour rétablir Charles II sur le trône. — *Birmin-*

gham, grande ville manufacturière. — *Ayles-bury*, petite ville près de laquelle est le château d'Hartwell, qui a été pendant quelques années la résidence de Louis XVIII. — *Oxford*, célèbre par son université. On y voit les marbres de Paros que les comtes d'Arundel y ont fait transporter de la Grèce et qui marquent les époques depuis Cécrops, pendant un espace de 1318 ans. — *Bristol*, à l'embouchure de l'Avon, dans le canal de Bristol, patrie de Locke, philosophe illustre, l'ami des enfans. Aux environs sont de riches mines de cuivre et des eaux minérales très fréquentées.

26. *Quelles sont les villes d'Ecosse qui offrent quelque particularité remarquable?* — ÉDIMBOURG, qui a une célèbre université. L'imprimerie et la librairie y fleurissent. — *Glascow*, seconde ville de l'Ecosse; elle a aussi une célèbre université. — *Inverness*, port de mer. C'est près de cette ville que se livra, en 1746, la fameuse bataille de Culloden, qui détruisit entièrement le parti des Stuarts.

27. *Quelles sont les villes d'Irlande qui offrent quelque particularité remarquable?* — DUBLIN : cette ville possède la seule université qu'il y ait en Irlande. — *Cork*, port de mer, seconde ville de l'Irlande.

28. *Parmi les petites îles qui font partie des Iles Britanniques, quelles sont celles qui offrent quelque particularité remarquable?* —

Mainland, île principale du groupe des Shetland, dont les petits chevaux sont un objet de luxe et de curiosité en Angleterre. — L'île de *Staffa*, l'une des Hébrides, où se trouve la grotte harmonieuse dite de Fingal, formée de colonnes basaltiques. — *Anglesey*, autrefois Mona, qui fut, dans les temps reculés, la principale retraite des Druïdes.

LEÇON II.

DANEMARK.

29. *Par quel peuple le Danemark fut-il autrefois habité ?* Par les Cimbres, qui ravagèrent l'Europe cent ans avant Jésus-Christ.

30. *Quel aspect présente le sol du Danemark, et quelles en sont les principales productions ?* Le pays est plat et peu fertile au nord : le sud du Jutland, le Holstein et les îles de la mer Baltique sont fertiles et bien cultivés. Les gras pâturages du Holstein nourrissent des chevaux et des bœufs estimés. Le Danemark et l'Islande exportent beaucoup d'édredon.

31. *Depuis quand l'Islande est-elle connue, et quel aspect présente-t-elle ?* L'Islande, colonie des anciens Scandinaves, est connue depuis le septième siècle. Elle est couverte de montagnes volcaniques. De son sol glacé jaillissent un grand nombre de sources chaudes. La plus remarquable de ces sources, le Geyser, forme une colonne

d'eau qui s'élève quelquefois jusqu'à 92 pieds. La rigueur du climat ne permet point de cultiver des grains. Il n'y a point de forêts en Islande ; mais la mer jette sur les côtes une immense quantité de gros troncs de pins et d'autres arbres résineux

32. *Quels sont la population, le gouvernement et la religion du Danemark ?* On évalue la population du Danemark à deux millions d'habitans ; le gouvernement est une monarchie absolue ; la religion dominante est le luthérianisme.

33. *Quelles sont les villes remarquables du Danemark dans la partie continentale ?* Ce sont: *Aalborg, Aarhuus, Flensborg, Kiel* et *Altona,* ports de mer commerçans. — *Wiborg,* qui passe pour la plus ancienne ville du Danemark. — *Schleswig:* près de cette ville on voit le château de Gottorp, qui a donné son nom à la principale branche des ducs de Holstein.

34. *Quelles sont les villes les plus remarquables de la Zéeland?* Ce sont : COPENHAGUE, ville grande, forte et bien bâtie. On y remarque un grand nombre de beaux monumens. Cette capitale est très industrieuse et très commerçante, elle a une université célèbre. Son port est l'un des plus beaux et des plus sûrs du nord. Les Anglais la bombardèrent en 1807. — *Helsingoer* ou *Elseneur,* port de mer où tous les vaisseaux qui passent le Sund paient un droit au roi de Danemark. — *Roskild,* autrefois la capitale du Dane-

mark et le séjour de ses rois; cette ville est au—
jourd'hui le lieu de leur sépulture.

LEÇON III.

NORWÈGE.

35. *Quels sont les faits les plus mémorables
de l'histoire de la Norwège?* La Norwège, qui
forme avec la Suède la presqu'île autrefois appelée *Scandinavie*, a été peuplée primitivement
par les Finnois, et fut conquise par les Goths. De
cette contrée et de la Suède, sortirent, dans le
9ᵉ et le 10ᵉ siècle, ces pirates connus sous le nom
de *Normands*, c'est-à-dire hommes du nord, qui
ravagèrent l'occident de l'Europe et finirent par
s'établir, en 912, sous Rollon leur chef, dans la
province de France qui, de leur nom, fut appelée
Normandie. La Norwège forma un état indépendant jusqu'en 1395. Elle fut alors unie au Danemark et a toujours continué de l'être jusqu'en
1814, époque à laquelle elle fut cédée à la Suède
par le traité de Kiel.

36. *Quels sont le climat et les principales
productions de la Norwège, et quel aspect son
sol présente-t-il?* Le climat est froid; le sol,
assez fertile au midi, devient d'autant plus stérile
qu'on s'avance vers le nord. Le pays est hérissé
de montagnes généralement couvertes de forêts
de pins et de sapins qui fournissent des mâts à
toute l'Europe; la Norwège a des mines d'ar—

gent, de cuivre, de plomb; elle est surtout riche en mines de fer.

37. *Quelle curiosité remarque-t-on au sud des îles Loffoden?* Le gouffre de Malstrom, qui engloutit quelquefois des vaisseaux et fait un bruit qu'on entend de plusieurs lieues.

38. *Quels sont la population, le gouvernement et la religion de la Norwège?* La population est d'environ 960,000 habitans. La Norwège est sous le même sceptre que la Suède, mais elle forme un état distinct et a sa constitution particulière. La religion dominante est le luthérianisme.

39. *Quelles sont les villes remarquables de la Norwège?* Ce sont : CHRISTIANIA, capitale, bon port, qui fait un grand commerce de fer, de planches et de bois de construction. — *Frédéricshald*, port de mer devant lequel Charles XII fut tué en 1718. — *Berghen*, la ville la plus peuplée et la plus commerçante de la Norwège. — *Roraas*, qui a des mines de cuivre très importantes. — *Drontheim*, qui a un port sûr et commerçant. C'est dans la cathédrale de cette ville que sont couronnés les rois de Norwège.

LEÇON IV.

SUÈDE.

40. *Quels peuples ont occupé la Suède, et depuis quand forme-t-elle un état indépendant?* La Suède a été tour-à-tour occupée par les Fin-

nois et par les Goths. Ces derniers émigrèrent et prirent les noms d'Ostrogoths et de Visigoths. Après avoir eu ses rois particuliers, la Suède fut unie au Danemark en 1395, par la reine Marguerite. En 1520, Gustave Wasa la délivra du joug des Danois, et depuis elle a toujours formé un état indépendant.

41. *Quel aspect offre la Suède, quel en est le climat et quelles en sont les principales productions ?* La Suède est couverte de lacs et coupée par un grand nombre de rivières. La partie occidentale est hérissée de montagnes. Le climat est froid, l'air pur et sain, le sol peu fertile et cultivé seulement dans la partie méridionale. La Suède a beaucoup de forêts qui fournissent des mâtures et des bois de construction. On y trouve des mines de fer, de cuivre et d'argent.

42. *Quel peuple habite le nord de la Suède, de la Norwège et le nord-ouest de la Russie ?* Ce sont les Lapons, remarquables par la petitesse de leur taille.

43. *Quel est l'animal particulier à cette contrée ?* C'est le renne, qui ne peut vivre que dans les pays froids. Les Lapons s'en servent pour leurs voyages, en mangent la chair et se couvrent de sa peau.

44. *Quels sont la population, le gouvernement et la religion de la Suède ?* On y compte environ trois millions d'habitans. Le gouvernement est

une monarchie constitutionnelle. La religion dominante est le luthéranisme.

45. *Quelles sont les villes remarquables de la Suède?* Ce sont : STOCKOLM, bâtie en amphithéâtre sur sept îles entre le lac Meler et la mer Baltique, avec un port commode. C'est la première ville manufacturière et la première place de commerce du royaume. — *Upsal,* où résidèrent autrefois les rois de Suède, et où ils sont encore couronnés. Cette ville est célèbre par ses foires, qui se tiennent sur la glace, et par son université où a professé le célèbre botaniste Linnée. — *Falun,* connu par ses mines de cuivre. — *Gothemborg,* bon port, la deuxième ville de Suède. — *Carlscrone,* principal port de la marine royale. — *Calmar,* où fut conclu, en 1507, le célèbre traité qui réunit sous le sceptre de Marguerite les trois couronnes de Danemark, de Suède et de Norwége.

LEÇON V.

RUSSIE D'EUROPE.

46. *Comment la Russie était-elle nommée par les anciens, et quand a-t-elle commencé à sortir de la barbarie?* La Russie, que les anciens appelaient Sarmatie, n'est véritablement sortie de la barbarie que vers le commencement du 18e siècle, sous le règne de Pierre Ier, qui y introduisit les arts et les sciences et fut le

11.

créateur de la marine et de l'industrie de ce vaste empire.

47. *Quelles ont été, depuis cette époque, les accroissemens de la Russie en Europe?* Pierre-le-Grand l'augmenta de l'Estonie, de la Livonie et d'une partie de la Finlande, provinces maritimes de la Baltique. Catherine II l'a élevée au rang des premières puissances de l'Europe; elle y a bâti près de deux cents villes; elle s'empara de près des deux tiers de la Pologne, et, enlevant de vastes territoires aux Turcs, elle donna à son empire pour bornes, au sud, le Dniester, la mer Noire, la mer d'Azof et le Caucase. L'empereur Alexandre enleva, en 1808, aux Suédois, la partie de la Finlande qui leur était restée, et aux Turcs, en 1812, la Bessarabie, province entre le Dniester et le Pruth. En 1814, il acquit le nouveau royaume de Pologne.

48. *Quelle est l'étendue de l'empire russe?* La Russie d'Europe et celle d'Asie comprennent la neuvième partie des terres du globe; mais un tiers seulement de cet immense empire est susceptible de culture.

49. *Quels sont les différens climats de la Russie?* La Russie d'Europe, par sa vaste étendue, offre toutes les variétés de climat. A Saint-Pétersbourg, la Néwa est gelée tous les ans depuis le mois de novembre jusqu'au mois de mars ou d'avril; la Crimée jouit de la température de l'Italie, tandis que les contrées intermédiaires ont

la température de l'Angleterre et de l'Allemagne.

5o. *Quel aspect présente le sol de la Russie?* La Russie est un pays plat ; le nord-ouest est couvert de lacs et de rochers ; on remarque au sudest d'immenses plaines sablonneuses et imprégnées de sel qu'on nomme steppes.

51. *Quelles sont les principales productions de la Russie ?* Les productions de la Russie sont variées comme sa température. On cultive au nord, jusqu'au 60ᵉ degré, l'orge, le seigle et l'avoine ; au-delà, le sol est rebelle à toute culture ; mais on y trouve de bons pâturages ; le centre produit du lin et du chanvre, le midi fournit du maïs et presque tous les fruits des climats tempérés. Des provinces entières sont couvertes de forêts, qui fournissent d'excellens bois de construction et des mâtures. La forêt de Volkonskoï, qui s'étend depuis Viasma jusque près de Moscou, a soixante lieues de long. La Russie possède des mines de fer, de cuivre et même d'or, surtout dans les monts Ourals ; mais les principales richesses minérales de l'empire se trouvent en Sibérie.

52. *Quelles sont les principales exportations de la Russie?* Elles consistent en fer, en bois pour la marine, en grains, en fourrures, en suif et en cuirs très renommés.

53. *Quels sont les principaux canaux de la Russie?* Ce sont : le canal qui fait communiquer la Sukona à la mer Baltique, et le canalde Nov-

gorod qui, joignant la Néwa au Volga, fait ainsi communiquer Pétersbourg avec Astracan.

54. *Quels sont les différens peuples qui habitent la Russie?* La Russie d'Europe est habitée par une multitude de peuples qui diffèrent de mœurs, de langage, de religion, et qui offrent divers degrés de civilisation ; plusieurs sont nomades. Les Russes, qui forment la grande masse de la population, et les Cosaques, qui se divisent en deux branches principales, les Cosaques du Don et ceux de la mer Noire, sont d'origine esclavonne ; les Finnois habitent la Finlande. Il y a beaucoup d'Allemands dans la Courlande, la Livonie et l'Estonie. Les Tartares, parmi lesquels on distingue les Nogais, sont répandus dans les provinces du sud et de l'est. Les Samoïèdes habitent les bords de la mer Glaciale. Ce peuple, qui s'étend dans la Sibérie, est remarquable par la petitesse de sa taille.

46. *Quels sont la population, le gouvernement et la religion de la Russie d'Europe?* On compte en Russie environ 52,000,000 d'habitans. Le gouvernement est une monarchie absolue; le souverain porte le titre d'empereur autocrate et de czar de toutes les Russies. La plupart des paysans russes sont encore serfs et appartiennent à la couronne ou à des seigneurs. La religion grecque est la religion de l'état. Il y a en Russie environ 6 millions de catholiques et un grand nombre de luthériens, de mahométans et de juifs.

56. *Quelles sont les villes remarquables dans les gouvernemens du nord?* — SAINT-PÉTERSBOURG, fondé en 1703 par Pierre-le-Grand. De toutes les capitales de l'Europe, c'est celle qui, au premier aspect, frappe le plus par la longueur de ses rues, la beauté de ses quais en granit et de ses canaux, le grand nombre et la magnificence de ses édifices publics. On y admire particulièrement le palais impérial, l'église de Notre-Dame de Cazan, la statue équestre de Pierre-le-Grand, ouvrage en bronze du sculpteur français Falconnet, dont le piédestal est un rocher de granit pesant trois millions de livres, etc. — *Arkhangel*, port de mer qui n'est praticable que depuis juillet jusqu'en septembre, et qui fait un commerce considérable de pelleteries. — *Cronstadt*, dans une petite île du golfe de Finlande, arsenal de la marine russe, avec trois ports. — *Narva*, célèbre par la victoire que Charles XII, roi de Suède, y remporta en 1700 sur Pierre-le-Grand. — *Novgorod*, où Ruric fonda la monarchie russe en 862. — *Tver*, où l'on prépare le caviar, mets favori des Russes, composé principalement d'œufs d'esturgeons marinés.

57. *Quelles sont les villes remarquables dans les gouvernemens du milieu?* — MOSCOU, ancienne capitale de la Russie qu'on appelait aussi Moscovie. Cette grande ville a été prise en 1812 par les Français et en grande partie brûlée par les Russes. Elle a été rebâtie depuis sur un plan plus régulier. On y remarque la forteresse nommée le Kremlin. C'est à Moscou que se fait le couronnement des empereurs. Cette ville est arrosée par la Moskwa, sur les bords de laquelle les Français remportèrent une célèbre victoire. On vend à Moscou des maisons en bois qui se montent et démontent à volonté. — *Smolensk*, prise en 1812 par les Français. — *Toula*, qui a une célèbre manufacture d'armes fondée par Pierre-le-Grand. — *Orenbourg*, centre du commerce des Tartares avec l'Europe. — *Cazan*, ancienne capitale d'un royaume tartare ; cette ville a une université et un observatoire.

58. *Quelles sont les villes remarquables dans les gouvernemens du midi?* — *Kiev*, qui fut, avant Moscou, la capitale de la Russie. — *Poltava*, célèbre par la victoire que Pierre-le-Grand y remporta en 1709 sur Charles XII. — *Astracan*, ancienne capitale d'un royaume tartare ; elle fait un grand commerce de fourrures qui en portent le nom, et tire de la pêche sa principale richesse. Au sud du gouvernement d'Astracan se trouvent les Cosaques de la mer Noire, la province du Caucase et la Circassie, dont les femmes passent pour être d'une grande beauté. — *Derbent*, qui fut la résidence du calife Haroun-el-Raschid, caipitale du Daghestan, province enlevée aux Persans et qui offre les mêmes sites que la Suisse. — *Pérécop*, qui fait un grand commerce de sel. — *Ekaterinoslav*, fondée par Catherine II

elle-même, en présence de Joseph II. C'est près de cette ville que commencent les cataractes du Dniéper, qui s'étendent sur un espace de dix-huit lieues. — *Taganrog*, port de mer où est mort, en 1825, l'empereur Alexandre. — *Odessa*, naguère chétif viliage tartare, maintenant ville florissante avec un bon port; elle doit ses embellissemens et ses progrès à un Français, le duc de Richelieu. — *Choczim*, ville forte que se sont long-temps disputée les Polonais, les Turcs et les Russes, et qui est restée à ces derniers depuis 1812.

LEÇON VI.

FRANCE.

NOTIONS HISTORIQUES, CLIMAT, PRODUCTIONS, CANAUX, COMMERCE, PORTS DE MER

59. *Comment appelait-on autrefois la France et par qui fut-elle conquise?* La France, autrefois appelée *Gaule*, fut conquise par Jules-César cent vingt ans avant Jésus-Christ et resta soumise aux Romains pendant cinq cents ans : au commencement du cinquième siècle de notre ère, les Francs, qui habitaient la rive gauche du Rhin, s'emparèrent du nord de la Gaule à laquelle ils donnèrent leur nom. Bientôt, sous la conduite de Clovis, leur premier chef chrétien, ils devinrent maîtres de tout le pays.

60. *Quels changemens le territoire de la France éprouva-t-il dans la suite?* La France,

qui, sous les descendans de Clovis, comprenait tout le pays entre le Rhin, la Manche, l'Océan, les Pyrénées, la Méditerranée et les Alpes, fut augmentée par Charlemagne, qui établit un second empire d'Occident dont les limites s'étendaient en Allemagne jusqu'aux rivières du Raab et de la Vistule; en Italie, jusqu'à la Calabre, et en Espagne, jusqu'à l'Ebre. Sous les faibles successeurs de ce prince, l'empire d'Occident se démembra, et la France fut divisée entre une foule de seigneurs appelés grands vassaux, qui devinrent de vrais souverains. A l'avènement de Hugues Capet, en 997, le domaine de la couronne ne comprenait que trois provinces, la Picardie, l'Ile-de-France et l'Orléanais. Les autres provinces y rentrèrent successivement par achat, reversion, cession, mariage ou conquête. (1)

61. *Quels changemens politiques la France a-t-elle subis de 1790 à 1830?* En 1790, l'Assemblée nationale supprima la division par provinces et partagea la France en 83 départemens.

En 1792, la royauté fut abolie et remplacée par la république. Pendant que des hommes sanguinaires couvraient la France d'échafauds, les armées françaises, où s'était réfugié l'honneur national, faisaient de rapides conquêtes. Avignon, la Savoie, la Belgique, la rive gauche du Rhin, le Piémont, Genève furent réunis à la France.

---

(1) Voyez les *Leçons d'histoire de France.*

En 1804, Bonaparte, premier Consul de la république, fût proclamé empereur sous le nom de Napoléon. Il ajouta à la France la Hollande, une partie de l'Italie et de l'Allemagne. Son gigantesque empire fut alors divisé en 130 départemens.

En 1814 la maison de Bourbon fut rétablie sur le trône; et, de toutes les conquêtes de la république et de l'empire, la France n'a conservé que le comtat d'Avignon et quelques enclaves.

En 1830, à la suite de la révolution de juillet, la branche aînée des Bourbons est pour la troisième fois expulsée de France et le duc d'Orléans est proclamé roi des Français.

62. *Quel aspect présente le sol de la France et quel est le climat de cette contrée?* La France est en général un pays de plaines; elle n'a que des collines au nord et à l'ouest; l'intérieur même est peu élevé; mais l'est et le midi sont bornés et traversés par plusieurs chaînes de montagnes. La France jouit d'un beau ciel, d'un air salubre et d'un climat tempéré, mais sensiblement plus chaud au midi qu'au nord. On peut partager la France en trois grandes parties qui répondent à trois climats différens. La première, qui comprend les provinces du nord, ne produit pas de vin. Dans la deuxième, qui forme le centre, le maïs ne parvient pas à sa maturité. La troisième, qui correspond aux provinces du midi, donne du vin, du maïs et des olives.

63. *Quelles sont les principales productions*

de la France dans le règne végétal? Le sol de la France, en général fertile et bien cultivé, fournit en abondance du blé et autres céréales, des plantes à fourrages, d'excellens légumes, du lin, du chanvre, du tabac, et des vins qui forment une des principales richesses du pays et parmi lesquels les plus estimés sont ceux de Bourgogne, de Champagne, de Bordeaux et du midi. On trouve en France de beaux bois pour le chauffage, la charpente, la construction des vaisseaux, la menuiserie et la fabrication des meubles, et une grande variété d'arbres fruitiers. Les pommes abondent en Normandie : les habitans en font du cidre. Les principales forêts de la France sont celles des Ardennes, d'Orléans, de Fontainebleau, de Compiègne et du Morvan, à l'est du Nivernais.

64. *Quelles sont les principales productions de la France dans le règne animal?* Les vastes pâturages de la Normandie et du Limousin nourrissent les chevaux et les bestiaux les plus estimés; les moutons du Berry donnent la plus belle laine; ceux des Ardennes et de *Présalé,* en Normandie, sont les plus renommés pour l'excellence de leur chair. Les mérinos, qui nous sont venus d'Espagne, prospèrent dans divers cantons, et, depuis quelques années, on acclimate avec succès les chèvres du Thibet. Les peaux et le suif des bestiaux forment une branche de revenus considérable. Les beurres les plus estimés sont ceux de Bretagne, de Normandie et d'Artois. Les fro-

mages qui se conservent le mieux sont fournis par le midi. Les départemens méridionaux entretiennent des vers à soie, et les abeilles sont répandues dans toute la France. La pêche maritime occupe particulièrement les habitans des côtes de la Normandie et de la Bretagne. Six grands fleuves, près de cinq mille rivières et les étangs fournissent une grande variété de poissons d'eau douce.

65. *Quelles sont les principales productions de la France dans le règne minéral?* La France possède des mines de houille, de fer, de cuivre, de plomb, d'argent, des carrières d'excellentes pierres de taille, de marbre, de granit et d'ardoises. On y trouve beaucoup d'eaux minérales.

66. *Quelles sont les eaux minérales de France les plus renommées ?* Ce sont : celles de Saint-Amand, dans le département du Nord ; de Forges, dans la Seine-Inférieure ; de Passy et d'Enghien, près de Paris ; de Bourbonne-les-Bains, dans la Haute-Marne ; de Plombières, dans les Vosges ; de Bourbon-l'Archambault et de Vichy, dans le département de l'Allier ; du Mont-d'Or, dans le département du Puy-de-Dôme ; de Balaruc, dans le département de l'Hérault ; de Bagnères et de Barèges, dans les Hautes-Pyrénées.

67. *Combien y a-t-il de canaux principaux en France?* Il y en a onze, qui sont : le canal de Picardie ou de Crozat, qui joint la Seine à l'Oise ; le canal de Saint-Quentin, qui joint la Somme à l'Escaut ; le canal de l'Ourcq, qui amène à Paris

l'eau de la petite rivière de ce nom; le canal de Saint-Denis, qui joint le canal de l'Ourcq à la Seine; le canal des Ardennes, qui joint la Meuse à l'Aisne : le canal de Monsieur, qui joint le Rhin au Doubs; les canaux de Briare, d'Orléans et de Loing, qui joignent la Seine à la Loire; le canal de Bourgogne, qui joint l'Yonne et la Saône; le canal de Digoin, ou du Centre, qui joint la Saône à la Loire; le canal de Languedoc ou du Midi, qui joint la Garonne à la Méditerranée et fait ainsi communiquer cette mer avec l'Océan.

68. *Quelles sont les principales exportations de la France?* Les principaux objets d'exportation sont, parmi les produits de son sol : le vin; l'eau-de-vie, le vinaigre, l'huile, les grains, les fruits, le sel; et parmi les produits de son industrie, qui depuis trente ans a fait d'étonnans progrès, ce sont : les étoffes de soie et de laine, la bonneterie, les tapisseries, les toiles, les dentelles, le papier, les caractères d'imprimerie, les livres, les bijoux, les meubles, etc.

69. *Quels sont les ports militaires de la France ?* Ce sont : Brest, Rochefort, Toulon, qu'on appelle du premier ordre; Lorient et Cherbourg, qu'on appelle du second ordre.

70. *Quels sont les ports marchands de la France?* Ce sont : Dunkerque, Calais, Boulogne, Saint-Valery-sur-Somme, Dieppe, le Havre, Saint-Malo, Morlaix, le Port-Louis, le Croisic, Nantes, les Sables-d'Olonne, la Ro-

chelle, Bordeaux, Bayonne, Cette, Marseille et Antibes.

POPULATION, GOUVERNEMENT, RELIGION, DIVISION ECCLÉSIASTIQUE, JUDICIAIRE, MILITAIRE ET ADMINISTRATIVE DE LA FRANCE.

71. *Quels sont la population, le gouvernement et la religion de la France?* On compte en France 32,000,000 d'habitans. Le gouvernement est une monarchie constitutionnelle. La religion catholique est celle de l'état. Il y a en France environ 4,500,000 protestans.

72. *Comment la France est-elle divisée sous le rapport du culte catholique?* En 14 archevêchés et 66 évêchés.

73. *Quels sont les 14 archevêchés?* Ce sont: ceux de Paris, de Lyon, de Rouen, de Sens, de Reims, de Tours, de Bourges, d'Alby, de Bordeaux, d'Auch, de Toulouse, d'Arles, de Besançon et d'Avignon.

74. *Quels sont les 66 évêchés qui relèvent de ces archevêchés?* Ce sont: les évêchés de Chartres, de Meaux, d'Orléans, de Blois, de Versailles, d'Arras et de Cambrai, qui relèvent de l'archevêché de Paris.

Les évêchés d'Autun, de Langres, de Dijon, de Saint-Claude et de Grenoble, qui relèvent de l'archevêché de Lyon.

Les évêchés de Bayeux, d'Évreux, de Séez et

de Coutances, qui relèvent de l'archevêché de Rouen.

Les évêchés de Troyes, de Nevers et de Moulins, qui relèvent de l'archevêché de Sens.

Les évêchés de Soissons, de Châlons-sur-Marne, de Bauvais et d'Amiens, qui relèvent de l'archevêché de Reims.

Les évêchés du Mans, d'Angers, de Rennes, de Nantes, de Quimper, de Vannes et de Saint-Brieux, qui relèvent de l'archevêché de Tours.

Les évêchés de Clermont, de Limoges, du Puy, de Tulle et de Saint-Flour, qui relèvent de l'archevêché de Bourges.

Les évêchés de Rhodez, de Cahors, de Mende, et de Perpignan, qui relèvent de l'archevêché d'Alby.

Les évêchés d'Agen, d'Angoulème, de Poitiers, de Périgueux, de La Rochelle, de Luçon, qui relèvent de l'archevêché de Bordeaux.

Les évêchés de Tarbes, d'Aire et de Bayonne qui relèvent de l'archevêché d'Auch.

Les évêchés de Montauban, de Pamiers et de Carcassonne, qui relèvent de l'archevêché de Toulouse.

Les évêchés de Marseille, de Fréjus, de Gap, de Digne et d'Ajaccio, qui relèvent de l'archevêché d'Arles.

Les évêchés de Metz, de Strasbourg, de Verdun, de Belley, de Saint-Dié, de Nancy, qui relèvent de l'archevêché de Besançon.

Les évêchés de Nîmes, de Valence, de Viviers et de Montpellier, qui relèvent de l'archevêché d'Avignon.

75. *Comment la France est-elle divisée pour l'administration de la justice ?* En vingt-sept cours royales, desquelles dépendent un certain nombre de tribunaux de première instance, qui ont chacun dans leur ressort plusieurs justices de paix.

Les sièges des cours royales sont : Rouen, Caen, Amiens, Douai, Nancy, Metz, Colmar, Besançon, Dijon, Lyon, Grenoble, Aix, Toulouse, Montpellier, Nîmes, Pau, Agen, Bordeaux, Poitiers, Rennes, Angers, Orléans, Paris, Riom, Limoges, Bourges et Ajaccio.

76. *Comment la France est-elle divisée sous le rapport de l'instruction publique ?* En autant d'académies qu'il y a de cours royales. Les académies se composent 1° de facultés ; 2° de collèges royaux et communaux ; 3° d'institutions ; 4° de pensions ; 5° d'écoles primaires.

77. *Comment la France est-elle partagée sous le rapport militaire ?* En vingt-une divisions, dont les chefs-lieux sont : première division, *Paris ;* seconde, *Châlons ;* troisième, *Metz ;* quatrième, *Tours ;* cinquième, *Strasbourg ;* sixième, *Besançon ;* septième, *Grenoble ;* huitième, *Marseille ;* neuvième, *Montpellier ;* dixième, *Toulouse ;* onzième, *Bordeaux ;* douzième, *Nantes ;* treizième, *Rennes ;* quatorziè-

me, *Caen* ; quinzième, *Rouen* ; seizième, *Lille*; dix-septième *Bastia* ; dix-huitième, *Dijon* ; dix-neuvième, *Lyon* ; vingtième, *Périgueux* ; vingt-et-unième, *Bourges*.

78. *Comment la France est-elle divisée sous le rapport administratif?* En quatre-vingt-six départemens ; les départemens sont divisés en sous-préfectures ou arrondissemens ; les arrondissemens en cantons, et les cantons en communes. Les départemens tirent leur nom, soit des fleuves ou des rivières qui les traversent, soit des montagnes qu'ils renferment, soit de leur position géographique.

79. *Quels sont les petits fleuves et les rivières qui donnent leurs noms à des départemens et qui n'ont point été nommés dans la première partie de cet ouvrage?* Ce sont : l'Orne, qui se jette dans la Manche, la Vilaine et la Sèvre-Niortaise, qui se jettent dans l'Océan ; l'Aude, l'Hérault et le Var, qui se jettent dans la Méditerranée ; la Meurthe, qui se jette dans la Moselle; l'Aube et l'Eure, qui se jettent dans la Seine ; l'Aisne, qui se jette dans l'Oise; l'Ille, qui se jette dans la Vilaine; la Nièvre, le Loiret, l'Indre et la Sèvre-Nantaise, qui se jettent dans la Loire; la Creuse, qui se jette dans la Vienne; la Sarthe, qui se jette dans la Mayenne; le Loir, qui se jette dans la Sarthe; la Vendée, qui se jette dans la Sèvre-Niortaise ; l'Ariège et le Gers, qui se jettent dans la Garonne; l'Aveyron, qui se jette dans le Tarn;

la Corrèze, qui se jette dans la Vezère ; celle-ci se jette dans la Dordogne ; l'Ain, la Drôme, l'Ardèche et le Gard, qui se jettent dans le Rhône ; le Doubs, qui se jette dans la Saône.

CHEFS-LIEUX DES DÉPARTEMENS, SOUS-PRÉFECTURES ET AUTRES VILLES REMARQUABLES.

NORMANDIE.

80. *Quel est le chef-lieu du département de la* SEINE-INFÉRIEURE ? ROUEN, l'une des villes les plus commerçantes du royaume. La marée permet aux bâtimens marchands de remonter jusque dans son port. Elle fait un grand commerce de toiles connues sous le nom de *rouenneries*. On y voit un pont pavé, construit sur des bateaux, et qui s'ouvre pour laisser passer les vaisseaux. C'est dans cette ville que fut brûlée Jeanne d'Arc et que naquirent les deux Corneille et Fontenelle.

Quelles sont les sous - préfectures *de ce département ?* — *Le Havre,* port de mer très commerçant. — *Dieppe,* connu par ses bains de mer, sa pêche et ses ouvrages d'ivoire. A deux lieues de cette ville se trouve Arques, célèbre par la victoire qu'Henri IV y remporta sur Mayenne en 1589. — *Yvetot,* dont les seigneurs ont, dit-on, porté le titre de rois. — *Neufchâtel,* où l'on fait de bons fromages.

Quelle ville remarquable trouve - t - on

encore dans ce département? (1) *Elbeuf*, sur la Seine, connu par ses fabriques de draps.

81. EURE, chef-lieu EVREUX. A une demi-lieue de cette ville, on voit le château de Navarre, antique demeure de la maison de Bouillon ; et à six lieues, se trouve le village d'Ivry, célèbre par la victoire d'Henri IV sur Mayenne, en 1590.

Sous-préfectures : *Pont-Audemer. — Bernay.* — *Louviers*, remarquable par ses fabriques de draps et de cardes. — *Les Andelys*, patrie du Poussin. A quatre lieues des Andelys, on remarque la fonderie de cuivre de Romilly, l'un des plus beaux établissemens de ce genre.

82. CALVADOS. Ce département tire son nom d'une chaîne de rochers qui se trouvent près de la côte et qui furent ainsi appelés d'un vaisseau espagnol qui y échoua. Chef-lieu : CAEN, deuxième ville de la Normandie, patrie de Malherbe. On y voit le tombeau de Guillaume-le-Conquérant. On y fabrique des dentelles. Elle fait un grand commerce de chevaux. Un canal conduit de cette ville à la mer.

Sous-préfectures : *Bayeux. — Lisieux*, connue par ses toiles de Cretonne. — *Pont-l'Evêque. — Falaise*, patrie de Guillaume-le-Conquérant. Dans l'un de ses faubourgs nommé Gui-

---

(1) Les questions étant les mêmes pour chaque département, on ne les répétera pas pour ceux qui suivent.

bray, il se tient une foire célèbre. — *Vire*, sur la rivière du même nom.

83. MANCHE. Chef-lieu SAINT-Lô.

Sous-préfectures : *Cherbourg*, l'un des plus beaux ports de France. — *Valogne*. A trois lieues N. E. de cette ville est situé le fort de la Hogue, qui a une rade sur la Manche, célèbre par la bataille navale que Tourville y perdit contre les Anglais en 1692. — *Coutances*. — *Mortain.* — *Avranches.*—Près de cette ville, on remarque le Mont-Saint-Michel, château fort que la mer sépare deux fois par jour de la terre ferme.

Ville remarquable *Granville*, qui fait un grand commerce d'huîtres.

84. ORNE, chef-lieu ALENÇON, qui a des fabriques de dentelles ou point d'Alençon fondées par Colbert.

Sous-préfectures : *Argentan.* — *Domfront.* — *Mortagne.* Près de cette ville était le célèbre monastère de la Trappe.

Ville remarquable : *L'Aigle*, qui a des fabriques d'épingles et d'aiguilles.

PICARDIE.

85. SOMME, chef-lieu AMIENS : dont la cathédrale passe pour un chef-d'œuvre d'architecture gothique ; patrie de Pierre l'Hermite et de Gresset. C'est dans cette ville que fut conclu, en 1802, un traité de paix entre la France et l'Angleterre.

Sous-préfectures : *Abbeville*, où l'on fabrique

de bons draps. — *Doullens.* — *Mont-Didier.* —
Péronne, dans le château de laquelle Charles-
le-Simple fut détenu en 929 et finit ses jours.
Louis XI y fut aussi retenu prisonnier trois jours,
en 1468, par le duc de Bourgogne.

Ville remarquable : — *Crécy*, où Edouard III
roi d'Angleterre, remporta sur Philippe de Va-
lois, en 1346, une victoire tristement célèbre.

ARTOIS.

86. Pas-de-Calais, chef-lieu Arras, place
forte.

Sous-préfectures : *Calais*, vis-à-vis de Douvres,
port de mer très fréquenté ; c'est le passage le
plus court de France en Angleterre. Cette ville
est célèbre par le siège opiniâtre qu'elle soutint en
1347 contre Edouard III, et par le dévoûment
d'Eustache de Saint-Pierre et de cinq autres Ca-
laisiens. — *Boulogne.* — *Montreuil.* — *Saint-
Pol.* — *Béthune.* — *Saint-Omer.* Dans les marais voisins de cette ville, on voit les îles flottantes,
petites pièces de terre avec des arbres qui flottent
sur l'eau et qu'on peut aisément faire aller d'un
lieu à un autre.

FLANDRE.

87. Nord, chef-lieu Lille, ville très forte dont la
citadelle, l'une des plus belles de l'Europe, est
l'ouvrage de Vauban. A trois lieues de Lille est
le village de Bouvines, célèbre par la grande victoire que Philippe-Auguste y remporta en 1214

sur l'empereur d'Allemagne et le comte de Flandre.

Sous-préfectures : *Dunkerque*, ville forte, commerçante et la plus septentrionale de France; elle a un très bon port et une rade sûre. Patrie de Jean-Bart. — *Hazebrouck*. — *Douay*, ville grande, belle et forte. On y voit un des plus grands arsenaux de France et une fonderie de canons. — *Valenciennes*, ville forte, qui a des fabriques de dentelles. A une demi-lieue de cette ville est situé le village d'Anzin, où l'on exploite les plus riches mines de houille qui soient en France, et à deux lieues se trouve Denain, village célèbre par la victoire que Villars y remporta en 1712 sur le prince Eugène. — *Avesnes*. — *Cambray*, ville forte, qui a des fabriques de batistes et de linons. Le siège de cette ville, autrefois archiépiscopal, a été illustré par Fénelon.

Ville remarquable : *Cassel*, sous les murs de laquelle trois batailles ont été livrées par trois Philippe de France : la première, en 1071, par Philippe Ier, qui fut défait par Robert-le-Frison; la deuxième, en 1328, par Philippe-le-Bel, qui remporta une victoire complète sur les Flamands et saccagea la ville; la troisième, en 1677, par Philippe, duc d'Orléans, qui défit le prince d'Orange et prit la ville.

LORRAINE.

88. MEURTHE, chef-lieu NANCY, l'une des plus

belles villes de France ; elle renferme les tombeaux des ducs de Lorraine. C'est sous les murs de cette ville que périt, en 1476, Charles-le-Téméraire, dernier duc de Bourgogne.

Sous-préfectures : *Toul*, ville très ancienne, prise en 1552 par Henri II, ainsi que Metz et Verdun. Ces trois villes, auparavant impériales, sont depuis ce temps restées à la France. — *Château Salins*, qui a une saline considérable. — *Sarrebourg*, sur la Sarre. — *Lunéville*, résidence des anciens ducs de Lorraine. La France et l'Autriche y signèrent un traité de paix en 1801.

Villes remarquables : *Dieuze*, qui possède la plus grande des huit salines de l'est. — *Vic*, dans le territoire de laquelle on a découvert un banc immense de sel gemme.—*Baccarat*, célèbre par sa fabrique de cristaux.

89. VOSGES, chef-lieu ÉPINAL.

Sous-préfectures : *Neufchâteau* : à une demi-lieue de cette ville se trouve le village de Domremi, célèbre par la naissance de Jeanne d'Arc. — *Remiremont.* — *Saint-Dié.* — *Mirecourt*, connu par ses fabriques d'instrumens de musique.

90. MEUSE, chef-lieu BAR-LE-DUC, sur l'Ornain, connu par ses vins et ses confitures de groseilles.

Sous-préfectures : *Montmédy*, place forte. — *Commercy.* — *Verdun*, place forte, renommée par ses dragées, patrie de Chevert.

91. MOSELLE, chef-lieu METZ, ville forte. Elle fut

vaillamment défendue, en 1552, par le duc de Guise contre Charles-Quint. Patrie du maréchal Fabert.

Sous-préfectures : *Briey*. — *Thionville*, ville forte. — *Sarreguemines*, qui fabrique de la faïence et des tabatières de carton.

ALSACE.

92. Bas-Rhin, chef-lieu Strasbourg, sur l'Ill, l'une des villes les plus fortes et les plus commerçantes de France. Louis XIV s'en empara en 1681. Cette ville renferme les tombeaux du maréchal de Saxe, de Kléber et de Desaix. On y remarque la cathédrale, surmontée d'un clocher haut de 574 pieds, dont on admire la légèreté et la hardiesse ; elle a une horloge qui marque les heures, les jours, les semaines, les mois et le cours de plusieurs planètes.

Sous-préfectures : *Weissembourg*. — *Saverne*. — *Schelestadt*.

93. Haut-Rhin, chef-lieu Colmar, qui a dans ses environs une très grande fabrique d'indiennes.

Sous-préfectures : *Altkirch*. — *Béford*, qui fait un grand commerce avec la Suisse et l'Allemagne.

Ville remarquable : *Mulhausen*, qui n'appartient à la France que depuis 1798, et est célèbre par ses toiles de coton peintes.

FRANCHE-COMTÉ.

94. Doubs, chef-lieu Besançon, ville forte, dont la citadelle est située sur un roc inaccessible. On

y voit plusieurs restes d'antiquités romaines. A
trois lieues S. O. de cette ville, on remarque la
grotte d'Osselle.

Sous préfectures : *Montbelliard.* — *Baume-
les-Bains.* — *Pontarlier.* Dans les environs de
cette ville, on fait beaucoup de fromages dits de
Gruyère.

Ville remarquable : *Ornans,* où l'on voit un
puits naturel, nommé Puits de la Brême, dont
l'eau regorge extraordinairement dans les temps
pluvieux et jette une grande quantité de poisson.

95. HAUTE-SAÔNE, chef-lieu VESOUL.

Sous - préfectures : *Lure.* — *Gray,* où l'on
voit le superbe moulin Tramon, qui mout quatorze mille kilogrammes de blé par jour.

96. JURA, chef-lieu LONS-LE-SAUNIER.

Sous-préfecture : *Dôle,* qui fut, avant Besançon, la capitale de la Franche-Comté. — *Poli-
gny.* — *Saint-Claude,* où l'on fabrique de jolis
ouvrages en corne, en buis et en ivoire.

Villes remarquables : *Salins :* ainsi nommée à
cause de ses salines considérables et dont un horrible incendie détruisit les deux tiers en 1825.—
Arbois, renommée par ses vins. — *Morez,* où
l'on fabrique l'horlogerie dite de Comté.

BOURGOGNE.

97. CÔTE-D'OR. Ce département tire son nom d'une
chaîne de collines appelée la Côte-d'Or, à cause
de ses riches vignobles. Chef-lieu DIJON, ancienne, grande et belle ville, patrie de Bossuet.

Sous-préfectures : *Châtillon - sur - Seine.* — *Sémur*, bâti sur les bords escarpés de l'Armançon. A trois lieues de Sémur se trouve Montbard, célèbre par la naissance et le séjour de Buffon. — *Beaune*, renommée pour ses vins et patrie de Gaspard Monge, l'un des fondateurs de l'école Polytechnique.

Ville remarquable : *Nuits*, dont le territoire produit des vins très estimés. A deux lieues de cette ville était située la fameuse abbaye de Cîteaux.

98. YONNE, chef-lieu AUXERRE, qui fait un grand commerce de vins. On voit, à sept lieues S. E. de cette ville, les célèbres grottes d'Arcy.

Sous-préfectures : *Sens*, qui a une belle cathédrale dans laquelle on admire le mausolée du Dauphin, père de Charles X. — *Avallon.* — *Joigny.* — *Tonnerre*, dont le territoire produit de bons vins.

Ville remarquable : *Chablis* connu par ses vins blancs.

99. SAÔNE-ET-LOIRE, chef-lieu MACON, qui fait un grand commerce des vins de son territoire.

Sous-préfectures : *Louhans.* — *Charolles.* — *Autun*, l'une des villes de France qui renferme le plus d'antiquités. — *Châlons - sur - Saône*, à l'embouchure du canal du Centre. La position de cette ville la rend l'entrepôt des marchandises dirigées des ports de l'Océan et de la Méditerranée sur l'intérieur de la France.

13.

Villes remarquables : *Montcenis*, sur une hauteur au bas de laquelle est situé le Creuzot, bourg qui possède une manufacture de cristaux; des forges, des laminoirs, une fonderie très considérable et des mines de fer et de houille. — *Cluny*, célèbre par son ancienne abbaye.

100. AIN, chef-lieu BOURG, ancienne capitale de la Bresse.

Sous-préfectures : *Nantua*, ville industrieuse au bord du petit lac du même nom. — *Belley*. — *Gex*. — *Trévoux*, où les jésuites possédaient l'un de leurs principaux collèges.

Ville remarquable : *Ferney*, célèbre par le séjour de Voltaire.

LYONNAIS.

101. RHÔNE, chef-lieu LYON, la seconde ville de France par son étendue, sa population, son industrie et son commerce; célèbre par ses étoffes de soie, d'or et d'argent, et par sa chapellerie. On y admire la place de Bellecourt, l'une des plus belles de l'Europe, et un grand nombre de beaux édifices. Lyon est la patrie de trois empereurs romains : Claude, Marc-Aurèle et Caracalla.

Sous-préfecture : *Villefranche*.

Villes remarquables : *Tarare*, connue par ses fabriques de mousseline. — *Condrieux*, célèbre par ses vins.

102. LOIRE, chef-lieu MONTBRISON.

Sous-préfectures : *Roanne*, ville très commerçante. — *Saint-Étienne*, ville considérable et très industrieuse. Elle a une école royale des mines, une manufacture royale d'armes et des fabriques de rubans de soie. Aux environs on exploite un grand nombre de houillères. Un chemin de fer conduit de cette ville à la Loire.

DAUPHINÉ.

103. ISÈRE, chef-lieu GRENOBLE, patrie du mécanicien Vaucanson. On y fabrique des gants. On voit, à six lieues de cette ville, au milieu des montagnes et dans un site admirable, la grande chartreuse où se retira Saint-Bruno. C'est encore aux environs de Grenoble qu'on trouve un lieu nommé Fontaine - Ardente d'où s'échappent des flammes qui brûlent le papier, la paille et le bois; la poudre à tirer seule n'y prend point feu.

Sous-préfectures : *La-Tour-du-Pin.—Saint-Marcellin. — Vienne*, ville très ancienne, où fut exilé et mourut, dit-on, Ponce-Pilate, et où s'est tenu, en 1311, le concile qui a aboli l'ordre des Templiers.

Villes remarquables : *Crémieu*. Près de cette ville, se trouve la grotte de Notre-Dame-de-Balme, qui renferme un étang sur lequel François Ier s'avança, dit-on, l'espace de deux lieues. — *Voiron*, connu par ses toiles. — *Allevard*, qui a de riches mines. A peu de distance se trouve le château Bayard, où naquit le chevalier sans peur et sans reproche.

104. DRÔME, chef-lieu VALENCE, où mourut

dans la captivité le pape Pie VI en 1799. Près de cette ville, s'élève le côteau de l'Hermitage, qui produit les vins délicieux de ce nom.

Sous-préfectures : *Die.* — *Montélimart.* — *Nyons.*

105. HAUTES-ALPES, chef-lieu GAP, où l'on voit le beau mausolée en albâtre de Lesdiguière, dernier connétable de France.

Sous-préfectures : *Briançon*, ville fortifiée avec tant d'art qu'elle passe pour imprenable. C'est la ville de France la plus élevée au-dessus du niveau de la mer. — *Embrun*, situé sur un rocher escarpé ; on y voit une belle cathédrale.

PROVENCE.

106. BASSES-ALPES, chef-lieu DIGNE, patrie de Gassendi.

Sous-préfectures : *Barcelonnette.* — *Sisteron.* — *Forcalquier.* — *Castellane.*

Ville remarquable : *Manosque*, la ville la plus peuplée du département.

107. VAR, chef-lieu DRAGUIGNAN.

Sous-préfectures : *Grasse*, jolie ville, qui fait un commerce considérable d'huile d'olive, de parfums et de liqueurs. — *Brignolles*, qui jouit d'un air très pur et fait un grand commerce de prunes. — *Toulon*, dont le port, l'un des plus vastes et des meilleurs de l'Europe, fut livré aux Anglais le 16 août 1793. Toulon fut repris le 18 décembre suivant. Cette ville a un magnifique arsenal de marine et un bagne, où sont envoyés les criminels condamnés à dix ans de fers.

Villes remarquables : *Antibes*, ville ancienne, forte et maritime. — *Cannes*, ville maritime qui exporte des anchois et des sardines. — *Fréjus*, patrie d'Agricola, beau-père de Tacite. — *Hyères*, à une lieue de la mer, patrie de Massillon.

108. BOUCHES-DU-RHÔNE, chef-lieu MARSEILLE, l'une des villes les plus peuplées et les plus riches de France. Cette ville fait un commerce immense avec toutes les parties du monde. Son port peut contenir 1,200 bâtimens. Son lazaret est le plus bel établissement qui existe en ce genre. Marseille fut fondée 600 ans avant J.-C. par des Phocéens. Elle fut appelée par Cicéron l'Athènes gauloise, et par Pline, la Maîtresse des études. Elle a été souvent ravagée par la peste. Dans celle de 1720, qui fit périr trente ou quarante mille habitans, l'évêque, M. de Belzunce, montra le plus sublime dévoûment.

Sous-préfectures : *Aix*, grande et belle ville. Elle exporte des huiles renommées et elle a des eaux minérales. — *Arles*, grande ville, qui renferme beaucoup d'antiquités. Au-dessous d'Arles, le Rhône se divise en deux branches qui embrassent l'île de la Camargue où errent de grands troupeaux. La Crau d'Arles est une vaste plaine pierreuse qui s'étend à l'est du Rhône et qui se couvre d'herbe pendant l'hiver.

Villes remarquables : *La Ciotat*, petit port

renommé pour ses vins muscats. — *Salon*, patrie du bailli de Suffren.

LANGUEDOC.

109. HAUTE-GARONNE, chef-lieu TOULOUSE, grande ville près de l'endroit où se termine le canal de Languedoc. C'est le centre du commerce que la France fait avec l'Espagne. Elle a vu naître le pape Benoît XII. On y remarque l'hôtel-de-ville, nommé Capitole, d'où vient que les magistrats de la ville s'appelaient capitouls. L'Académie des Jeux Floraux, fondée à Toulouse par Clémence Isaure dans le quatorzième siècle, est la plus ancienne de l'Europe.

Sous-préfectures : *Villefranche*. — *Muret*. — *Saint-Gaudens*.

110. TARN, chef-lieu ALBI, qui a donné son nom aux Albigeois, secte d'hérétiques. Patrie du navigateur La Peyrouse.

Sous-préfectures : *Gaillac*, qui fait un grand commerce de vins. — *Lavaur*. — *Castres*, qui a de nombreuses manufactures de draps.

111. AUDE, chef-lieu CARCASSONNE, sur l'Aude et le canal de Languedoc, ville renommée depuis très long-temps par ses fabriques de draps.

Sous-préfectures : *Castelnaudary*. — *Limoux*, dont le territoire produit des vins blancs très estimés. — *Narbonne*, ville très ancienne, renommée par son miel.

112. HÉRAULT, chef-lieu MONTPELLIER, près de la mer ; célèbre par la salubrité de l'air qu'on y res-

pire, par son école de médecine et son jardin de botanique, le plus ancien qu'il y ait en France.

Sous-préfectures : *Saint-Pons.* — *Lodève*, ville industrieuse, patrie du cardinal de Fleury. — *Béziers*, sur le canal de Languedoc et patrie de Riquet, à qui l'on doit ce canal. Cette ville fait un grand commerce de vins et d'eaux-de-vie.

Villes remarquables : *Lunel* et *Frontignan*, renommées par leurs vins muscats. — *Pézenas*, ville commerçante. — *Cette*, port de mer très commerçant, bâti sur une espèce d'isthme entre la mer et l'étang de Thau.

113. GARD, chef-lieu NÎMES, qui fut l'une des principales villes des Gaules et qui conserve beaucoup de monumens romains dont les plus remarquables sont la maison carrée et les arènes. Cette ville fait un grand commerce de graines et de plantes propres à la médecine ou à la teinture. C'est la patrie de l'empereur romain Antonin.

Sous-préfectures : *Le Vigan*, patrie du chevalier d'Assas. — *Alais* — *Uzès*. A trois lieues S. E. de cette ville, on admire le pont du Gard, bel aqueduc romain composé de trois rangs d'arcades les uns sur les autres, et construit entre deux montagnes qu'il réunit.

Villes remarquables *Pont-Saint-Esprit*, qui a un très beau pont sur le Rhône. —*Beaucaire*, où se tient tous les ans une foire célèbre, qui attire des négocians de toutes les parties du monde. —*Aigues-Mortes*, autrefois port de mer, aujourd'hui à deux lieues de la Méditerranée. C'est là que saint Louis s'embarqua deux fois pour l'Afrique.

114. Lozère, chef-lieu Mende, qui fait un grand commerce de serges. C'était la capitale de l'ancien Gévaudan.

Sous-préfectures : *Marvéjols*. — *Florac*.

115. Haute-Loire, chef-lieu Le Puy, ancienne capitale du Vélay, environnée de rochers volcaniques.

Sous-préfectures : *Brioude*. — *Issengeaux*.

116. Ardèche, chef-lieu Privas.

Sous-préfectures: *L'Argentière*. — *Tournon*, vis-à-vis du côteau de l'Hermitage et célèbre par son collège.

Villes remarquables : *Annonay*, renommée pour ses papeteries et patrie de Montgolfier, inventeur des aérostats. On voit près de cette ville le premier pont en fil de fer qui ait été établi en France. — *Saint-Péray*, célèbre par ses vins. — *Viviers*, ancienne capitale du Vivarais.

Le sol volcanique de ce département offre un grand nombre de curiosités naturelles. Au pont de l'Arc, l'Ardèche passe sous un rocher qu'il a creusé et qui forme au-dessus de ses eaux une arcade naturelle.

ROUSSILLON.

117. Pyrénées-Orientales, chef-lieu Perpignan, ville forte sur le Tet. Elle a une bergerie royale et fait un grand commerce de vins.

Sous-préfectures : *Prades.* — *Ceret.*

Villes remarquables : *Port-Vendre*, le port le plus méridional de France. — *Mont-Louis*, bâti par Louis XIV, capitale de l'ancienne Cerdagne.

COMTÉ DE FOIX.

118. Ariège, chef-lieu Foix.

Sous-préfectures : *Pamiers.* — *Saint-Girons.*

Ville remarquable : *Ax*, connu par ses eaux minérales.

BÉARN.

119. Basses-Pyrénées chef-lieu Pau sur le Gave ou torrent de ce nom. Cette ville, célèbre par la naissance de Henri IV, a des fabriques de toiles et de mouchoirs et fait le commerce de vin de Jurançon.

Sous-préfectures : *Bayonne*, forte ville maritime. Elle fait un grand commerce avec l'Espagne et exporte du chocolat et des jambons estimés. On y fait des armemens pour la pêche de la morue et pour les colonies. On y a inventé la baïonnette. C'est l'ancienne capitale du pays des Basques, dont la langue, qui s'étend au sud des Pyrénées, est primitive et n'a rien de commun avec toutes les autres langues du monde. — *Orthez*, sur le Gave de Pau. — *Mauléon.* — *Oloron*, ville industrieuse, qui fait un grand commerce de laines et de bois de mâture.

Villes remarquables : *Salies*, dont les sources d'eaux salées donnent un sel très blanc. — *Saint-*

Jean-Pied-de-Port, ancienne capitale de la Basse-Navarre. — *Saint-Jean-de-Luz*, à cinq lieues de laquelle on remarque, à l'embouchure de la Bidassoa, l'île des Faisans, célèbre par les conférences qui y eurent lieu en 1659, entre le cardinal Mazarin et don Louis de Haro.

GUYENNE et GASCOGNE.

120. Gironde, chef-lieu Bordeaux, dont le port commode et sûr peut contenir près de 1,000 vaisseaux. Elle fait un grand commerce des vins de son territoire; cette ville est l'une des plus riches et des plus florissantes du royaume. Elle communique avec l'Océan par la Garonne, et avec la Méditerranée au moyen du canal de Languedoc: on y remarque le grand théâtre et un très beau pont sur la Garonne.

Sous-préfectures : *La Réole.* — *Bazas.* — *Lesparre.* C'est dans cet arrondissement qu'on récolte le vin de Médoc. — *Blaye*, ville forte et maritime, avec une rade où mouillent tous les bâtimens qui montent et descendent la Gironde.

— *Libourne*, ville industrieuse et commerçante. Bâtie par Edouard Ier, roi d'Angleterre, elle a été assiégée et prise par trois grands capitaines, Du Guesclin, Dunois et Talbot.

121. Dordogne, chef-lieu Périgueux. Cette ville, renommée par ses truffes, renferme des restes de monumens romains.

Sous-préfectures : *Nontron.* — *Riberac.* —

Bergerac, dont les vins sont très estimés. — *Sarlat*. Près de cette ville est né Fénelon, et à trois lieues, se trouve la grotte de Miremont, l'une des plus belles de France.

122. LOT-ET-GARONNE, chef-lieu AGEN, ancienne capitale de l'Agenois. Par sa position sur la Garonne, cette ville sert d'entrepôt au commerce de Bordeaux et de Toulouse. Patrie de Scaliger et de Lacépède.

Sous-préfectures : *Marmande*. — *Villeneuve-d'Agen* que traverse le Lot. — *Nérac*, qui était, alternativement avec Pau, la résidence des rois de Navarre.

123. LOT, chef-lieu CAHORS, ancienne capitale du Querci. Cette ville fait un grand commerce des vins de son territoire. Patrie du pape Jean XXII et du poète Clément Marot.

Sous-préfectures : *Gourdon*. — *Figeac*.

124. AVEYRON, chef-lieu RODEZ, ancienne capitale du Rouergue.

Sous-préfectures : *Villefranche*, patrie du maréchal de Belle-Isle. Aux environs sont établies de nombreuses forges, des fabriques d'ouvrages en cuivre et des fonderies. Non loin de cette ville, on trouve la montagne brûlante de Fontaynes et de vastes houillères dont on extrait un très bon alun. — *Espalion*. — *Milhau*. — *Saint-Afrique*. A deux lieues de cette ville se trouve le village de Roquefort, renommé pour ses fromages.

125. TARN-ET-GARONNE, chef-lieu MONTAUBAN.

Sous-préfectures : *Castel-Sarrazin.* — *Moissac*, qui fait un commerce considérable en farine, en huile, en safran, en vin et en laine.

126. LANDES : ce département est ainsi nommé des landes qui en couvrent la plus grande partie. Ces terres sablonneuses, stériles et couvertes en partie de bruyères, s'étendent depuis Bordeaux jusqu'à Bayonne. Ce pays est traversé par une longue forêt, plantée de pins qui fournissent de la résine et des mâts, et de chênes dont l'écorce produit le liège. Le bord de la mer est couvert de dunes et d'étangs. Les habitans des Landes se servent de hautes échasses pour marcher dans les sables. Chef-lieu MONT-DE-MARSAN.

Sous-préfectures : *Saint-Sever.* — *Dax*, qui a des sources d'eaux bouillantes et minérales. Près de cette ville naquit saint Vincent-de-Paul.

Ville remarquable : *Aire*, qui fut la résidence d'Alaric, roi des Visigoths.

127. GERS, chef-lieu AUCH, ancienne capitale de l'Armagnac, remarquable par sa cathédrale.

Sous-préfectures : *Condom*, dont Bossuet occupa le siège avant d'être évêque de Meaux. — *Lectoure*, patrie du maréchal Lannes. — *Mirande.* — *Lombez*, autrefois le siège des états de Comminges.

128. HAUTES-PYRÉNÉES, chef-lieu TARBES, ancienne capitale du Bigorre.

Sous-préfectures : *Bagnères-de-Bigorre*, très

fréquentée pour ses eaux minérales. — *Argelès*, dans la délicieuse vallée de Lavedan.

Ville remarquable : *Campan*, dans la célèbre et magnifique vallée du même nom; on y exploite une carrière de beau marbre vert.

PAYS D'AUNIS ET SAINTONGE.

129. CHARENTE-INFÉRIEURE, chef-lieu LA ROCHELLE, qui a une rade sûre et un bon port défendu par deux tours. Cette ville devint dans le seizième siècle le boulevard du protestantisme. Le cardinal de Richelieu, s'en rendit maître en 1628, après un siège mémorable. Pour ôter aux assiégés toute communication avec la mer, il fit construire dans l'Océan une digue de 747 toises de long.

Sous-préfectures : *Saint-Jean-d'Angely*. — *Jonzac*. — *Rochefort*, bâti en 1664 par Louis XIV. Cette ville a un bagne où sont envoyés les criminels condamnés à plus de dix ans de fers. — *Marennes*, où l'on pêche d'excellentes huîtres. — *Saintes*, où l'on voit un bel arc de triomphe construit par les Romains.

Les îles de Ré et d'Oléron font partie de ce département.

ANGOUMOIS.

130. CHARENTE, chef-lieu ANGOULÊME, sur le sommet d'une montagne au pied de laquelle coule la Charente. Cette ville possède des fabriques de papiers et une école royale de marine.

Sous-préfectures : *Confolens*. — *Ruffec*. —

14.

Barbézieux, qui fait un grand commerce de volailles. — *Cognac*, qui fait un grand commerce d'eau-de-vie; patrie de François Ier.

Villes remarquables : *Jarnac*, où Henri III remporta, en 1569, une victoire sur les calvinistes commandés par le prince de Condé.— *La Rochefoucauld*. Près de cette ville on voit la célèbre grotte de Rancogne.

POITOU.

131. VIENNE, chef-lieu POITIERS. C'est sous les murs de cette ville que le roi Jean, en 1356, fut fait prisonnier par le prince Noir. A quatre lieues O. de cette ville, se trouve Vouillé, où Clovis tua, en 507, Alaric, roi des Visigoths.

Sous-préfectures : *Loudun*. — *Montmorillon*. — *Civrai*. — *Chatelleraut*, dont la coutellerie est renommée.

132. DEUX-SÈVRES, chef-lieu NIORT. Cette ville a vu naître madame de Maintenon et M. de Fontanes.

Sous-préfectures : *Parthenay*. — *Melle*. — *Bressuire*, qui, dans les guerres de la Vendée, fut réduite en cendres.

133. VENDÉE, chef-lieu BOURBON-VENDÉE, autrefois Roche-sur-Yon, bâtie en grande partie en 1807.

Sous-préfectures : *Fontenay-le-Comte*, sur la rivière de la Vendée. — *Les Sables-d'Olonne*, port de mer commerçant.

Ville remarquable : *Luçon*, dont le siège épiscopal a été occupé par le cardinal de Richelieu.

L'île de Noirmoutier, très fertile en grains, et l'Ile-Dieu, rocher de granit, appartiennent à ce département.

BRETAGNE.

134. ILLE-ET-VILAINE, chef-lieu RENNES, belle et grande ville, au confluent de l'Ille et de la Vilaine. Elle fait un grand commerce de beurre.

Sous-préfectures : *Saint-Malo*, port très fréquenté, quoique d'un accès difficile ; patrie de Jacques Cartier, qui découvrit le Canada, et de Dugay-Trouin. — *Fougères*. — *Montfort*. — *Redon*. — *Vitré*. Aux environs de cette ville, on remarque un monument celtique très curieux et connu sous le nom de Roche-aux-Fées. Il paraît avoir été consacré au culte des druides.

Ville remarquable : *Cancale*, petit port qui fait un grand commerce d'huîtres.

135. LOIRE-INFÉRIEURE chef-lieu NANTES, l'une des villes les plus commerçantes et les plus considérables du royaume. On y construit beaucoup de vaisseaux. Elle possède des manufactures de cordage et fait un grand commerce d'instrumens d'agriculture. Les anciens ducs de Bretagne y résidaient. Henri IV y donna, en 1598, le fameux édit de tolérance qui fut ensuite révoqué par Louis XIV.

Sous-préfectures : *Châteaubriant*, renommé pour ses confitures sèches d'angélique. — *Ance-*

nis. ---*Savenay.* — *Paimbœuf*, port où les gros vaisseaux débarquent leurs cargaisons que l'on conduit ensuite sur des gabarres jusqu'à Nantes.

Villes remarquables : *le Pouliguen*, petit port au milieu de marais salans. — *Le Croisic*, port de mer. — *Guérande*, qui a des fabriques de toiles et de basins et qui fait un grand commerce de sel.

136. Morbihan, chef-lieu Vannes, ville commerçante à trois lieues de la mer avec laquelle elle communique par le canal du Morbihan.

Sous-préfectures : *Ploermel.* — *Pontivy.* — *Lorient*, qui a un bon port, une rade sûre et un bagne où sont envoyés les militaires condamnés pour insubordination.

Villes remarquables : *Hennebon*, petit port où, en 1342, la comtesse de Montfort se défendit vaillamment contre Charles de Blois. — *Quiberon*, à l'extrémité d'une petite presqu'île où débarquèrent, en 1795, des émigrés français, qui furent faits prisonniers et mis à mort. — *Auray*, petit port près duquel Duguesclin fut fait prisonnier en 1364.

L'île de Grouaix et Belle-Isle font partie de ce département.

137. Finistère. Ce département est ainsi nommé à cause de sa position à l'extrémité occidentale de France. Chef-lieu Quimper.

Sous-préfectures : *Châteaulin.* — *Quimperlé.*

— *Morlaix*, sur la rivière du même nom. Cette ville a un bon port et fait un grand commerce. C'est la patrie du général Moreau. — *Brest*, ville forte, premier port de la marine militaire de France, l'un des plus beaux et des plus sûrs de l'Europe. La rade de Brest peut contenir cinq cents vaisseaux de guerre. Cette ville a un bagne où sont envoyés les criminels condamnés à plus de dix ans de fers.

Ville remarquable : *Carhaix*, qui a dans ses environs la belle mine de plomb de Poullaouen; patrie de La Tour-d'Auvergne, premier grenadier de France.

L'île d'Ouessant, près de laquelle se donna, en 1778, un combat naval entre les Anglais et les Français, appartient à ce département.

138. Côtes-du-Nord, chef-lieu St.-Brieux, à une lieue de la mer, avec un port sur le Gouet.

Sous-préfectures : *Lannion*. — *Dinan*, ville forte, près de la Rance. Elle a des fabriques de toiles. Patrie de Duclos. — *Loudéac*, où l'on fabrique beaucoup de toiles dites de Bretagne. — *Guingamp*, où l'on fabrique des toiles de coton renommées qui en portent le nom.

Ville remarquable : *Quintin* : elle a des fabriques très considérables de toiles.

ANJOU.

139. Maine-et-Loire, chef-lieu Angers, ville ancienne et considérable, appelée *la Ville Noire*, à cause de la couleur des ardoises qui en couvrent

les maisons. Elle exporte des ardoises, des toiles et des vins blancs. Elle a une école royale des arts-et-métiers.

Sous-préfectures : *Segré.* — *Baugé.* — *Beaupréau.* — *Saumur*, qui a une école de cavalerie. Patrie de madame Dacier.

Ville remarquable : *Chollet*, renommé pour ses toiles.

MAINE et PERCHE.

140. SARTHE, chef-lieu LE MANS, sur la Sarthe. Cette ville fait un grand commerce d'étamines, de bougies et de volailles.

Sous-préfectures : *Mamers*, connu pour ses toiles. — *Saint-Calais.* — *La Flèche*, sur le Loir, qui possède une école militaire préparatoire.

141. MAYENNE, chef-lieu LAVAL, connu par ses toiles.

Sous-préfectures : *Mayenne.* — *Château-Gonthier.*

ORLÉANAIS.

142. LOIRET, chef-lieu ORLÉANS, grande et belle ville très commerçante et célèbre par deux sièges qu'elle a soutenus, l'un en 451, contre Attila, roi des Huns ; l'autre, en 1428, contre les Anglais, qui furent repoussés par Jeanne d'Arc. Cette ville a des raffineries de sucre, des fabriques de vinaigre, d'eau-de-vie, de bonneterie, etc. C'est la patrie du jurisconsulte Pothier.

Sous-préfectures : *Gien.* — *Montargis*, ancienne capitale du Gâtinais, près de la jonction des canaux d'Orléans, de Briare et du Loing. — *Pithiviers*, renommé par ses pâtés d'alouettes.

Villes remarquables : *Beaugency*, fameux par ses vignobles. — *Briare*, à la jonction du canal de ce nom avec la Loire.

143. LOIR-ET-CHER, chef-lieu BLOIS, patrie de Louis XII. C'est là que Henri III, dans une assemblée des états généraux, en 1588, fit assassiner le duc de Guise et le cardinal son frère. A quatre lieues de cette ville, on remarque le magnifique château de Chambord.

Sous-préfectures : *Vendôme*. — *Romorantin*, ancienne capitale de la Sologne, triste et stérile pays couvert de landes.

144. EURE-ET-LOIR, chef-lieu CHARTRES, ancienne capitale de la Beauce. On y admire la cathédrale, surmontée de deux beaux clochers. Henri IV, en 1591, y fut sacré. Cette ville est un des plus grands marchés du royaume pour le commerce de blés. Elle avait autrefois un collège de druïdes. On trouve dans ses environs beaucoup de monumens druïdiques.

Sous-préfectures: *Nogent-le-Rotrou*. — *Châteaudun*. — *Dreux*, célèbre par la bataille qui s'y livra, en 1562, entre les catholiques et les protestans. C'est la patrie du poète Rotrou.

ILE-DE-FRANCE.

145. SEINE, chef-lieu PARIS. Cette riche et industrieuse capitale, qui a aujourd'hui sept lieues de

tour, n'était, du temps de César, qu'un bourg appelé Lutèce, renfermé dans la grande île de la Seine qu'on nomme maintenant la Cité. On peut regarder Paris comme le centre de la civilisation, des sciences, des lettres et des arts. C'est, après Londres, la ville la plus peuplée de l'Europe, et, après Rome, celle qui renferme le plus grand nombre d'édifices magnifiques. Les plus remarquables sont : le Louvre, le Panthéon, la Bourse et l'hôtel des Invalides. Paris est le siège du gouvernement, la résidence du roi, des deux Chambres, de la cour suprême de Cassation et de l'Institut de France divisé en quatre académies. Parmi les beaux et utiles établissemens de cette ville, trois surtout méritent de fixer l'attention : les Musées du Louvre, qui offrent une admirable collection de tableaux, de statues et d'antiquités, le Muséum d'histoire naturelle, et la Bibliothèque du roi, l'une des plus riches du monde. Paris a vu naître une infinité d'hommes célèbres, entre autres Catinat, le prince Eugène de Savoie, Molière, Boileau, J.-B. Rousseau, Rollin, etc.

Sous-préfectures : *Sceaux*. — *Saint-Denis*, dont l'église renferme les tombeaux des rois et des princes de la maison royale de France.

Lieux remarquables : *Vincennes*, château fort qui possède un magnifique dépôt d'armes et une école royale d'artillerie. — *Charenton*, qui a un hospice d'aliénés et une belle fonderie. Près de ce bourg est située l'école vétérinaire d'Alfort.

146. SEINE-ET-OISE, chef-lieu VERSAILLES. Ce n'était d'abord, sous Louis XIII, qu'un rendez-vous de chasse, qui fut transformé en une grande et belle ville sous Louis XIV ; ce prince y fit construire un magnifique château où la cour résida jusqu'à la révolution. Cette résidence royale et le parc qui en dépend sont enrichis des chefs-d'œuvre de nos plus grands maîtres ; on y admire aussi les jets d'eau, où l'art semble avoir forcé la nature. Versailles a vu naître l'abbé de l'Epée, premier instituteur des sourds-muets, et le poète Ducis.

Sous-préfectures : *Corbeil.— Pontoise*, qui fait un grand commerce de blé, de farine et de bestiaux. — *Mantes*, jolie ville où mourut Philippe-Auguste. — *Rambouillet*, qui a un château royal et une bergerie de mérinos. — *Etampes*, qui a des carrières de grès et fait un grand commerce de farine. Dans les environs de cette ville est né La Bruyère.

Lieux remarquables : *Saint-Cloud*, sur la Seine, château royal. Henri III y fut assassiné par Jacques Clément en 1589, et Bonaparte y renversa le Directoire en 1799. — *Sèvres*, qui possède la plus belle manufacture de porcelaine de l'Europe. — *Jouy*, qui a une grande manufacture de toiles peintes.—*Saint-Germain-en-Laye*, remarquable par son château que les rois ont autrefois habité ; par sa forêt, que longe une terrasse d'où l'on jouit d'une très belle vue.

147. SEINE-ET-MARNE, chef-lieu MELUN, patrie d'Amyot, traducteur de Plutarque.

Sous-préfectures : *Fontainebleau*, au milieu d'une forêt, avec un château royal où Christine, reine de Suède, fit assassiner son favori Monaldeschi, et où Napoléon abdiqua l'empire. — *Provins*, qui fait un grand commerce de farine. On y cultive les roses dites de Provins employées dans la médecine. — *Coulommiers*, qui commerce en fromages et en blés. — *Meaux*, ancienne capitale de la Brie, ville commerçante, dont Bossuet fut évêque.

Villes remarquables : *La Ferté-sous-Jouarre*, qui fait un grand commerce de meules à moulin. — *Nemours*, qui a des fabriques de chapellèrie.

148. AISNE, chef-lieu LAON.

Sous-préfectures : *Château-Thierry*, patrie de La Fontaine. — *Soissons*, sur l'Aisne, renommée par ses haricots. Près de cette ville, Clovis défit, en 486, Siagrius, général romain. — *Saint-Quentin*, ville très industrieuse, à la jonction du canal de ce nom avec la Somme. Elle a de célèbres fabriques de batistes, de linons, de gaze et de basins. Sous ses murs, les Espagnols gagnèrent, en 1557, une bataille en mémoire de laquelle Philippe II fit bâtir le palais de l'Escurial. — *Vervins*, célèbre par le traité qui y fut conclu, en 1598, entre Henri IV et Philippe II.

Lieux remarquables : *La Fère*, qui a une école d'artillerie.—*Saint-Gobain*, qui a une célèbre manufacture de glaces. — *La Ferté-Milon,* patrie de Racine.

149. Oise, chef-lieu Beauvais, qui a une manufacture royale de tapisseries et des fabriques de tapis de pied, de draps et de toiles. Cette ville soutint, en 1472, un siège fameux contre Charles-le-Téméraire, duc de Bourgogne. Les femmes, sous la conduite de Jeanne Hachette, s'y couvrirent de gloire. Avant la révolution, on célébrait cet évènement, le 10 juillet, par une procession où les femmes marchaient les premières.

Sous-préfectures : *Clermont.* — *Senlis,* qui a des fabriques de toiles et de dentelles. — *Compiègne,* qui a un château royal. C'est au siège de cette ville que Jeanne d'Arc fut prise par les Anglais, en 1431.

Lieux remarquables : *Noyon,* patrie de Calvin. — *Chantilly,* célèbre par la résidence du grand Condé. On y fabrique des dentelles noires.

CHAMPAGNE.

150. Aube, chef-lieu Troyes, ville manufacturière. Elle fait un grand commerce de craie, de bonneterie et de charcuterie. Patrie d'Urbain IV, fils d'un cordonnier, du sculpteur Girardon et du peintre Mignard.

Sous-préfectures : *Bar-sur-Seine.* — *Bar-sur-Aube.* — *Arcis-sur-Aube.* — *Nogent-sur-Seine.*

Lieu remarquable : *Brienne,* qui avait autrefois une école militaire où Bonaparte a été élève.

151. **Haute-Marne**, chef-lieu **Chaumont**. On trouve, dans les environs de cette ville, beaucoup de mines de fer et des forges.

Sous-préfectures : *Langres*, sur une montagne. Cette ville a des fabriques de coutellerie et fait un grand commerce de meules de moulin. — *Vassy*, célèbre par le massacre que les catholiques y firent des protestans en 1562.

Ville remarquable : *Saint-Dizier*, où la Marne commence à être navigable. Cette ville fait un grand commerce de bois; elle a des forges et des fonderies.

152. **Marne**, chef-lieu **Chalons**, qui possède une école royale des arts-et-métiers.

Sous-préfectures : *Vitry-le-Français*. A une demi-lieue de cette ville, se trouve Vitry-le-Brûlé, ville autrefois considérable, qui fut prise et brûlée par Louis VII, en 1142.— *Sainte-Menehould*. — *Epernay*, qui fait un grand commerce des excellens vins de son territoire. — *Reims*, où Clovis reçut le baptême et où sont sacrés les rois de France. On en admire la cathédrale. Reims fait un grand commerce de vins, de biscuits et de pains d'épices. Cette ville a des fabriques d'étoffes de laine. Patrie de Colbert et de l'abbé Pluche.

Lieux remarquables : *Aï*, qui produit les meilleurs vins mousseux de la Champagne. — *Montmirail*, où les Russes et les Prussiens furent battus en 1814. — *Valmy*, village où, en 1792, le général Kellermann avec 23,000 hommes battit 80,000 Prussiens.

153. ARDENNES, chef-lieu MÉZIÈRES, ville forte que Bayard défendit avec succès contre Charles-Quint, en 1521.

Sous-préfectures : *Vouziers.* — *Rethel.* — *Rocroy*, célèbre par la bataille que le duc d'Enghien, depuis le grand Condé, y gagna sur les Espagnols en 1643. — *Sedan*, ville forte, célèbre par ses manufactures de draps. Patrie de Turenne.

Ville remarquable : *Charleville*, à un quart de lieue de Mézières; elle a une manufacture royale d'armes.

Le sol d'une partie de la Champagne est crayeux et peu fertile ; les vignobles, les mines de fer et les manufactures d'étoffes de laine font la richesse de cette province.

NIVERNAIS.

154. NIÈVRE, chef-lieu NEVERS, ville commerçante, au confluent de la Nièvre et de la Loire. Dans ses environs on trouve les forges de Fourchambaud.

Sous-préfectures : *Château-Chinon.* — *Clamecy*, sur l'Yonne. Cette ville fait un commerce considérable de bois et de charbon pour l'approvisionnement de Paris. — *Cosne*, connu par ses vignobles, et l'entrepôt de tous les fers des forges environnantes.

Ville remarquable : *Pouilly*, connu par ses vins blancs.

15.

BOURBONNAIS.

155. Allier, chef-lieu Moulins, renommé pour sa coutellerie. Patrie des maréchaux de Villars et de Berwick.

Sous-préfectures : *La Palisse.* — *Gannat.*— *Mont-Luçon.*

AUVERGNE.

156. Puy-de-Dôme, chef-lieu Clermont-Ferrand, ville très commerçante, bâtie en laves, et formée de deux villes autrefois séparées, Clermont et Mont-Ferrand. Massillon en fut évêque. C'est la patrie de Pascal. Parmi les nombreuses fontaines de cette ville, on remarque celle de Saint-Allyre, dont les eaux par leur dépôt pierreux ont formé un mur de 47 toises de long, à l'extrémité duquel est un pont de stalactites fort curieux.

Sous – préfectures : *Issoire,* dans la partie la plus riante de la Limagne, plaine très fertile entre les monts d'Auvergne et l'Allier. — *Ambert* et *Thiers,* dont les papeteries sont renommées. — *Riom,* bâtie en laves, patrie de Grégoire de Tours.

Lieux remarquables : *Aigueperse,* patrie du chancelier de l'Hospital et du poète Delille. — *Volvic,* bourg qui a de belles carrières de pierre de lave.

157. Cantal, chef-lieu Aurillac, qui fait un commerce considérable de mulets et de chaudronnerie ; patrie du pape Gerbert (Sylvestre II) et du maréchal de Noailles.

Sous-préfectures : *Murat*. — *Mauriac*. — *Saint-Flour*, ville construite en laves sur des roches basaltiques.

Lieu remarquable : *Chaudes-Aigues*, à cinq lieues de Saint-Flour, célèbre par ses eaux thermales, dont les habitans se servent en hiver pour chauffer leurs maisons.

Le sol volcanique de l'Auvergne offre les sites les plus pittoresques et un grand nombre de curiosités naturelles.

LIMOUSIN.

158. Haute-Vienne, chef-lieu Limoges, ville très commerçante, l'une des plus anciennes de France et patrie du chancelier d'Aguesseau.

Sous-préfectures : *Saint-Yrieix*, qui a une manufacture de porcelaine. — *Rochechouart*. — *Bellac*. A trois lieues de cette ville se trouve la mine d'étain de Vaulry, la première qui ait été exploitée en France.

159. Corrèze, chef-lieu Tulle, sur la Corrèze. Cette ville a des fabriques de dentelles connues sous le nom de point de tulle, et fait un grand commerce d'armes à feu.

Sous-préfectures : *Ussel*. — *Brive-la-Gaillarde*, sur la Corrèze ; cette ville fait un grand commerce de truffes.

MARCHE.

160. Creuse, chef-lieu Guéret.
Sous-préfectures : *Bourganeuf*. — *Boussac*.

— *Aubusson*, connu par sa manufacture royale de tapis.

BERRY.

161. CHER, chef-lieu BOURGES, ville très ancienne, dont la cathédrale est l'une des plus belles de France. Patrie de Bourdaloue.

Sous-préfectures : *Saint-Amand*. — *Sancerre*, sur une montagne couverte de vignes, à une lieue de la Loire. Cette ville soutint, en 1573, contre les troupes de Charles IX, un siège mémorable pendant lequel elle endura toutes les horreurs de la famine.

Ville remarquable : *Vierzon*, qui a des forges considérables et une fabrique de porcelaine.

162. INDRE, chef-lieu CHATEAUROUX, sur l'Indre : cette ville fait le commerce des laines et a des fabriques de draps.

Sous-préfectures : *La Châtre*, sur l'Indre. — *Issoudun*, ville assez considérable ; elle a des fabriques de draps. — *Le Blanc*, sur la Creuse.

TOURAINE.

163. INDRE-ET-LOIRE, chef-lieu TOURS, qui a des fabriques d'étoffes de soie, de laine et de coton, et fait un grand commerce de pruneaux. On y remarque la cathédrale, un beau pont sur la Loire, et la rue Royale.

Sous-préfectures : *Loches*. — *Chinon*, patrie de Rabelais.

Lieux remarquables : *Amboise*, sur la Loire, où naquit et mourut Charles VIII. Il s'y forma, en 1560, une conjuration contre les Guises. Cette ville a une fabrique de limes et un château fort où Louis XI institua l'ordre de Saint-Michel. On y remarque une grosse tour où l'on peut monter en voiture. — *La Haye*, où naquit Descartes.

La fertilité et la beauté de la Touraine l'ont fait nommer le jardin de la France.

COMTAT D'AVIGNON.

164. VAUCLUSE. Ce département tire son nom de la fontaine de Vaucluse, non moins célèbre par ses beautés naturelles que par les vers de Pétrarque. Chef-lieu AVIGNON, belle et ancienne ville, qui fut, pendant 62 ans, la résidence des papes. Elle a des fabriques d'étoffes de soie, des moulins à garance et une succursale des invalides. Patrie du brave Crillon et du peintre Joseph Vernet.

Sous-préfectures : *Apt.* — *Carpentras*, ville très commerçante, dont les environs sont fertiles en vignes et en olives et plantés de mûriers. — *Orange*, qui a beaucoup d'antiquités romaines et a donné son nom à la famille des princes d'Orange qui règne aujourd'hui dans les Pays-Bas.

CORSE.

165. La CORSE est traversée en tout sens par des chaînes de montagnes dont le sommet le plus élevé est le *Monte Rotondo*. Elle produit le *pinus altissima*, l'arbre le plus élevé de l'Europe; elle est riche en marbre et en mines de fer; on y trouve le mouflon ou mouton sauvage. L'industrie

de cette île est peu développée. Chef-lieu *Ajaccio*, ville forte, avec un port spacieux et commode ; patrie de Napoléon Bonaparte. Sur la côte on pêche de beau corail.

Sous-préfectures : *Sartène*.— *Corte*.— *Calvi*.— *Bastia*, ancienne capitale de la Corse.

LEÇON VII.

PAYS-BAS

COMPRENANT LA HOLLANDE ET LA BELGIQUE.

166. *Comment se nommaient les anciens habitans des Pays-Bas?* Ceux qui habitaient la HOLLANDE s'appelaient Bataves, et les habitans de la BELGIQUE ont toujours été connus sous le nom de Belges.

167. *Sous quelle domination ont successivement passé les Pays-Bas, depuis le 5e siècle jusqu'à Charles-Quint?* Ils furent conquis dans le 5° siècle par les Francs, et firent partie de la monarchie française jusqu'aux derniers descendans de Charlemagne. Il s'y forma ensuite dix petits états dont la plupart furent dans la suite réunis par diverses alliances au domaine de la maison de Bourgogne. De cette maison ils passèrent, en 1477, dans celle d'Autriche, par le mariage de Marie, fille de Charles-le-Téméraire, dernier duc de Bourgogne, avec l'archiduc Maximilien. Charles-Quint, leur petit-fils, ayant ac-

quis le reste des Pays-Bas, se trouva souverain de dix-sept provinces.

168. *Quels changemens eurent lieu dans les Pays-Bas depuis Charles-Quint jusqu'à nos jours?* Charles-Quint laissa cette souveraineté à Philippe II, son fils, roi d'Espagne, dont les sept provinces septentrionales secouèrent le joug en 1579. Elles prirent pour chef Guillaume de Nassau, prince d'Orange, sous le titre de *stathouder*, c'est-à-dire gardien du pays, et formèrent une république fédérative qu'on appela les *Provinces-Unies* ou la république de Hollande, du nom de la principale province.

Les provinces méridionales se soulevèrent aussi ; mais elles furent remises sous la domination du roi d'Espagne, et appelées *Pays-Bas-Espagnols*. En 1714, elles furent cédées à l'empereur d'Allemagne et prirent alors le nom de *Pays-Bas-Autrichiens*.

La Hollande, en 1795, conquise par les Français, renvoya le stathouder et s'appela république Batave. Elle fut ensuite érigée en royaume par Napoléon en faveur de son frère Louis, et, peu de temps après, elle fut réunie à l'empire français.

La Belgique, incorporée à la France en 1801 par le traité de Lunéville, fut divisée, ainsi que la Hollande, en dix départemens ; elle a fait partie de la France jusqu'en 1814, époque à laquelle elle a été réunie à la Hollande. Elle s'en est séparée en 1830 et forme aujourd'hui un royaume indépendant.

169. *Quel aspect présente le sol des Pays-Bas, et quel est le climat de cette contrée?* La surface des Pays-Bas n'offre que de vastes plaines. Quelques parties de la Hollande sont même plus basses que la mer; elles sont préservées des inondations par des digues immenses, élevées à grands frais; malgré ces précautions, la mer a submergé plusieurs fois des provinces entières. Le Zuyderzée, qui n'était autrefois qu'un lac, a été réuni à la mer par une de ces désastreuses inondations. Les Hollandais ont tiré d'un sol ingrat tout le parti possible; ils ont changé leurs amrais en d'excellens pâturages. Une multitude de canaux facilitent l'écoulement des eaux et établissent des communications entre presque toutes les villes. L'air de la Hollande est froid, humide et malsain. La température de la Belgique est plus douce et plus saine. La Belgique est aussi fertile que bien cultivée.

170. *Quelles richesses offre le sol de la Belgique?* Il renferme des mines de houille, de fer, des carrières de marbre, d'ardoise, et il produit du blé, du lin, du chanvre, du tabac, de la garance, etc.

171. *Comment se sont enrichis les habitans des Pays-Bas?* Par l'industrie et le commerce. Leurs manufactures de toiles, de dentelles, de papier, etc., sont renommées. La pêche du ha-

reng leur procure un revenu considérable. La marine de la Hollande a été long-temps la première de l'Europe ; mais elle est bien déchue de son ancienne splendeur.

172. *Quel est celui des beaux-arts que les Belges et les Hollandais ont cultivé avec le plus de succès ?* C'est la peinture : l'école flamande jouit d'une juste célébrité.

173. *Quels sont la population, le gouvernement, et la religion des Pays-Bas?* On compte dans ce royaume environ 6 millions d'habitans. Le gouvernement est une monarchie constitutionnelle. Le catholicisme domine dans la Belgique, et le calvinisme dans la Hollande.

174. *Quelles sont les villes remarquables de la* Hollande ? Amsterdam, la ville la plus considérable ; elle rivalise par son commerce et son industrie avec les premières places de l'Europe ; elle est bâtie sur pilotis et située sur un bras du Zuyderzée ; le port peut contenir 1000 vaisseaux. — *Saardam,* bourg où Pierre-le-Grand exerça quinze jours le métier de charpentier. — *Harlem,* qui fait un grand commerce d'ognons de fleurs.—*La Haye,* résidence du roi de Hollande ; c'est la plus jolie ville du pays. — *Leyde,* qui a une célèbre université. — *Rotterdam,* la ville la plus considérable de la Hollande après Amsterdam. C'est la patrie d'Erasme.—*Dordrecht,* ville forte, située

dans une île qui se trouve entre la Meuse et le petit golfe de Biesbosch. Cette île et ce golfe n'existent que depuis 1421 : ils furent formés par une grande inondation qui engloutit, dit-on, 72 villages et 100,000 habitans. — *Utrecht*, célèbre par l'union qu'y formèrent, en 1579, les sept provinces septentrionales pour assurer leur indépendance et par le traité de paix qui y fut signé en 1713, entre la Hollande, la France et l'Angleterre. Cette ville a des fabriques de velours. — *Nimègue*, célèbre par le traité de paix que Louis XIV y conclut en 1678 avec les principales puissances de l'Europe. — *Groningue*, ville forte, qui a une université.

175. *Quelles sont les villes remarquables de la* BELGIQUE? — *Bruges*, ville commerçante, dans la cathédrale de laquelle on remarque les tombeaux de Charles-le-Téméraire et de sa fille Marie. — *Ostende*, ville forte et port de mer : elle soutint, contre les Espagnols, en 1601, un siège qui dura 3 ans. — *Ypres*, ville qui a été prise six fois par les Français et a eu pour évêque le fameux Jansénius. — *Courtray*, ville démantelée par Louis XIV et près de laquelle les Français perdirent, en 1302, la fameuse bataille dite des Éperons, et gagnèrent, en 1382, celle de Rosebek. — *Gand*, ville très commerçante, traversée par des canaux qui la coupent en vingt-six îles réunies par une quantité de ponts. Patrie de Charles-Quint. — *Anvers*, grande et belle

ville qui a un vaste port, un chantier de marine et qui fait un grand commerce maritime. Patrie de Van Dick, fameux peintre. — *Malines*, archevêché, qui a une belle cathédrale dont la tour a 348 pieds de haut. Les dentelles en sont très estimées. — BRUXELLES, capitale de la Belgique ; elle a de beaux édifices et une promenade magnifique nommée le Parc. L'industrie et le commerce la rendent très florissante. A 4 lieues sud-est de Bruxelles se trouve Waterloo, village où Napoléon fut vaincu en 1815 par les alliés. — *Louvain*, qui fait un grand commerce de bière ; elle a une université. — *Maestricht*, place forte dont la citadelle est bâtie sur le plateau de Saint-Pierre, l'un des plus vastes et des plus étonnans souterrains creusés de la main des hommes. — *Mons*, prise en 1572 par un stratagème singulier. Des soldats déguisés en marchands de vin introduisirent dans la ville des tonneaux remplis d'armes, tuèrent la garde et se rendirent maîtres de la place. La principale richesse de Mons consiste dans l'exploitation des mines de houille qui sont aux environs. A une lieue de cette ville est le village de Jemmapes, célèbre par la victoire qu'y remportèrent les Français en 1792. — *Tournay*, ville forte et manufacturière près de laquelle est Fontenoy, où Louis XV vainquit les Anglais et les Hollandais en 1745. — *Namur*, ville forte, qui fut prise en 1692 par Louis XIV en personne, après un siège de

6 jours. A 4 lieues ouest de cette ville est le bourg de Fleurus, où les Français ont remporté deux victoires célèbres : la première gagnée en 1690, par le maréchal de Luxembourg sur les Allemands; la seconde gagnée, en 1794, par le général Jourdan sur les Anglais et les Autrichiens. — *Liège*, ville grande, peuplée et très commerçante, qui fut prise et saccagée en 1468 par Charles-le-Téméraire; elle a des fabriques d'armes et une fonderie de canons. A 6 lieues sud-est de Liège, est le bourg de Spa, célèbre par ses eaux minérales. — *Luxembourg*, l'une des plus fortes places de l'Europe, située sur un rocher et occupée par les troupes de la confédération germanique.

LEÇON VIII.
ALLEMAGNE OU CONFÉDÉRATION GERMANIQUE.

176. *Quels étaient les anciens peuples de l'Allemagne et par qui fut-elle conquise?* Cette contrée, autrefois appelée Germanie, ne fut jamais entièrement soumise aux Romains. Elle était habitée par un grand nombre de peuples barbares, dont les principaux étaient les Suèves, les Saxons, les Vandales, les Lombards, les Francs, etc., qui ravagèrent long-temps l'Europe. Ce pays fut enfin conquis par Charlemagne, qui rétablit l'empire d'Occident.

177. *Quelles sont les principales révolutions*

qu'a subies l'Allemagne, depuis la conquête de Charlemagne jusqu'en 1512 ? La couronne impériale, d'abord héréditaire dans sa famille, devint élective en 918, et passa successivement à des princes de différentes maisons. Cette révolution fut l'origine de cette multitude d'états qui ont partagé l'Allemagne. Maîtres de disposer du trône par leurs suffrages, les gouverneurs des provinces s'arrogèrent des droits qu'ils n'avaient pas; et les duchés, les comtés et les marquisats qui n'étaient que des commissions, devinrent des souverainetés. Les ducs commandaient aux comtes qui portaient le nom de margraves sur la frontière, de rhingraves sur les bords du Rhin, et de landgraves dans l'intérieur du pays. Après une longue anarchie, Rodolphe, comte de Habsbourg, chef de la maison d'Autriche, fut élu empereur en 1273. Un grand changement s'opéra alors dans la constitution de l'Allemagne. Au système féodal succéda le système fédératif. Dès cette époque, les trois élémens constitutifs de l'empire furent les *électeurs,* qui s'arrogèrent le droit exclusif d'élire les empereurs; les *princes,* qui, par leur nombre, balancèrent le pouvoir des électeurs, et les *villes impériales,* que le commerce rendait riches et puissantes.

En 1356, Charles IV publia la Bulle-d'Or, par laquelle furent établis les droits des sept grands électeurs, qui étaient : les archevêques de Mayence, de Cologne et de Trèves, le roi de Bohême, le comte Palatin, le duc de Saxe et le margrave de Brandebourg. Le nombre des électeurs a varié depuis. A partir de 1439, la couronne impériale, se fixa dans la maison d'Autriche.

178. *Quels changemens subit l'Allemagne de 1512 à 1815 ?* En 1512, ce pays fut divisé en neuf cercles : ceux d'Autriche, de Bavière, de Souabe, du Haut-Rhin, du Bas-Rhin, de Franconie, de Westphalie, de Basse-Saxe et de Haute-Saxe. Cette division a subsisté jusqu'au commencement du 19e siècle, époque à laquelle l'influence de la France changea la face de l'Allemagne. L'ancienne constitution fut abolie et remplacée en 1806 par la confédération du Rhin. L'empereur d'Allemagne renonça à ce titre et prit celui d'empereur d'Autriche. Les duchés de Bavière, de Wurtemberg et de Saxe furent érigés en royaumes.

Le congrès de Vienne, en 1815, établit la confédération germanique telle qu'elle existe aujourd'hui. Elle se compose de 39 états, de forces inégales, indépendans les uns des autres et réunis pour leur défense et leurs intérêts communs. Les affaires se règlent dans une assemblée permanente appelée diète, qui réside à Francfort-sur-le-Mein, et qui a pour président le représentant de l'Autriche.

179. *Quel aspect présente le sol de l'Allemagne et quelles en sont les productions ?* Le midi et le centre de cette contrée sont traversés par des chaînes de montagnes, le nord est un pays plat et

couvert dans quelques parties de landes et de maré-
cages. Le sol de l'Allemagne, en général fertile,
produit toutes les céréales, des fruits, du chanvre, du lin, du tabac, de la garance, etc. La
vigne fait la richesse d'une grande partie de ce
pays. Les montagnes qui bordent le Rhin produisent d'excellens vins. Le milieu de l'Allemagne est
couvert d'immenses forêts dont la plus remarquable est la Forêt-Noire, dans le grand-duché de
Bade et le Wurtemberg. Le gibier abonde en Allemagne : le sanglier y est d'une taille énorme.
Des pâturages y nourrissent de nombreux troupeaux. L'Autriche, la Bohême et la Saxe sont
riches en minéraux. Les montagnes du Hartz, les
plus septentrionales de l'Allemagne, renferment
des mines d'argent, de plomb et d'autres métaux. Les verres de Bohême, les aciers de Styrie
sont renommés.

180. *Quels sont la population, la religion et
le gouvernement de l'Allemagne?* On compte
en Allemagne environ 30 millions d'habitans,
dont 18 millions de catholiques et 12 millions de
protestans. La religion catholique domine au sud,
la religion protestante domine au nord. L'Autriche et la Prusse sont des monarchies absolues
la Bavière, le Wurtemberg, le grand duché de
Bade, le Hanovre et la Saxe ont un gouvernement représentatif.

181. *Quelles sont les villes remarquables
d'Allemagne dans les états d'Autriche?* Ce sont

DANS L'ARCHIDUCHÉ D'AUTRICHE : VIENNE, capitale de toute la monarchie, la ville la plus peuplée et la plus importante de l'Allemagne. Elle a de beaux édifices. On y remarque l'église de Saint-Etienne dont la tour a 425 pieds de haut. Vienne fut assiégée par les Turcs en 1529 et en 1683 ; elle fut délivrée la seconde fois par Jean Sobieski, roi de Pologne. Les Français y entrèrent en 1805 et en 1809. Il s'y est tenu, en 1814 et en 1815, le fameux congrès qui a fixé les limites actuelles des puissances de l'Europe. — *Baden*, connu par ses eaux minérales.— *Schœnbrunn* et *Laxembourg*, résidences impériales. —*Wagram*, célèbre par la victoire que Napoléon y remporta sur l'archiduc Charles en 1809. — *Lintz*, ville commerçante, qui a de grandes manufactures de lainage, et près de laquelle on remarque un gouffre très dangereux dans le Danube.—*Salzbourg*, au milieu de hautes montagnes. On y admire le palais de la résidence et la cathédrale, bâtie sur le modèle de Saint-Pierre de Rome.

DANS LA MORAVIE : *Brunn*, capitale actuelle, qui a de belles fabriques de draps. — *Austerlitz*, petite ville, célèbre par la victoire que les Français, commandés par Napoléon, y remportèrent en 1805 sur les Russes et les Autrichiens. — *Olmutz*, sur la Morava, ville bien bâtie, ancienne capitale de la Moravie.

DANS LA BOHÊME : *Prague*, sur la Moldau, ville forte, l'une des principales de l'Allemagne, remarquable par ses beaux édifices et son ancienne université. Les Français y soutinrent un siège fameux en 1742. — *Tœplitz, Carlsbad, Egra,* lieux célèbres par leurs eaux minérales. — *Kuttenberg,* connu pour ses mines. — *Sedlitz,* village où l'on a découvert une source d'eau minérale d'où l'on extrait un sel purgatif fort connu.

DANS LE TYROL : *Inspruck,* ville très commerçante, aux environs de laquelle se trouvent des mines d'argent et de cuivre. On y remarque la chapelle d'argent et le toit d'or sur un balcon de la Chancellerie. — *Trente,* dans une délicieuse vallée, et célèbre par le concile qui s'y est tenu de 1545 à 1563.

DANS L'ILLYRIE : *Trieste,* le port le plus important de l'empire d'Autriche sur l'Adriatique. — *Laybach,* où s'est tenu un congrès en 1821. A 7 lieues S.E. de cette ville, on remarque, près d'Adelsberg, une caverne composée de trois grottes au-dessus l'une de l'autre, et le lac de Czirknitz dont les eaux s'écoulent quelquefois au mois de juin et qui fournit alors dans la même année une pêche, une chasse et une moisson. — *Idria,* petite ville célèbre par ses riches mines de mercure; on en a récemment découvert une semblable près de *Glagenfurt.*

DANS LA STYRIE : *Gratz,* ville commerçante, industrieuse et très peuplée; il s'y tient deux foires célèbres. Elle a des fabriques d'étoffes de soie et d'ouvrages en acier, et fait un grand commerce de volailles.

182. *Quelles sont les villes remarquables de l'Allemagne dans les états de la Prusse?* Ce sont:

DANS LE BRANDEBOURG : BERLIN, sur la Sprée, capitale de toute la monarchie et l'une des plus belles villes de l'Europe. On y remarque le château royal, la statue du grand-électeur Frédéric-Guillaume, le palais de Mon-Bijou, etc. Le commerce et l'industrie y sont très florissans. On y fabrique de belles porcelaines. Les Français y entrèrent en 1806. — *Potsdam,* belle ville, qui a un château royal et près de laquelle on remarque le palais de Sans-Souci, séjour favori du grand Frédéric. — *Brandebourg,* sur le Havel, ville très ancienne, qui a donné son nom à la province.—*Francfort-sur-l'Oder,* belle et grande ville. On y remarque le monument du prince Léopold de Brunswick, qui périt dans l'Oder en voulant sauver quelques malheureux.

DANS LA SILÉSIE : *Breslau,* la seconde ville des états prussiens par sa population, son commerce et ses manufactures. — *Grand-Glogau,* ville très forte.

DANS LA POMÉRANIE : *Stettin,* ville très commerçante et la plus peuplée de la province. — *Stralsund,* place forte avec un port grand et sûr.

DANS LA PROVINCE DE SAXE : *Magdebourg,* ville très commerçante, où la machine pneumatique fut inventée par le bourgmestre Othon de

Guerike. — *Halle*, ville importante, remarquable par son université, ses établissemens d'instruction et ses grandes salines. — *Mersebourg* : près de cette ville se trouve Rosbach, village célèbre par la victoire que le grand Frédéric y remporta sur les Français en 1757. — *Lützen*, petite ville connue par deux grandes batailles qui s'y donnèrent en 1632 et en 1813 : dans la première, Gustave-Adolphe, roi de Suède, périt en combattant contre les troupes de l'empereur d'Allemagne ; la seconde fut gagnée par les Français sur les Russes et les Prussiens. — *Erfürt*, ville grande et forte. On voit encore dans l'ancien monastère des Augustins, aujourd'hui maison des Orphelins luthériens, la cellule de Luther.

Dans la Westphalie : *Munster*, où fut signé, en 1648, le fameux traité de paix dit de Westphalie.

Dans le duché de Clèves et de Berg : *Cologne*, qui fait un grand commerce des vins du Rhin, et qui a donné son nom à une eau spiritueuse et aromatique. C'est dans cette ville que mourut de misère Marie de Médicis, veuve de Henri IV. Patrie de saint Bruno et du peintre Rubens. — *Solingen*, qui a des fabriques d'armes blanches. — *Elberfeld*, ville bien bâtie, manufacturière et commerçante. — *Dusseldorf*, l'une des plus belles villes sur le Rhin. Le port en est très fréquenté. — *Crevelt* et *Clèves*, à quelque distance de la rive gauche du Rhin.

Dans le grand duché du Bas-Rhin : *Coblentz,* qui fait un grand commerce de vins. — *Aix-la-Chapelle,* où Charlemagne établit le siège de son empire. La France et l'Espagne y conclurent un célèbre traité de paix en 1668. Cette ville a des eaux minérales très renommées. — *Trèves,* la plus ancienne ville de l'Allemagne. — *Sarre-Louis,* fondé par Louis XIV et fortifié par Vauban.

183. *Quelles sont les villes remarquables du royaume de Saxe ?* Ce sont : DRESDE, l'une des plus belles villes de l'Europe, et des plus industrieuses de l'Allemagne. C'est à Dresde qu'on parle le dialecte allemand le plus pur. Près de cette ville se trouve Pilnitz, célèbre par le congrès des souverains de l'Europe coalisés contre la France en 1791. — *Bautzen,* belle ville située sur une montagne, et célèbre par la victoire que les Français y remportèrent en 1813 sur les Russes et les Prussiens. — *Leipzig,* ville célèbre par son université, ses foires où il se fait un commerce considérable de librairie et par la bataille que les Français y perdirent en 1813. Patrie de Leibnitz. — *Chemnitz,* patrie du publiciste Puffendorf. — *Freyberg,* qui possède de riches mines d'argent très bien exploitées.

184. *Quelles sont les villes remarquables du Hanovre ?* HANOVRE, patrie de l'astronome Herschell. On y voit un monument élevé à Leibnitz. — *Gottingue,* célèbre par son université. —

Clausthal, ville située sur deux montagnes du Hartz; elle possède de riches mines d'argent et de plomb.

185. *Quelles sont les villes remarquables de la Bavière ?* MUNICH, l'une des plus belles villes de l'Allemagne. L'université de Landshut a été transférée dans cette capitale.—*Hohenlinden*, célèbre par la victoire que le général Moreau y remporta en 1800 sur les Autrichiens.—*Ratisbonne*, qui était autrefois le siège de la diète de l'empire.—*Nuremberg*, ville considérable, qui fabrique de la quincaillerie renommée et fait un grand commerce de jouets d'enfans. Pierre Hell y inventa, dans le 16ᵉ siècle, les montres, qui furent d'abord appelées œufs de Nuremberg.—*Nordlingen*, célèbre par la victoire remportée par le prince de Condé en 1645 sur le général Mercy.—*Augsbourg*, célèbre par son hôtel-de-ville, ses antiquités romaines, et surtout par la confession de foi que les protestans présentèrent à Charles-Quint en 1530. C'est la seconde ville de Bavière pour la population.—*Spire*, capitale de la Bavière-Rhénane, célèbre par la diète qui s'y tint en 1529, et qui, pour arrêter les progrès du luthérianisme, publia un édit contre lequel les réformés protestèrent; ce qui leur fit donner le nom de protestans.—*Deux-Ponts*, qui possède beaucoup de mines, entre autres une mine d'agathes, la seule, dit-on, qui existe en Europe.

186. *Quelles sont les villes remarquables du*

Wurtemberg ? Ce sont : STUTTGARD et *Louis-bourg*, résidences du roi. — *Weinsberg*, petite ville que prit l'empereur Conrad III en 1140. Il avait menacé de faire passer au fil de l'épée tous les hommes en état de porter les armes; mais les femmes, ayant obtenu la permission d'emporter ce qu'elles avaient de plus précieux, sortirent portant leurs maris sur leurs épaules. — *Ulm*, que les Français prirent en 1805 et dont ils firent prisonniers la garnison composée de 36,000 hommes.

187. *Quelles sont les villes remarquables du grand-duché de Bade?* Ce sont; CARLSRUHE, belle et industrieuse ville. — *Manheim*, belle ville ; on y fabrique des ouvrages en similor ou or de Manheim. — *Heidelberg*, qui possède la plus ancienne université d'Allemagne et renferme des imprimés et des manuscrits célèbres connus sous le nom de Bibliothèque Palatine. — *Rastadt*, où fut conclue la paix de 1714, et où se tint le congrès de 1798 entre la France et l'Allemagne. — *Bade*, célèbre par ses eaux minérales. — *Freybourg*, capitale du Brisgau, province qui appartenait autrefois à l'Autriche. — *Constance*, connue par le concile qui s'y tint en 1414.

188. *Quelles sont les villes remarquables des autres états d'Allemagne ?* — *Mayence*, la plus forte place de la Confédération ; elle fait un grand commerce de vins et de jambons. C'est la patrie de Jean Guttemberg, à qui l'on attribue l'invention de l'imprimerie. — *Iéna*, célèbre par

son université et surtout par la grande victoire
que les Français y remportèrent sur les Prussiens
en 1806. — *Rostock*, la ville la plus importante
du duché de Mecklembourg-Schwerin.— *Cassel*,
près de cette ville se trouve Wilhemsœhe, château ducal, bâti sur une montagne, et remarquable par ses cascades et la statue de cuivre d'Her-
culé Farnèse, de 32 pieds de haut. On entre par
une petite porte dans cette statue qui peut contenir 12 hommes ; on y jouit d'une vue admirable.
— *Brunswick*, grande et belle ville où fut inventé le rouet à filer. — *Gotha*, qui a un riche
cabinet de médailles et une manufacture de porcelaine. — *Pyrmont*, près du Wéser, petite ville
qui ne doit sa célébrité qu'à ses eaux minérales.
— *Bréme* et *Lubeck*, villes très commerçantes.
Cette dernière ville fut le chef-lieu de la ligue
anséatique formée dans le 13e siècle pour la protection du commerce de la Baltique contre les
pirates. Cette fédération, qui comprit jusqu'à 64
villes, n'en comptait plus dernièrement que quatre : Hambourg, Lubeck, Brême et Dantzig.
C'est à Lubeck qu'est né Henri Heinecken, enfant
prodigieux, qui savait parler à dix mois, connais-
sait à deux ans et demi la géographie, l'histoire
ancienne et moderne, et s'énonçait avec facilité
en latin et en français. Il mourut à 4 ans en 1725,
peu de mois après avoir été sevré. — *Hambourg*,
fondé par Charlemagne, la ville la plus commerçante de l'Allemagne ; ses raffineries de sucre sont

très renommées. — *Francfort-sur-le-Mein*, siège de la diète, ville très commerçante; on y remarque l'hôtel-de-ville et l'église catholique de Saint-Barthélemy où les empereurs étaient sacrés.

LEÇON IX.

PRUSSE.

189. *Quelle est l'origine de la Prusse et quels en sont les accroissemens depuis le 18ᵉ siècle ?* Les chevaliers teutoniques subjuguèrent la Prusse dans le 13ᵉ siècle et la convertirent au christianisme. En 1525, Albert de Brandebourg, grand-maître, embrassa le luthérianisme; et, secondé par le roi de Pologne, il se saisit de la Prusse orientale, à titre de duché héréditaire, relevant de la couronne de Pologne. En 1619, la Prusse ducale passa par mariage à l'électeur de Brandebourg, mais elle resta sous la dépendance féodale de la Pologne ; en 1657 le grand-électeur l'en affranchit. En 1701, son fils, Frédéric Iᵉʳ, l'érigea en royaume; en 1742, le grand Frédéric s'empara de la Silésie; dans les trois démembremens de la Pologne, la Prusse s'augmenta des provinces qui forment aujourd'hui la Prusse occidentale et le grand-duché de Posen. Au congrès de Vienne, en 1815, la Prusse recouvra toutes les provinces qu'elle avait perdues dans ses guerres contre la France et acquit une grande partie de la Saxe, la Westphalie, Clèves et Berg, et le Bas-Rhin.

Cette monarchie se compose aujourd'hui de deux masses de pays séparées l'une de l'autre, et toutes deux occupant un territoire qui s'étend des frontières de la France à celles de la Russie.

190. *Quelles sont la population et la religion de la Prusse ?* La population s'élève à 11 millions d'habitans; le luthérianisme est la religion dominante; mais on compte près de 4 millions de catholiques.

191. *Quelles sont les villes remarquables de la Prusse dans les provinces qui sont hors de la confédération germanique ?* — *Kœnigsberg*, où l'on remarque un beau palais avec une salle sans piliers de 274 pieds de long sur 54 de large. Patrie du philosophe Kant. — *Tilsitt*, célèbre par le traité qui y fut conclu, en 1807, entre la France, la Russie et la Prusse. — *Friedland* et *Eylau*, mémorables par les victoires que les Français y remportèrent en 1807 sur les Russes et les Prussiens. — *Dantzig*, bon port, ville forte et la première place de commerce de la Prusse. Les Français s'en emparèrent en 1807. On y fabrique des eaux-de-vie renommées. — *Thorn*, patrie de l'astronome Copernic.

LEÇON X.

ROYAUME DE POLOGNE.

192. *Quelles sont les principales époques historiques de la Pologne ?* La Pologne faisait partie de la Sarmatie européenne. Elle fut d'abord

gouvernée par des ducs. L'un d'eux, nommé Boleslas, obtint, en 1025, le titre de roi. En 1386, Jagellon, duc de Lithuanie, fut élu roi de Pologne, à condition qu'il réunirait la Lithuanie à la Pologne; mais cette réunion ne fut réellement effectuée qu'en 1569, sous Sigismond-Auguste, dernier roi de la race Jagellone. Après lui la couronne devint élective. En 1772, la Russie, la Prusse et l'Autriche, profitant des troubles qui agitaient la Pologne, se partagèrent une partie de cette contrée; ces trois puissances s'emparèrent du reste en 1793 et en 1795. Avant ces trois démembremens, la Pologne comprenait 32 palatinats et se divisait en 3 grandes parties : la Grande-Pologne au nord-ouest, la Petite-Pologne au sud, et la Lithuanie au nord-est. En 1807, Napoléon fit de la partie prussienne de la Pologne le grand-duché de Varsovie et en donna la souveraineté au roi de Saxe. Par le congrès de 1815, la majeure partie de ce grand-duché fut érigée en royaume et l'empereur de Russie en prit possession.

193. *Quel est l'aspect du pays et quels en sont le climat et les productions?* La Pologne est un pays plat; le climat y est tempéré, mais moins doux qu'en Allemagne; le sol produit beaucoup de grains et peu de fruits.

194. *Quels sont la population, le gouvernement et la religion de la Pologne?* On compte en Pologne environ 4 millions d'habitans; le gou-

vernement est une monarchie constitutionnelle
sous le sceptre de la Russie; on y trouve beaucoup de Juifs; la religion catholique y est dominante.

195. *Quelles sont les villes remarquables de
la Pologne?* — VARSOVIE, siège du gouvernement. — *Lublin,* habitée en grande partie par
les Juifs.

Cracovie, qui était la capitale de la Pologne
avant Varsovie, et où étaient couronnés et ensevelis
les anciens rois de ce pays, forme aujourd'hui
avec son territoire un état indépendant qui a 17
lieues de long sur 5 de large, et environ 100,000
habitans. On voit près de Cracovie un monument
élevé à la mémoire de Kosciusko.

LEÇON XI.
HONGRIE.

196. *Quelles sont les principales époques historiques de la Hongrie?* La Hongrie comprend
une partie des pays connus autrefois sous les
noms de Pannonie et de Dacie. A la fin du neuvième siècle, les Hongrois, peuple qui habi-
tait à l'est du Volga, vinrent s'y établir; long-
temps ils furent la terreur de leurs voisins. Saint
Etienne fut le premier roi de Hongrie. Sa dynastie s'éteignit en 1301. Douze princes de différentes maisons portèrent successivement la couronne jusqu'en 1540. Depuis cette époque, elle
est toujours restée dans la maison d'Autriche',

mais ce ne fut d'abord qu'à titre électif. Le droit héréditaire de cette maison ne fut reconnu qu'en 1687.

197. *Quel aspect offre la Hongrie et que les en sont les principales productions?* Le sol de la Hongrie, montueux au nord et à l'est, et plat au centre, à l'ouest et au sud, offre des coteaux parsemés de vignobles et d'immenses plaines bien arrosées et très fertiles, surtout en blé. De vastes forêts de sapins, de pins et de chênes, des marais qui rendent l'air humide et malsain, et des landes incultes, occupent une grande partie de cette contrée. Le blé, la vigne, les bestiaux et les produits des mines font la richesse de ce pays. On y trouve des pierres précieuses, entre autres l'opale; des mines de sel et de presque tous les métaux.

198. *Quels sont la population, la religion et le gouvernement de la Hongrie?* La Hongrie compte environ 10 millions d'habitans, dont la moitié est catholique et l'autre moitié appartient à l'église grecque ou à l'église protestante. Les Hongrois ont conservé sous le gouvernement de l'Autriche leur constitution particulière. Les États partagent avec l'empereur le droit de faire des lois. Les provinces militaires au sud, depuis la Dalmatie jusqu'à la Moldavie, sont organisées comme une espèce de camp perpétuel. Les paysans de ces provinces sont exempts de toutes contributions;

mais ils doivent prendre es armes au premier ordre du gouvernement.

199. *Quelles sont les villes remarquables de
la Hongrie?* Ce sont :

DANS LA HONGRIE PROPRE : *Presbourg,* ancienne
capitale. Les empereurs d'Autriche s'y font cou-
ronner comme rois de Hongrie. — *Kremnitz* et
Schemnitz, célèbres par leurs mines d'or et d'argent. — BUDE ou OFEN, capitale. Elle fut
prise en 1526 par les Turcs, qui la conservèrent
quelque temps avec une grande partie du royaume. On y garde la couronne hongroise. — *Pest,*
la ville la plus peuplée et la plus commerçante
de la Hongrie. Elle a une université et n'est séparée de Bude que par le Danube. — *Tokay,* célèbre par ses vins délicieux.

DANS LA TRANSYLVANIE : *Clausenbourg,* chef-
lieu du pays des Hongrois. — *Hermanstadt,*
chef-lieu du pays des Saxons et siège des états de
la Transylvanie. — *Maros-Vasarhely,* chef-lieu
du pays des Szecklers.

DANS L'ESCLAVONIE : *Eszek,* ville bâtie dans
un lieu marécageux ; elle fait un grand commerce
de grains, de bestiaux et de cuirs.

DANS LA CROATIE : *Agram,* divisé en deux
parties : la ville royale et la ville épiscopale.

DANS LES PROVINCES MILITAIRES : *Petervardein,*
place forte, célèbre par la victoire qu'y remporta
sur les Turcs le prince Eugène en 1716. — *Semlin,* place forte, vis-à-vis de Belgrade.

LEÇON XII.
AUTRICHE.

200. *Quelles sont les principales époques historiques de l'Autriche ?* Les états allemands de l'Autriche renferment la plus grande partie des contrées qu'on appelait autrefois *Rhétie, Norique* et *Pannonie.* Les barbares envahirent ces provinces du cinquième au septième siècle. Charlemagne joignit à son empire la Norique et l'appela *Austrie,* pays de l'est, d'où vient le nom d'*Autriche.* L'empereur Rodolphe de Habsbourg fit reconnaître son fils Albert comme duc d'Autriche en 1282, et jeta les fondemens de la grandeur future de sa maison. Par d'heureux mariages, elle acquit la Bohême, la Hongrie, la Franche - Comté, les Pays - Bas ; et, dans la personne de l'empereur Charles – Quint, elle monta sur le trône d'Espagne et des Indes. Charles-Quint donna ses états allemands à son frère Ferdinand en 1556. En 1713, le duché de Milan, conquête de Charles-Quint, qui était demeurée à l'Espagne, passa dans la maison d'Autriche. La ligue masculine de Habsbourg s'éteignit en 1740 par la mort de Charles VI, dont la fille, Marie-Thérèse, avait épousé François de Lorraine, duc de Toscane. Celui-ci est le chef de la seconde maison d'Autriche. Marie-Thérèse, qui lui survécut et fut impératrice après lui, s'empara de la Gallicie. Dans ses guerres contre la

France, de 1797 à 1809, l'Autriche perdit une grande partie de ses états. A la paix de Paris, en 1814, elle les reprit, à l'exception des Pays-Bas, et acquit les états vénitiens, l'Illyrie et la Dalmatie.

2o1. *Quelles sont la population totale et la religion de l'empire d'Autriche?* On en évalue la population à environ 32 millions d'habitans, divisés en quatre nations principales : les Allemands, les Slaves, les Hongrois et les Italiens. La religion catholique domine dans cet empire.

2o2. *Quelles sont les villes remarquables de la Gallicie?* — *Wieliczka*, célèbre par ses riches mines de sel. — *Lemberg*, capitale ; ville peuplée et très commerçante. — *Brody*, sur les frontières de la Russie, ville peuplée de Juifs. — *Czernowicz*, capitale de la Bukovine.

2o3. *Quelles sont les villes remarquables de la Dalmatie?* — *Zara*, capitale, qui a des fabriques renommées de marasquin. — *Sebenico*, qui, après Zara, est la plus belle ville de la Dalmatie. — *Spolatro*, qui renferme les ruines d'un beau palais de Dioclétien. — *Raguse*, autrefois capitale d'une petite république. — *Cattaro*, la ville la plus méridionale de l'empire d'Autriche.

LEÇON XIII.

SUISSE.

2o4. *Quelles sont les principales époques historiques de la Suisse?* La Suisse, autrefois appelée Helvétie, fut soumise aux Romains par Jules

César. Elle fut ensuite envahie par les Bourguignons, et fit partie de la France, puis fut réunie à l'Allemagne.

La tyrannie des gouverneurs rendit odieux le joug de l'empereur Albert. Les cantons de Schwitz, d'Underwald et d'Ury se soulevèrent en 1308 et fondèrent la confédération suisse, ainsi appelée du nom du plus considérable des trois cantons. Cette confédération s'accrut successivement, jusqu'en 1513, de dix autres cantons.

En 1803, de grands changemens s'opérèrent dans la constitution de la Suisse, sous la médiation de Bonaparte ; plusieurs petits états, auparavant sujets ou alliés de la Suisse, mais qui ne faisaient point partie de la confédération, y entrèrent et formèrent, avec quelques parties distraites du canton de Berne, les nouveaux cantons d'Argovie, de Saint-Gall, des Grisons, du Tésin, de Turgovie et de Vaud. La république helvétique, au lieu de 13 cantons, en comprit alors 19.

En 1815, le congrès de Vienne y réunit les 3 cantons de Genève et du Valais, et celui de Neufchâtel, qui est à-la-fois un canton de la Suisse et une principauté appartenant au roi de Prusse.

205. *Quel aspect offre la Suisse et quel est le climat de cette contrée ?* La Suisse est couverte de lacs, et de montagnes d'où descendent un grand nombre de rivières. Les Alpes entourent la Suisse au sud et à l'est et y jettent plusieurs ramifica-

tions : le Jura la borne au nord-ouest et s'étend dans la partie septentrionale. La Suisse est le pays d'Europe qui offre le plus de sites pittoresques et de sublimes horreurs. Les champs bien cultivés et les riches pâturages qu'on voit à la base des montagnes contrastent avec leurs affreux précipices, et leurs sommets couronnés éternellement de neige et de glace. C'est de là que se détachent, avec un horrible fracas, ces énormes avalanches qui, grossissant à mesure qu'elles roulent, écrasent quelquefois les voyageurs et les villages. Le climat varie suivant l'élévation où l'on se trouve : on jouit dans les vallées d'une douce température.

206. *Quelles sont les principales curiosités naturelles de la Suisse?* On remarque particulièrement les glaciers des Alpes, qui ressemblent à des mers de glace; la chute du Rhin, près de Schaffouse; et près du lac de Thun, la cascade de Staubach, qui a 751 pieds de hauteur.

207. *Quels sont la population, le gouvernement et la religion de la Suisse?* La population est évaluée à 1,980,000 habitans. Chaque canton de la Suisse forme une république particulière : les 22 cantons réunis forment une république fédérative. La diète annuelle se tient successivement à Berne, à Lucerne et à Zurich. Il y a en Suisse environ 1 million de calvinistes; le reste de la population est catholique.

208. *Quelles langues parle-t-on en Suisse?* L'allemand est la langue principale : on s'en sert

dans les diètes ; le français est parlé dans la partie occidentale , et l'italien dans le Tésin et une partie des Grisons.

209. *Donnez quelques détails sur l'industrie et les productions de la Suisse?* La Suisse a des fabriques très estimées d'horlogerie et de mousseline. Elle ne fournit pas assez de grains pour la consommation de ses habitans , dont la principale richesse consiste dans leurs troupeaux. En général, ce pays est pauvre et offre peu de ressources : aussi voit-on les Suisses s'engager au service des puissances étrangères.

210. *Quelles sont les villes remarquables de la Suisse dans les cantons catholiques?* Ce sont: *Fribourg ;* près de cette ville on voit un ermitage fort élevé et taillé dans le roc par un seul homme et son valet dans l'espace de 25 ans. — *Morat,* sur le lac du même nom, petite ville célèbre par la victoire que les Suisses y remportèrent sur Charles-le-Téméraire, duc de Bourgogne, et en mémoire de laquelle ils érigèrent deux pyramides avec les os des Bourguignons. Cet ossuaire fut détruit en 1798 par les Français, et remplacé en 1822 par une colonne. — *Gruyères ,* connu par ses fromages. — *Altorf,* patrie de Guillaume Tell. Une fontaine y désigne la place où ce premier auteur de la liberté suisse abattit une pomme placée sur la tête de son fils, et une autre indique le lieu où était l'enfant.—*Sion,* capitale du Valais, pays où l'on trouve une espèce d'hommes misé-

rables qu'on appelle *crétins* : sourds, muets, imbécilles, ils ont des goîtres qui leur pendent jusqu'à la ceinture. Ce pays est une vallée resserrée au nord et au sud par de très hautes montagnes, parmi lesquelles on remarque surtout le col du Simplon, où les Français, en 1801, ont ouvert une très belle route ; le grand Saint-Bernard, où l'on trouve un passage célèbre qui fut franchi par l'armée française en 1800. Sur le sommet de cette montagne, est situé un couvent hospitalier qui est l'habitation la plus élevée de l'Europe.

211. *Quelles sont les villes remarquables de la Suisse dans les cantons protestans ?*—*Baden*, sur le Limmat, célèbre par ses bains chauds et par le congrès qui s'y tint en 1714, et qui mit fin à la guerre de la Succession. — *Bâle*, la ville la plus commerçante de la Suisse. Le Rhin la traverse. Patrie des Bernouilli et d'Euler. — *Berne*, chef-lieu du canton le plus considérable de la Suisse et patrie de Haller. — *Genève*, la ville la plus peuplée de la Suisse ; elle renferme beaucoup d'établissemens scientifiques, entre autres un riche musée d'histoire naturelle. Ses fabriques d'horlogerie sont célèbres. Calvin y introduisit la religion réformée en 1535. Genève est la patrie d'une foule de personnages célèbres, entre autres de J.-J. Rousseau, de Bonnet, de Saussure, du ministre Necker et de sa fille, madame de Staël. — *Lausanne*, où les étrangers se rendent en foule, attirés par la beauté des rives du lac de

Genève. — *Zurich*, la première ville de Suisse qui se sépara de l'église romaine en 1524 et embrassa la réforme de Zuingle. Les Français entrèrent dans cette ville en 1800, après une sanglante bataille gagnée sur les Russes par Masséna. Patric de Gessner et de Lavater.

212. *Quelles sont les villes remarquables de la Suisse dans les cantons mixtes ? — Saint-Gall et Coire,* qui ont un évêque commun résidant tantôt dans une ville, tantôt dans l'autre.

LEÇON XIV.
PORTUGAL.

213. *Par quels peuples le Portugal a-t-il été occupé jusqu'en 1093 ?* Le Portugal, qui faisait partie de l'ancienne Lusitanie, passa de la domination des Phéniciens et des Carthaginois sous celle des Romains. Les Alains, les Suèves, les Visigoths et les Arabes ou Maures s'y établirent successivement. Henri, de la maison de Bourgogne et petit-fils de Hugues Capet, ayant passé dans ce pays, rendit de si grands services à Alphonse VI, roi de Castille, que ce prince, en 1093, lui donna sa fille en mariage avec une partie du Portugal, à titre de comté.

214. *A quelle occasion le Portugal a-t-il été érigé en royaume ?* Alphonse Henriquez, fils de Henri, ayant remporté à Ourique une victoire signalée sur cinq rois maures, en 1139, fut proclamé roi sur le champ de bataille, et mit dans ses armes les

têtes de ces cinq rois. Depuis lors, ce royaume a toujours eu des rois particuliers jusqu'en 1580, époque à laquelle Philippe II s'en empara. En 1640, les Portugais secouèrent le joug des Espagnols, et placèrent sur le trône don Juan, duc de Bragance. Ses successeurs règnent encore.

Les Français s'emparèrent de ce pays en 1807; la famille royale s'enfuit alors au Brésil, où elle resta jusqu'en 1820.

215. *Comment les Portugais se rendirent-ils célèbres?* Par leurs expéditions maritimes dans le 15e et le 16e siècle; ils découvrirent presque toutes les côtes d'Afrique, doublèrent les premiers le cap de Bonne-Espérance en 1498, et ouvrirent ainsi une route maritime pour aller aux Indes. Leur marine est aujourd'hui bien déchue.

216. *Quel aspect offre le Portugal, et quel en est le climat?* Ce pays est montagneux et jouit d'un climat doux et salubre. Il y a pour ainsi dire en Portugal deux printemps : l'un commence au mois de février, l'autre après les premières pluies de septembre; vers le mois de juillet, l'excès de la chaleur fait mourir toute végétation. Le Portugal est sujet à des tremblemens de terre qui se font sentir ordinairement en hiver.

217. *Quelles sont les principales productions de ce pays?* On y trouve des mines d'or, d'argent, de fer, d'étain, de cuivre, etc.; des carrières d'albâtre, de marbre et des eaux minérales. Le sol, fertile, mais mal cultivé, produit toutes

sortes de céréales, et en général tous les fruits du midi. Les oranges et les vins du Portugal sont renommés.

218. *Quels sont la population, le gouvernement et la religion du Portugal?* Ce pays renferme environ 3,500,000 habitans. Le gouvernement est monarchique. La religion catholique est la seule qui soit tolérée en Portugal.

219. *Quelles sont les villes remarquables du Portugal?* Ce sont : *Porto*, la ville la plus commerçante et la plus riche du royaume après Lisbonne; elle exporte les vins renommés de son territoire. Le maréchal Soult prit cette ville en 1809, après une bataille sanglante. — *Bragance*, ancien patrimoine de la maison régnante. Elle fut érigée en duché l'an 1442. Jean II duc de Bragance y fut élu roi en 1640, sous le nom de Jean IV. — *Chaves*, place forte, où l'on voit sur la Tamega un pont de seize arches de construction romaine. — *Coïmbre*, sur le Mondego, très ancienne ville, remarquable par son université et sa cathédrale. — *Lamego*, où Alphonse Ier convoqua en 1143 les premiers états du royaume pour en régler la constitution. Cette ville commerce en vins et en jambons. — *Viseu*, remarquable par ses riches mines d'étain. C'est dans les environs de cette ville qu'ont été cultivés les premiers orangers apportés en Europe. — LISBONNE, l'un des meilleurs et des plus vastes ports de l'Europe. Le commerce de cette capitale

est immense. Parmi ses nombreux édifices on
remarque le palais d'Ajuda, l'église patriarcale
et l'aqueduc d'Alcantara, qui a 35 arches et qui
est construit en marbre blanc. Lisbonne fut presque entièrement détruite en 1755 par un tremblement de terre, où périt le petit-fils du grand
Racine. — *Santaren*, dans un territoire si fertile,
qu'on y fait la moisson deux mois après avoir
semé. Alphonse Henriquez en chassa les Maures
en 1145. — *Setubal* ou *Setuval*, port très sûr,
commerçant en sel et en vins. — *Evora*, avec
une université. On voit dans les environs de cette
ville un aqueduc construit, dit-on, par Sertorius.
— *Estremoz*, célèbre par la victoire que le comte
de Schomberg y remporta sur les Espagnols en
1663. — *Elvas*, l'une des plus fortes places du
Portugal. Elle a soutenu avec succès plusieurs
sièges mémorables ; elle a une manufacture d'armes
et on y admire une citerne, où l'eau est conduite
par un magnifique aqueduc. — *Sinés*, patrie de
Vasco de Gama. — *Tavira*, fondé par les Carthaginois ; cette ville fait un grand commerce en
vins et en fruits.

LEÇON XV.
ESPAGNE.

220. *Quelles sont les principales époques
historiques de l'Espagne ?* L'Espagne, nommée
autrefois *Ibérie*, a été soumise par les Carthaginois et les Romains. Au commencement du

5° siècle, les Suèves, les Vandales et les Alains s'y établirent; et en 584 les Visigoths y jetèrent les fondemens d'une monarchie, qui fut détruite par les Arabes en 711. Ceux-ci furent peu-à-peu chassés de l'Espagne par des princes chrétiens, qui s'étaient retirés dans les montagnes, où ils avaient fondé plusieurs petits royaumes. Tous ces états furent réunis en 1479 par le mariage de Ferdinand, roi d'Aragon, avec Isabelle, reine de Castille. La prise de Grenade en 1492 acheva de délivrer l'Espagne de la domination des Maures. La maison d'Autriche acquit par alliance ce royaume, que Charles-Quint éleva au plus haut degré de gloire, et qu'il laissa à son fils Philippe II. La postérité de ce prince s'étant éteinte, le duc d'Anjou, petit-fils de Louis XIV, fut appelé au trône de ce pays en 1700, par le testament du dernier roi. Charles IV, son petit-fils, fut forcé d'abdiquer en 1808, et les Français occupèrent le pays jusqu'en 1814; Ferdinand VII remonta alors sur le trône, qu'il occupe encore aujourd'hui.

221. *Quel aspect physique présente l'Espagne, et quel est le climat de cette contrée?* Ce pays est traversé par un grand nombre de chaînes de montagnes, et les différens bassins qu'elles forment sont arrosés par un grand nombre de fleuves et de rivières. Les plaines et les vallées sont d'une grande fertilité. Le climat, en général sec, est froid dans les parties septentrio-

...nales, chaud au centre, tour-à-tour humide et brûlant vers le midi, suivant les saisons.

222. *Quelles sont les principales productions de l'Espagne ?* Le sol, quoique mal cultivé, produit toutes les céréales; des vins secs ou liquoreux, des olives, des amandes, des citrons, des oranges, et dans quelques parties méridionales on cultive même la canne à sucre. Les mulets et les bestiaux y sont excellens, et d'innombrables troupeaux de mérinos sont répandus dans les plaines et donnent des laines très recherchées. L'Andalousie fournit des chevaux, qui passent pour être les plus beaux de l'Europe. Les montagnes renferment des mines de cuivre, de fer, de plomb, de mercure, de cristal, etc. Les mines d'or et d'argent si célèbres du temps des Carthaginois et des Romains sont aujourd'hui abandonnées.

223. *Quelles sont les curiosités naturelles les plus remarquables en Espagne ?* Ce sont : un rocher d'ossemens de quadrupèdes près de Gibraltar; la perte de la Guadiana qui, à douze lieues de sa source, disparaît, et après un cours souterrein de trois lieues, reparaît par deux ouvertures appelées les *yeux* de la Guadiana; une montagne de sel gemme de différentes couleurs, près de Cordona en Catalogne; et le mont Serrat près de Barcelone. C'est une haute montagne isolée, de forme rompue, et divisée en cônes spiraux.

224. *Quels sont la population, le gouvernement et la religion de l'Espagne ?* Ce pays renferme

environ 13 millions d'habitans. La religion catholique y est seule professée. Le gouvernement est une monarchie absolue. L'instruction est peu répandue en Espagne et l'industrie y est peu développée.

225. *Quelles sont les villes les plus remarquables dans les provinces au nord ?* — *Saint Iago de Compostelle*, dont la cathédrale renferme les reliques de saint Jacques le majeur. — *La Córogne*, port de mer, riche et forte ville, où se livra un combat sanglant entre les Anglais et les Français en 1809. Elle possède une école de marine et d'artillerie. — *Le Ferrol*, excellent port de mer, et arsenal de marine. — *Orense*, célèbre par ses sources d'eaux thermales.—*Gijon*, qui fut la résidence de don Pélage et des monarques chrétiens qui combattirent contre les Maures. — *Bilbao*, bon port, entrepôt des laines d'Espagne pour l'étranger. — *Pampelune*, bâtie, dit-on, par Pompée. C'est près de cette ville que se trouve la vallée de Roncevaux, célèbre par la mort de Roland, neveu de Charlemagne. — *Sarragosse*, dont les Français s'emparèrent en 1808 après un siège meurtrier.

226. *Quelles sont les villes remarquables de l'Espagne dans les provinces du milieu ?*—*Burgos*, patrie du Cid, et remarquable par sa cathédrale. Les Français y remportèrent une grande victoire en 1808. — *Santander*, port très commerçant.—*Briviesca*, célèbre par la réunion des cortès,

où il fut décidé en 1388 que l'héritier présomptif
de la couronne porterait le titre de prince des Asturies. — *Ségovie*, ville très commerçante en laine.
On y voit un superbe aqueduc bâti par l'empereur
Trajan, et l'Alcazar, ancien palais des rois maures.
— *Saint Ildefonse*, magnifique résidence royale,
bâtie par Philippe V. On y voit une célèbre manufacture de glaces. — *Léon*, dont la superbe
cathédrale renferme les tombeaux de trente-sept
rois. — *Salamanque*, ville importante, célèbre
par son université, la première de l'Espagne. —
MADRID, sur le Mançanarès, résidence des souverains depuis Philppe II, qui le premier y établit
sa cour. On y remarque le palais du roi, de beaux
édifices, de riches églises et la promenade du
Prado. Cette ville fut bombardée et prise par les
Français en 1808. — *L'Escurial*, célèbre couvent, que Philippe II fit bâtir en 1563 en mémoire
de la victoire de Saint-Quentin, et qui sert de sépulture aux rois d'Espagne. Il est bâti en forme de
gril et a coûté vingt-cinq millions. — *Cuença*,
célèbre par une victoire que les Français remportèrent en 1811 sur les Espagnols. — *Tolède*, dont
l'archevêque prend le titre de primat d'Espagne.
Elle fut célèbre sous les Visigoths et les Maures.
C'était, avant Madrid, la capitale de l'Espagne.
— *Almaden*, célèbre par sa riche mine de mercure, la première qui ait été découverte. — *Calatrava*, chef-lieu d'un ordre militaire institué
en 1158 par don Sanche II, roi de Castille. —

Badajoz, ville très forte. Le maréchal Soult la prit en 1810. On y remarque un superbe pont de 28 arches, qui a 1800 pieds de long et 200 de large; il a été bâti par les Romains. — *Alcantara*, où l'on voit un pont magnifique construit par Trajan. Cette ville est le chef-lieu de l'ordre des chevaliers d'Alcantara. — *Truxillo*, patrie de Pizarre, conquérant du Pérou.

227. *Quelles sont les villes les plus remarquables de l'Espagne dans les provinces du midi ?* — *Cordoue*, capitale de l'Andalousie, province la plus fertile en blé et en vin, et dont les chevaux sont les plus renommés : ce qui l'a fait nommer le grenier, la cave et l'écurie de l'Espagne. On y remarque un beau pont en marbre. Abdérame la rendit en 755 la capitale du califat d'occident; les Maures y avaient au 12e siècle une université illustrée par Averroës et d'autres savans Arabes. C'est la patrie des deux Sénèques, de Lucain et du grand capitaine Gonzalve de Cordoue. — *Séville*, la plus belle ville de l'Espagne : on y remarque la bourse et la cathédrale, qui renferme les tombeaux de Ferdinand III et de Christophe Colomb. Patrie de Las Cazas et de Michel Cervantes. — *Xérés*, célèbre par ses vins et par la bataille de 711, qui ouvrit l'Espagne aux Maures.— *Rota*, renommée pour ses vins.— *Cadix*, situé sur la pointe septentrionale de l'île de Léon. C'est la ville la plus commerçante et la plus opulente de l'Espagne ; son port est franc. —

Malaga, qui a un bon port et qui fait un grand commerce des vins de son territoire. — *Gibraltar*, forteresse imprenable. — *Grenade*, ville très célèbre sous les musulmans. On y remarque l'Alhambra, palais magnifique des rois maures. — *Carthagène*, fondée par les Carthaginois, et le meilleur port de l'Espagne. — *Murcie*, dont la cathédrale a un clocher d'une montée si douce qu'on peut aller à cheval jusqu'au faîte. — *Almanza*, aux environs de laquelle on voit une pyramide élevée en mémoire de la victoire que les Français remportèrent sur l'archiduc Charles en 1707, et qui rendit Philippe V paisible possesseur de la couronne d'Espagne.

227 *bis. Quelles sont les villes remarquables de l'Espagne dans les provinces à l'est? Valence*, capitale de la province du même nom que son extrême fertilité a fait surnommer le jardin de l'Espagne. — *Murviedro*, l'ancienne Sagonte; on y voit encore plusieurs restes d'antiquités romaines. — *Alicante*, célèbre par ses bons vins. — *Barcelone*, forte ville, centre du commerce de la Catalogne. Elle fut ravagée en 1821 par la fièvre jaune; des médecins français se dévouèrent pour en arrêter les progrès. — *Figuières*, l'une des places les plus fortes de l'Europe. — *Cardona*, bâtie au pied d'une montagne de sel gemme de différentes couleurs. — *Lérida*, célèbre par les sièges qu'elle a soutenus. — *Tarragone* qui possède un aqueduc superbe et une belle cathédrale. —

19

Port-Mahon, fondé, dit-on, par le Carthaginois Magon, et pris d'assaut par les Français en 1756.

LEÇON XVI.

ITALIE.

228. *Quelles sont les principales époques historiques de l'Italie, depuis la fondation de Rome, 752 ans av. J.-C., jusqu'à Charlemagne?* Les Romains soumirent successivement les différens peuples qui habitaient l'Italie, et étendirent leur puissance sur la plus grande partie du monde connu des anciens. Leur empire subsista dans son intégrité pendant 400 ans. Au 5e siècle de notre ère, les barbares l'envahirent; les Goths et les Lombards s'emparèrent du nord de l'Italie. Ces derniers y fondèrent un royaume qui subsista jusqu'au temps de Charlemagne. Ce prince, l'ayant conquis sur Didier, en réunit une partie à son empire, donna le reste aux papes, et assura ainsi leur puissance temporelle.

229. *Quels sont les principaux changemens politiques qui s'opérèrent dans l'Italie depuis Charlemagne jusqu'à nos jours?* Sous les successeurs de Charlemagne, il se forma dans cette contrée plusiéurs états qui; vers le 11e siècle, reconnurent la suzeraineté de l'empereur d'Allemagne. Venise s'érigea en république en 809, et

devint dans la suite une grande puissance maritime. Les provinces méridionales, relevant de
l'empire grec, furent conquises par les Arabes,
ainsi que la Sicile et l'île de Malte.

Dans le 12ᵉ siècle, les Normands fondèrent le
royaume des Deux-Siciles, qui passa à des princes
de différentes maisons, et fut long-temps soumis
à l'Espagne. Les ducs de Savoie acquirent le Piémont; ils ne possédèrent la Sardaigne qu'en 1718.
Gênes se rendit indépendante; mais ce ne fut que
dans le 16ᵉ siècle, sous les Doria, qu'elle adopta
une forme régulière de gouvernement. Dans le
14ᵉ et le 15ᵉ siècle, un grand nombre de petites
républiques s'élevèrent et disparurent, à l'exception de celle de Saint-Marin.

Au 16ᵉ siècle, Charles-Quint et François Iᵉʳ se
disputèrent le Milanais, qui resta à l'empereur.
La Toscane, après d'innombrables révolutions,
trouva enfin le repos sous l'administration des
Médicis. Ce grand-duché passa depuis dans la
maison de Lorraine. Pendant le 17ᵉ et le 18ᵉ siècle,
l'Autriche, la Savoie, Gênes, Venise, Rome et
l'Espagne dominèrent en Italie.

Napoléon, après deux brillantes campagnes,
fonda en 1805 le royaume d'Italie, composé du
Milanais, de l'état de Venise, et d'une partie des
états du Pape. Gênes, la Toscane et Rome furent
réunies à la France. En 1815, le congrès de
Vienne établit les divisions politiques de l'Italie
telles qu'elles existent aujourd'hui.

230. *Quel aspect physique présente l'Italie, et quel est le climat de cette contrée?* L'Italie, entrecoupée de montagnes et de plaines, offre une grande variété de sites; elle jouit d'un climat délicieux et généralement sain; les chaleurs de l'été y sont tempérées par les montagnes et le voisinage de la mer; mais dans ce pays, d'ailleurs si favorisé du ciel, la partie méridionale est exposée à de fréquens tremblemens de terre; les côtes éprouvent l'influence d'un vent pernicieux appelé *sirocco*, et, au centre, les exhalaisons des marais Pontins causent des maladies épidémiques. La Sicile et la Sardaigne sont couvertes en partie de montagnes; la première, appelée autrefois le grenier de l'Italie, est très fertile en grains; la seconde est riche en mines.

231. *Quelles sont les principales productions de l'Italie, et quel en est le commerce?* Quoiqu'il y ait en Italie beaucoup de terres incultes, le sol, généralement riche et fertile, produit principalement le riz, le maïs, l'oranger, le citronnier; les pâturages nourrissent de nombreux troupeaux; c'est la seule contrée où se trouve maintenant le buffle. Les montagnes renferment des carrières de marbre et d'albâtre. Le commerce de cette contrée est peu florissant; les principales manufactures sont celles d'étoffes de soie, de chapeaux de paille et de pâtes, connues sous le nom de pâtes d'Italie.

232. *Quelles sont la population et la religion*

de l'Italie, et par quels princes sont gouvernés les principaux états de cette contrée? On compte environ 20 millions d'habitans dans ce pays. La religion catholique romaine y domine. Le royaume de Sardaigne est gouverné par l'ancienne maison de Savoie; le royaume Lombard-Vénitien par l'empereur d'Autriche; le grand-duché de Toscane, les duchés de Parme et de Modène, par des princes de la maison d'Autriche; les états de l'Eglise par le Pape, et le royaume des Deux-Siciles par une branche de la maison de Bourbon. Tous ces gouvernemens sont absolus.

233. *Quel genre de gloire a particulièrement illustré l'Italie moderne?* Elle a produit un grand nombre de littérateurs, d'artistes et de savans dans tous les genres. C'est surtout dans la peinture, l'architecture et la musique qu'elle a surpassé les autres nations; et c'est, encore aujourd'hui, le pays du monde qui offre le plus d'intérêt par ses monumens.

234. *Quels sont les villes et les lieux remarquables de l'Italie dans les états sardes?* Ce sont : *Chambéry*, patrie de l'historien Saint-Réal et du grammairien Vaugelas. — *Aix*, célèbre par ses eaux thermales et ses antiquités romaines. — *Annecy*, célèbre par l'épiscopat de saint François de Sales. C'est près de cette ville que naquit, en 923, saint Bernard de Menton, fondateur du couvent hospitalier sur les Alpes. — Turin, remarquable par l'alignement de ses

rues. Patrie du géomètre Lagrange. — *Aoste*, dans une fertile vallée du même nom. — *Arona*, sur le lac Majeur, patrie de saint Charles Borromée, dont on voit la statue colossale sur une colline voisine. — *Novare*, où les Suisses battirent Louis XII en 1513. — *Asti*, qui avait autrefois cent tours et n'en a plus que trente. Patrie d'Alfiéri. — *Alexandrie*, sur le Tanaro, l'une des plus fortes places de l'Europe. — *Marengo*, célèbre par une victoire qu'y remportèrent les Français sur les Autrichiens en 1800. — *Mondovi*, où les Français battirent les Piémontais en 1796. — *Staffarde*, célèbre par la victoire que Catinat y gagna sur le duc de Savoie en 1690.— *Pignerol*, près de laquelle se trouve la plaine de Marsaille, où Catinat battit, en 1695, le duc de Savoie et le prince Eugène.—*Nice*, patrie de Cassini, premier astronome de son temps. La douceur du climat y attire une foule d'étrangers. — *Gênes*, surnommée *la Superbe*, à cause de la magnificence et du grand nombre de ses édifices. Les pâtes de cette ville passent pour les meilleures de l'Italie. — *Oneille*, patrie d'André Doria, célèbre marin du 16e siècle. — *Sassari*, dans la Sardaigne. On trouve aux environs des mines d'or et d'argent.

235. *Quels sont les villes et les lieux remarquables dans le royaume Lombard-Vénitien?* MILAN, sur l'Olona, où l'on admire la cathédrale et le théâtre de la Scala. Cette ville fut détruite

jusqu'aux fondemens et semée de sel par l'empereur Frédéric Barberousse, à cause de l'insulte que les habitans avaient faite à l'impératrice, sa femme, en la promenant dans les rues sur un âne. — *Marignan*, célèbre par la victoire que François Ier y remporta sur les Suisses en 1515. — *Monza*, où Charlemagne fut couronné roi d'Italie en 774, et Napoléon en 1805. — *Pavie*, où François Ier fut fait prisonnier en 1525. Cette ville possède une célèbre université. — *Mantoue*, près de laquelle naquit Virgile. — *Castiglione*, où les Autrichiens furent battus par les Français en 1706 et en 1796. — VENISE, bâtie sur pilotis au milieu de la mer, et composée d'un grand nombre de petites îles séparées par des canaux ; dans cette ville les gondoles tiennent lieu de voitures pour se transporter d'un lieu à un autre. On y remarque la place Saint-Marc. Cette ville, autrefois si florissante, est aujourd'hui bien déchue. — *Vérone*, qui possède un amphithéâtre où plus de 23,000 personnes peuvent être commodément assises. Cette ville a des manufactures de laine et de soie. Patrie de Pline l'Ancien, de Cornelius Nepos, de Vitruve, de Paul Véronèse, etc. — *Rivoli*, *Lodi* et *Montebello*, lieux célèbres par les victoires que les Français y remportèrent sur les Autrichiens en 1796. — *Padoue*, patrie de Tite-Live. On y remarque une magnifique église dédiée à saint Antoine. — *Adria* ; elle a donné son nom à la mer Adriatique, qui en baignait autrefois les murs. — *Udine*, près de laquelle se trouve le château de Campo-Formio, célèbre par le traité qui y fut signé entre la France et l'Autriche en 1797. — *Chiozza*, bon port dans une île.

236. *Quels sont les villes et les lieux remarquables dans la Toscane?* FLORENCE, surnommée l'Athènes de l'Italie. Parmi les nombreux monumens qu'elle renferme, on remarque, dans l'église de Saint-Laurent, la chapelle des Médicis, la merveille de la Toscane. Cette ville possède aussi une riche collection de statues, de bas-reliefs, de tableaux, de pierres précieuses, connue dans toute l'Europe sous le nom de galerie de Florence. On fabrique dans cette ville des étoffes de soie connues sous son nom. Patrie du Dante et d'Améric Vespuce.— *Arezzo*, qui a vu naître Mécène, Pétrarque, l'Arétin et Gui-Arétin, inventeur de la gamme. — *Pise*, où se trouve le cimetière appelé Campo-Santo, dont la terre fut apportée de Jérusalem sur 5o galères par des matelots de cette ville. Pise fut, dans le 11ᵉ siècle, une puissante république.

237. *Quels sont les villes et les lieux remarquables dans les états du Pape?* ROME, la ville la plus célèbre du monde par le grand nombre et la magnificence de ses monumens, parmi lesquels on remarque la basilique de Saint-Pierre, le Vatican, résidence du Pape, le Panthéon, le Colisée, la colonne Trajane. Cette ville possède une

académie française des beaux-arts, où se rendent les jeunes artistes qui ont été couronnés à Paris. — *Tivoli*, célèbre par son site, ses monumens et la cascade qu'y forme le Teverone. — *Frascati*, séjour délicieux, où l'on suppose qu'était la maison Tusculane de Cicéron. — *Bologne*, une des plus belles et des plus riches villes de l'Italie; elle possède une université et une académie très célèbres. C'est la patrie du pape Benoît XIV, du Guide, du Dominiquin, de l'Albane, des trois Carraches et du physicien Galvani. — *Ravenne*, autrefois capitale de l'exarchat du même nom. — *Faenza*, où l'on a inventé la vaisselle de terre que, de son nom, on a appelée faïence. — *Rimini*, où l'on voit encore un piédestal de marbre faisant partie de la tribune d'où Jules-César harangua ses soldats avant de passer le Rubicon. — *Urbin*, patrie de Raphaël. — *Ancône*, port très commerçant. — *Lorette*, où la Santa Casa attire beaucoup de pélerins. — *Terni*, patrie de Tacite. — *Civita-Vecchia*, le meilleur port des états de l'Eglise, sur la Méditerranée.

238. *Quels sont les villes et les lieux remarquables de l'Italie dans le royaume de Naples?* Naples, dans un site enchanteur, mais trop près du Vésuve; c'est la troisième ville de l'Europe pour sa population et la plus riche de toute l'Italie; elle possède un grand nombre d'édifices remarquables. Le théâtre Saint-Charles est un des plus beaux de l'Europe. On trouve dans cette ville des manu-

factures d'étoffes de soie, d'or et d'argent, de cordes de violon et de macaroni. Une partie des habitans nommés Lazzaroni, au nombre d'environ 40,000, n'ont ni feu ni lieu. — *Pouzzoles*, port sur le golfe de Naples; on y voit le tombeau de Virgile. — *Salerne*, célèbre par une école de médecine très ancienne. — *Cosenza*, où mourut, en 410, Alaric, roi des Goths; ses soldats enterrèrent son corps au milieu du lit du Bussento, afin de cacher le lieu de la sépulture de leur chef. — *Crotone*, où Pythagore avait établi son école; patrie de l'athlète Milon. — *Tarente*, où l'on trouve la tarentule, espèce d'araignée dont la morsure est très venimeuse.—*Brindes*, où mourut Virgile. — *Pescina*, patrie du cardinal Mazarin. — *Sulmona*, patrie d'Ovide.

Dans la Sicile : *Palerme*, célèbre par son port, par son université et par la magnificence de ses monumens; c'est la seule ville de Sicile où l'on batte monnaie. C'est à Palerme que se donna, en 1245, le signal du massacre appelé Vêpres Siciliennes. — *Monte-Giuliano*, ville située au sommet d'une des plus hautes montagnes de l'île. — *Syracuse*, où l'on remarque la fontaine Aréthuse et l'oreille de Denys, grotte où ce tyran écoutait la conversation des prisonniers. Patrie d'Archimède. — *Catane*, près de l'Etna, qui la menace d'une destruction totale. Les rues y sont pavées en lave. — *Messine*, seconde ville de la Sicile, excellent port. — *Trapani*, renommée par ses salines et par la pêche du corail. — *Girgenti*, qui fait un grand commerce de blé.

239. *Quels sont les villes et les lieux remarquables de l'Italie dans les petits états?* Ce sont : *Parme*, qui possède le plus beau et le plus vaste théâtre de l'Italie, et une célèbre imprimerie. — *Fornovo* (Fornoue), bourg célèbre par la victoire que Charles VIII y remporta en 1495. — *Modène*, patrie de l'architecte Vignole. — *Mirandole*, patrie de Pic de la Mirandole, enfant d'un savoir prodigieux. — *Reggio*, patrie de l'Arioste. — *Correggio*, où est né Antoine Allégri, célèbre peintre, connu sous le nom du Corrège. — *Lucques*, qui fait un grand commerce de soie.—*Carrara*, connue par ses marbres.

240. *Quelles sont les îles dépendantes de l'Italie qui offrent quelque particularité remarquable?* Ce sont : l'*île d'Elbe*, remarquable par ses mines de fer et d'aimant et par sa carrière de marbre ; elle fut donnée, en 1814, à Napoléon, qui y résida jusqu'au 26 février 1815. — *Ischia*, à l'entrée du golfe de Naples ; elle renferme des bains et des étuves très fréquentés. — *Caprée*, célèbre par la retraite de Tibère. — Les *îles Lipari*, où les poètes plaçaient le royaume d'Éole et les forges de Vulcain. On en tire du vin de Malvoisie et de la pierre ponce. Stromboli, l'une d'elles est, remarquable par son volcan, qui brûle sans interruption. — *Pantalaria*, île volcanique, à l'ouest de la Sicile :

on y trouve un lac dont les eaux sont toujours
tièdes. — *Malte*, qui fut cédée, en 1530, par
Charles-Quint aux chevaliers de Saint-Jean-de-
Jérusalem que les Turcs venaient de chasser de
Rhodes. Ils prirent alors le nom de chevaliers de
Malte. Les Anglais s'en emparèrent en 1800.
La Valette, place forte et excellent port, est la
capitale de l'île.

241. *Quelles sont les principales curiosités
naturelles de l'Italie?* Ce sont : le gouffre de
Carybde, vis-à-vis du rocher de *Scylla*, dans le
détroit de Messine; l'*Etna*, dont on compte déjà
30 éruptions; le *Vésuve*, dont la première érup-
tion, en 79, engloutit les villes de Stabia, de
Pompeia et d'Herculanum, découvertes en 1738;
près de Pouzzoles, la *Grotte du Chien*, d'où
s'exhalent des vapeurs si malfaisantes que, si l'on
presse contre terre le museau d'un chien, cet
animal meurt en moins de deux minutes; le *lac
Agnano*, dont l'eau bouillonne toujours; le *mont
Pausilippe*, percé d'un bout à l'autre, et la *Sol-
fatara*, vallée de soufre, dont le sol retentit
sous les pas comme un tambour; près de Viterbe,
une fontaine dont les eaux sont si chaudes qu'elles
cuisent les viandes et les consument, si on les y
laisse trop long-temps. Près de Terni, on admire la belle *cascade des marbres*, formée par
le Velino. Les voyageurs vont encore admirer les
sites enchanteurs des *îles Borromées* dans le lac
Majeur, et les belles horreurs de la *vallée des*

Cascades en Savoie, et la *vallée de Chamonix*, où se trouve la mer de glace.

LEÇON XVII.
TURQUIE D'EUROPE.

242. *Quels sont les faits principaux de l'histoire de cette contrée?* Le pays que comprend aujourd'hui la Turquie d'Europe appartint long-temps à l'empire romain; à la dissolution de ce grand état, il forma la majeure partie de l'empire d'Orient, que ses faibles princes ne surent pas défendre contre les invasions des barbares.

Pendant la 4e croisade, Baudouin, comte de Flandre, fonda à Constantinople l'empire latin, qui ne subsista que 52 ans. En 1261, l'empire grec fut rétabli; mais 100 ans après, les Turcs, venus de la Tartarie et déjà maîtres de l'Anatolie, s'emparèrent d'Andrinople. Mahomet II, leur chef, prit Constantinople en 1452, et mit fin à l'empire d'Orient.

Les Turcs étendirent rapidement leurs conquêtes et envahirent plusieurs fois la Hongrie. Ils rendirent tributaires, en 1520, les Valaques et les Moldaves. L'Espagne, les Gênois, et surtout les Vénitiens, disputèrent aux Turcs la possession de la Morée et des îles de l'Archipel. Le joug des Vénitiens ne fut pas moins pesant pour les Grecs que celui des Turcs, qui furent paisibles possesseurs de la Grèce de 1714 à 1820. Les Grecs secouèrent alors leurs fers : et depuis, ils soutinrent une lutte opiniâtre et sanglante pour conquérir leur indépendauce.

243. *Quels sont le climat, l'aspect et les principales productions de la Turquie?* La Turquie jouit d'un climat délicieux et d'un air pur. C'est en général un pays montueux, mais entrecoupé par un grand nombre de rivières, de plaines et de vallons. Le sol en est fertile; il produit du froment, du maïs, du riz, du vin, de l'huile, du tabac, du coton, de la garance; mais l'agriculture, comme les autres arts, y est fort négligée. Les abeilles abondent en Turquie. Les mines n'y sont point exploitées. La Thessalie offre des plaines fertiles où de gras pâturages nourrissent des chevaux estimés. La Moldavie et la Valachie produisent aussi beaucoup de chevaux. Les routes sont telles dans cet empire qu'on ne peut y voyager qu'à pied ou à cheval.

244. *Quel est l'état du commerce, de l'industrie et de la civilisation en Turquie?* Les Turcs s'adonnent très peu au commerce; ils le laissent exercer par les Grecs, les Arméniens et les Juifs. Leur industrie est très peu développée; ils fabriquent cependant des étoffes, des tapis, des maroquins et des armes blanches. Ils sont en général très ignorans et ennemis des lumières. Ils croient à la fatalité.

245. *Quelle est la population de la Turquie d'Europe?* La population de cette contrée peut être évaluée à environ 9,000,000 d'habitans. Après les Turcs, les principaux peuples qui habitent la

Turquie d'Europe sont : les Grecs, qui y sont très nombreux ; les Albanais ou Arnautes, les troupes les plus braves de la Turquie ; et les peuples d'origine esclavonne, tels que les Serviens, les Bulgares, les Monténégrins, les Valaques, les Moldaves, etc.

246. *Quelles sont la religion et les formes de gouvernement de la Turquie d'Europe ?* Les Turcs professent la religion mahométane et sont de la secte d'Omar. Le muphti est le chef de la religion et l'interprète suprême de la loi. Les Turcs sont gouvernés par un empereur qu'on appelle Sultan ou grand seigneur, et qui exerce le despotisme le plus absolu. Son conseil d'état se nomme le Divan, sa cour la Sublime-Porte, son palais le Sérail : le Harem est l'habitation de ses femmes. Ses principaux ministres sont : le grand-visir, qui est son lieutenant-général, et le reis-effendi, qui dirige les relations extérieures. Les gouverneurs des provinces se nomment *pachas.* Ils font porter pour insignes de leur puissance des queues de cheval attachées à un gonfalon. Le nombre des queues indique l'étendue de l'autorité ; les pachas à 3 queues sont les plus puissans ; ils ont le droit de vie et de mort sur leurs administrés. Tous les sujets chrétiens ou juifs de l'empire, appelés par les Turcs *rayas,* paient la capitation, c'est-à-dire une taxe par tête. Les chrétiens répandus en grand nombre dans la Turquie d'Europe sont la plupart schismatiques grecs.

247. *Quelles sont les villes remarquables de la Turquie d'Europe?* *Jassy*, résidence de l'hospodar de Moldavie, vassal du grand-seigneur. Des madriers y tiennent lieu de pavé. — *Bukarest*, ville forte, très peuplée et très commerçante, planchéiée comme Jassy, et résidence de l'hospodar de la Valachie. — *Varna*, le meilleur port de la Turquie d'Europe sur la mer Noire, célèbre par la victoire qu'Amurat II y remporta en 1444 sur Ladislas, roi de Hongrie. — *Schoumla* et *Widdin*, importantes forteresses. — *Nikopoli*, où Bajazet Ier remporta une victoire, en 1396, sur Sigismond, roi de Hongrie. — *Belgrade*, ville forte que se sont long-temps disputée les Autrichiens et les Turcs, et sous les murs de laquelle le prince Eugène de Savoie, en 1777, détruisit une armée ottomane. — *Bosna-Seraï*, qui a des fabriques d'armes à feu très estimées. — CONSTANTINOPLE que les Turcs appellent *Stamboul*, élevée sur l'emplacement de Byzance par Constantin, qui lui donna son nom et en fit, en 360, le siège de son empire. C'est la capitale de la Romélie, province qui comprend la Macédoine et la Thrace. Elle est dans une situation admirable; on y remarque le Sérail, et Sainte-Sophie, église construite par Justinien, et convertie aujourd'hui en mosquée. La peste et les incendies font à Constantinople de fréquens ravages. Les Francs ou Européens ne peuvent habiter cette ville : ils résident, ainsi

que les ambassadeurs, dans un faubourg appelé Péra. — *Andrinople*, sur la Maritza, seconde ville de la Turquie. Elle fut la résidence des sultans avant la prise de Constantinople. Elle fait un grand commerce de vins et de laine. On y teint le coton en rouge de garance, dit rouge d'Andrinople. — *Gallipoli*, sur le détroit des *Dardanelles*, ainsi appelé de deux forteresses qui en défendent l'entrée. — *Serès*, qui fait un grand commerce de coton. — *Salonique*, dont le port est, après celui de Constantinople, le meilleur et le plus commerçant de la Turquie d'Europe. On y trouve beaucoup de Juifs. — *Scutari*, au sud du lac auquel elle donne son nom. — *Durazzo*, célèbre par la victoire que les Normands y remportèrent, en 1081, sur les Grecs commandés par l'empereur Alexis Comnène. — *Parga*, petite ville forte qui avait conservé son indépendance, et dont les habitans, en 1819, préférèrent l'émigration au joug des Turcs et emportèrent avec eux les ossemens de leurs ancêtres. — *Janina*, sur un lac auquel elle donne son nom; capitale d'une province composée de l'ancienne Épire.

248. *Quelles sont les îles de la Turquie d'Europe qui offrent quelque particularité remarquable? Lemnos*, où l'on trouve la terre sigillée, qui guérit les morsures des serpens. — — *Candie*, l'ancienne Crète, renommée par la salubrité de son climat et la fertilité de son sol;

au centre de cette île, on voit le mont. Psiloriti (Ida), rocher stérile. Pendant le 17e siècle, les Vénitiens, maîtres des îles, soutinrent dans la capitale appelée aussi Candie un siège de 24 ans contre les Turcs.

LEÇON XVIII.
GRÈCE.

249. *Quel est l'état actuel de la Grèce?* Cette terre classique, berceau de la civilisation, des sciences, des lettres et des arts, offre aujourd'hui, de tous côtés, l'affligeant spectacle de villes détruites et de champs déserts et incultes, triste fruit d'un long asservissement et d'une guerre d'extermination.

249 bis. *Comment le nouvel état Grec s'est-il formé?* Les Grecs secouèrent en 1820 le joug des Turcs; pendant sept années, ils ont soutenu contre leurs oppresseurs une lutte opiniâtre et sanglante. Le concours de la France, de la Russie et de l'Angleterre, et l'intervention armée de la France ont enfin assuré l'indépendance de la Grèce.

250. *Quels sont le climat, l'aspect physique et les principales productions de la Grèce?* Cette contrée jouit d'un beau ciel, d'un doux climat et d'un air pur. La Thessalie offre des plaines fertiles où de gras pâturages nourrissent des chevaux estimés. La Livadie, la Morée, ainsi nommée parce qu'on y trouve beaucoup de mûriers, sont généralement montueuses et très fertiles. On y trouve néanmoins des plaines et des vallées assez

étendues et des cantons arides. Les îles de l'archipel semblent être des sommets de montagnes appartenant à une contrée submergée. Quelques-unes ont été formées par des éruptions volcaniques. Ces îles sont, pour la plupart, très fertiles, surtout en vins, et plantées d'oliviers et d'orangers. Les principales productions de la Grèce sont : l'huile d'olive, le blé, le vin, le raisin de Corinthe, le coton, la soie, le miel, la cire, etc.

251. *Quels sont les villes et les lieux remarquables de la Grèce continentale?* Ce sont : *Athènes*, qui fut la patrie des lettres et des arts. Cette ville a vu naître les hommes les plus illustres de la Grèce. Parmi les précieux restes de son ancienne splendeur, on remarque le péristyle du Parthénon ou temple de Minerve, le temple de Thésée, le Panthéon d'Adrien, etc. La citadelle est appelée l'Acropolis. — *Lépante*, qui donne son nom au golfe dans lequel don Juan d'Autriche remporta, en 1571, une célèbre victoire sur la flotte turque. — *Missolonghi*, célèbre par la défense héroïque des Grecs en 1826. — *Corinthe* et *Argos*, jadis si florissantes, et qui ne sont aujourd'hui que des bourgs. — *Napoli-de-Romanie*, l'une des places les plus importantes de la Morée. — *Tripolitza*, bâtie sur les ruines de Mantinée. — *Mistra*, bâtie près de l'ancie ne Sparte. — *Maina*, dont les habitans, appelés Mainotes, descendent des Lacédémoniens. — *Napoli-de-Malvoisie*, fameuse par ses vins. — *Coron* et *Modon*, villes fortes. — *Navarin*, cé-

lèbre par la victoire que les flottes combinées de la France, de l'Angleterre et de la Russie y remportèrent, en 1827, sur la flotte Turco-Egyptienne. — *Patras*, qui faisait dernièrement un grand commerce.

252. *Quelles sont les îles de la Grèce qui offrent quelque particularité remarquable?* Négrepont (Eubée), très fertile, et séparée de la Livadie par un détroit si resserré, qu'un pont la joint à la terre ferme. — *Samos*, qui produit d'excellent vin muscat. Patrie de Pythagore. — *Patmos*, rocher stérile, où saint Jean écrivit l'Apocalypse. — *Hydra*, qui arbora l'une des premières l'étendard de l'indépendance. — *Salamis*, célèbre par la victoire navale que Thémistocle y remporta sur Xercès, 480 ans avant J.-C. — *Andros* et *Tine*, que le commerce de la soie enrichit. — *Mycone*, dont les habitans passent pour les meilleurs marins de l'Archipel. — *Naxos*, surnommée la Reine des Cyclades. — *Paros*, renommée par son marbre. — *Antiparos*, célèbre par sa grotte, où l'on voit les plus belles stalactites qu'il y ait au monde. — *Santorin*, qui produit un vin délicieux.

253. *Donnez quelques détails sur les îles Ioniennes.* Elles offrent un grand nombre de rochers stériles et de collines élevées, entrecoupées de plaines et de vallées fertiles. Les vins, les olives et les raisins secs forment la principale richesse des habitans. Ces îles, qui appartinrent aux

Vénitiens et ensuite à la France, sont placées sous la protection de l'Angleterre, qui y entretient des garnisons. Elles sont au nombre de sept, savoir : *Corfou* dont la capitale, qui porte le même nom, est le siège du gouvernement — *Paxo*, la plus petite. — *Sainte-Maure*, où l'on voit le fameux rocher de Leucade. — *Théaki*, l'ancienne Ithaque, où régnait Ulysse. — *Céphalonie*, la plus grande des sept îles. — *Zante*, la plus fertile. — *Cérigo*, autrefois célèbre sous le nom de Cythère.

SECTION II.

ASIE.

LEÇON Ire
CONSIDÉRATIONS GÉNÉRALES
SUR L'ASIE.

254. *Qu'est-ce qui distingue l'Asie des autres parties du monde?* Elle a été le berceau du genre humain, celui des arts et des sciences; elle a été le siège des premières et des plus grandes monarchies; c'est de là que les hommes, se répandant partout l'univers, y portèrent avec eux leurs connaissances et leur histoire. C'est encore dans l'Asie qu'ont pris naissance les quatre grandes croyances religieuses qui se partagent inégalement la terre.

255. *Quels sont les gouvèrnemens de l'Asie?* Presque tous les gouvernemens de l'Asie sont

despotiques. Le mot de république y semble inconnu. Les souverains y sont adorés, ou plutôt redoutés de leurs sujets ; ils affectent un grand nombre de titres vains et emphatiques, tels que, *empereur des empereurs, cousin de la lune, fils du soleil*, et ne se montrent jamais en public, afin d'inspirer plus de respect au peuple.

256. *Quelles sont en général les mœurs des Asiatiques ?* Il faut distinguer les habitans de l'Asie méridionale de ceux de l'Asie septentrionale. Les premiers sont efféminés, oisifs et aiment les plaisirs ; ils ont l'esprit pénétrant, l'imagination vive et l'élocution très ampoulée. Les autres, grossiers et à demi sauvages, s'occupent uniquement des besoins de la vie ; ils ne savent que chasser, nourrir des troupeaux et piller. On les appelait autrefois Scythes (habiles à tirer l'arc), on les nomme aujourd'hui Tartares, ou Tatares (maîtres du pays).

LEÇON II.
RUSSIE D'ASIE.

257. *En combien de grandes parties peut-on diviser ce pays ?* La Russie d'Asie comprend deux parties principales, savoir : la Sibérie et le pays au sud du Caucase.

258. *Quand les Russes firent-ils la conquête de la Sibérie ?* Ce pays n'attira l'attention de l'Europe que vers le milieu du 16e siècle, quoiqu'elle eût vomi sur cette partie de la terre et sur le reste

de l'Asie des hordes innombrables de barbares, qui les désolèrent à différentes époques. Les riches fournures qu'elle produit y attirèrent les Russes, qui n'en furent maîtres qu'en 1534 ; le Kamtchatka ne leur fut complètement soumis qu'en 1711.

259. *Quel aspect présente ce pays au nord ? quels en sont les principales productions et le climat ?* En général, il s'offre sous l'aspect d'immenses plaines marécageuses, couvertes de neiges, inclinées vers l'océan Glacial et bornées au sud par de hautes montagnes qui arrêtent les vents du midi. Dans la plus grande partie de cette contrée, la végétation est presque anéantie par la rigueur du froid ; vers le sud, le sol est couvert de vastes forêts de bois résineux. Quelques parties, à l'ouest et au sud, sont très fertiles et produisent toutes les céréales de l'Europe, à l'exception du blé. On trouve, dans la partie du nord, l'ours blanc, le renard noir et beaucoup d'hermines, de martres, de zibelines et d'autres animaux dont les fourrures sont très estimées et font le principal commerce du pays. On exploite en Sibérie de riches mines d'argent, de fer, d'aimant et de cuivre ; on en tire aussi des pierres précieuses. L'hiver y est long et rigoureux, l'été court et très chaud.

260. *Quelle est la population de la Sibérie ?* La Sibérie, qui occupe près du tiers de l'Asie, ne compte que 1,600,000 habitans. Les principaux peuples indigènes, presque tous nomades, sont :

les Samoïedes, les Kalmouks, les Tungouses, les Iakouts, les Ostiaks. La plupart de ces peuples sont idolâtres. Vers le midi, on trouve des mahométans. Les colons russes et quelques peuplades chrétiennes sont les seuls habitans qui s'appliquent à l'agriculture. C'est dans ce pays que les czars exilent d'ordinaire les criminels d'état.

261. *Quelles sont les villes remarquables de la Sibérie? Tobolsk*, qui a une école centrale et une imprimerie. Les rues y sont planchéiées. — *Irkoutsk*, sur l'Angara, ville commerçante; cour de justice souveraine dont la juridiction s'étend sur toute la Sibérie; école de langue et de navigation japonaises. — *Ochotsk*, port sur la mer du même nom, chantier de construction.—*Kiatchta*, près de Nertchinsk, affreux lieu d'exil. C'est un entrepôt du commerce de la Chine avec la Russie. Elle est composée de deux villes, l'une russe, et l'autre chinoise.

262. *Quelles provinces renferme le pays du sud du Caucase?* Ce sont : l'Abasie, la Mingrélie, l'Immirette, la Géorgie, le Chyrvan et l'Arménie. Ces provinces, séparées de la Circassie par les monts Caucase, ont été conquises depuis peu sur les Turcs et sur les Persans. Elles sont habitées par des peuples différant entre eux de mœurs, de langages et de croyances; les femmes y sont remarquables par leur beauté; on y compte environ 1,500,000 habitans.

263. *Quel est le climat de ce pays et quelles*

en sont les productions? Ces provinces, surtout la Géorgie, jouissent en général d'un climat aussi agréable que salubre; les vallées y sont très fertiles et donnent les productions des pays chauds; les montagnes, celles des pays les plus froids.

264. *Quelles sont les villes les plus remarquables de ces provinces? Tiflis,* capitale de la Géorgie, sur le Kour. Elle jouit du droit de franchise que l'empereur Alexandre lui a accordé, et peut être regardée comme un point central de commerce entre l'Europe et l'Asie. — *Bâkou,* sur la mer, entrepôt des marchandises de Perse et de Russie. On voit dans le voisinage des sources de naphte et un champ dont la terre est inflammable et exhale des vapeurs sulfureuses.— *Erivan,* capitale de l'Arménie, conquête que les Russes ont faite sur les Persans en 1827.

LEÇON III.
JAPON.

265. *Quels sont le climat et les principales productions du Japon?* Ce pays, découvert en 1542 par les Portugais, éprouve les alternatives d'une chaleur extrême et d'un froid rigoureux. Il est sujet aux tremblemens de terre. On y trouve les arbres à thé, à camphre, à vernis et à papier; des mines d'or, d'argent et de cuivre; des agathes; et sur les côtes, des perles rouges.

266. *Quels sont les principaux produits industriels du Japon?* Les soiries, les meubles ver-

nissés ; la porcelaine, plus estimée que celle de la Chine, et les miroirs d'acier.

267. *Quels sont la population et le gouvernement du Japon ?* On y compte environ 20 millions d'habitans. Le Japon a deux empereurs, le Daïri, qui n'exerce que l'autorité spirituelle, et le Kubo, qui n'a que le pouvoir temporel.

268. *Quelles sont les villes remarquables du Japon ? — Yédo*, résidence du Kubo.—*Miaco*, résidence du Daïri. — *Nangasaki*, seul port où il soit permis aux étrangers de jeter l'ancre. Les Japonais ne font de commerce qu'avec les Chinois et les Hollandais.

LEÇON IV.

EMPIRE CHINOIS.

269. *Quels sont l'aspect et le climat de la Chine ?* Cet empire, le plus étendu qu'il y ait après l'empire russe, présente dans son ensemble de grandes plaines plus ou moins fertiles, entrecoupées de rivières et de canaux, et un immense plateau élevé entre de nombreuses et gigantesques montagnes ; une grande partie de ce plateau est occupée par un vaste désert sablonneux, appelé le désert de Cobi. Dans la Chine proprement dite, aucune terre labourable n'est en friche ; pour honorer l'agriculture, qui y est portée au plus haut degré de perfection, chaque année, l'empereur de la Chine trace lui-même des sillons dans un champ près de sa capitale. L'air y est rafraîchi par les hautes

montagnes du couchant et du nord, et par l'Océan
à l'est et au sud. Ce pays, par sa vaste étendue,
offre d'ailleurs une grande variété de climat; on
y trouve un grand nombre de lacs.

270. *Quelles sont les principales productions
de l'empire chinois?* Ce sont : l'arbre à thé,
dont les feuilles sont l'objet d'un commerce prodigieux avec l'Europe; le camphrier, l'arbre à
suif, le coton jaune avec lequel on fabrique le
nankin, l'aloës, la laque, dont on fait un beau
vernis rouge ou noir, et tous les végétaux de
l'Europe. On tire de ce pays de la soie, de la
porcelaine, du musc, le poil de chèvres du Thibet et une encre fort connue.

271. *Quels sont la population, la religion
et le gouvernement de la Chine?* La Chine est
le pays du monde le plus peuplé : on y compte,
dit-on, 170 millions d'habitans. Le culte de Fo
est le plus répandu. L'empereur et les lettrés
suivent la religion de Confucius. Le gouvernement est un despotisme absolu ; les gouverneurs
des villes et des provinces se nomment *manda-
rins.*

272. *Quelles particularités remarquables
offre l'histoire de la Chine?* La Chine est l'empire le plus anciennement civilisé; mais les Chinois semblent n'avoir devancé les autres peuples
dans les sciences et dans les arts que pour rester
ensuite stationnaires. Ils se sont toujours isolés
des autres nations. Pour se préserver des incur-

sions des Tartares, ils ont construit une muraille de 450 lieues de long. Ce pays a éprouvé de nombreuses révolutions politiques. Au commencement du 17° siècle, les Tartares Mantchous s'en emparèrent et mirent sur le trône un de leurs chefs dont le dynastie règne encore. Le peuple conquérant prit les mœurs et les usages du peuple soumis.

273. *Que remarque-t-on de particulier dans les mœurs des Chinois?* Ils font consister la principale beauté des femmes dans la petitesse de leurs pieds; aussi, dès leur enfance, on les leur serre fortement avec des courroies, ce qui empêche les Chinoises de marcher. Chez eux les ongles longs et l'embonpoint passent pour une marque d'opulence et d'esprit.

274. *Quelles sont les villes remarquables de la Chine?* PÉKIN : cette capitale renferme, dit-on, 2 millions d'habitans; elle se partage en deux villes, dont l'une est habitée par les Tartares et l'autre par les Chinois; toutes deux sont très régulièrement bâties. Le palais de l'empereur, avec ses dépendances, a 2 lieues de circonférence; les murailles de cette ville ont 40 pieds de hauteur sur 20 d'épaisseur.—*Nankin*, sur le Kiang, capitale de la Chine jusqu'en 1368. On remarque près de cette ville une tour qui a 9 étages, et qui est revêtue de porcelaine; elle est surmontée d'une pomme de pin que l'on dit être d'or massif. Cette ville a donné son nom à un tissu de coton fort connu. — *Can-*

on, seule ville de la Chine où les marchands
européens soient admis aujourd'hui. Ils y ont un
quartier particulier. C'est par cette ville que les
Chinois exportent une quantité considérable de
thé — *Macao*, établissement portugais, au sud
de Canton, où le Camoëns composa, dit-on, la
Lusiade. — *Lassa*, dans le Thibet. A 2 lieues de
cette ville se trouve le palais du Dalaï-Lama.

LEÇON V.
INDO-CHINE.

275. *Quel aspect présente ce pays et quel en
est le climat?* L'Indo-Chine, ainsi appelée parce
qu'elle est placée entre l'Inde et la Chine, est
traversée par plusieurs chaînes de montagnes;
elle est arrosée et fertilisée par de grands fleuves
sujets à des inondations ou crues périodiques.
Une longue étendue de côtes, l'élévation des montagnes de l'intérieur, l'égalité des jours et des
nuits, et les pluies périodiques, modèrent la température de cette contrée, où l'on ne connaît que
deux saisons : la sèche et la pluvieuse.

276. *Quelles sont les productions de la presqu'île au-delà du Gange?* Les régions de cette
grande presqu'île offrent, dans leurs diverses parties, les contrastes les plus frappans de stérilité et
d'abondance, selon qu'elles sont éloignées ou voisines des *rivières*. Les provinces riveraines ont
une telle force de végétation, qu'elles rendent
deux fois l'an une abondante récolte en millet, en

maïs et en riz, principale nourriture des indigènes. Les parties élevées en sont couvertes de boit
précieux, tels que le teck, le bois de fer, le palmier, le bois de rose, le sandal et l'aloës; on
y trouve une grande quantité de riches mines
d'or, d'argent, d'étain, de fer et beaucoup de
pierres précieuses. On en tire de la soie, du coton, de l'indigo et de la canelle. On y trouve l'oie,
dont l'image sert d'enseigne, comme l'aigle chez
les Romains; les éléphans y sont animaux domestiques. L'éléphant blanc y est en grande vénéra-
tion, parce qu'on croit qu'il renferme l'âme du
souverain décédé.

277. *Donnez quelques détails sur les habitans de cette contrée.* Les Birmans, qui occupent le pays appelé par les anciens *Chersonèse
d'Or,* les Siamois et les Cochinchinois sont les
plus civilisés des peuples de cette vaste péninsule.
Les premiers sont les seuls qui *s'interdisent* la
polygamie. Les habitans de l'empire d'Annam ressemblent aux Chinois par les mœurs et le langage.
Tous ces peuples professent le boudhisme, à l'exception des Malais, habitans de la presqu'île de
Malacca, qui sont mahométans. La population de
l'Indo-Chine est d'environ 21 millions d'habitans.

278. *Quelles sont les villes remarquables de
l'Indo-Chine? Ummérapoura,* capitale de l'empire birman, amas de maisons en bois, bâties sur
pilotis. — *Bankok,* capitale du royaume de Siam
et l'une des villes lesplus commerçantes de l'Asie.

— *Malacca*, qui a été successivement occupée
par les Portugais et les Hollandais, et qui appartient aujourd'hui aux Anglais.

LEÇON VI.
INDE OU HINDOUSTAN.

279. *Quels sont les faits les plus mémorables
de l'histoire de l'Inde?* Alexandre pénétra dans
l'Inde, 327 ans avant J.-C. A son invasion suc-
cédèrent treize siècles de tranquillité. Dans le 11e
et le 12e siècle de notre ère, des princes musulmans qu'on surnomma Afghans ou Patans, con-
quirent le nord de l'Inde et y introduisirent l'islamisme. Timour ou Tamerlan ravagea l'Inde en
1398.

En 1526, un petit-fils de Tamerlan, nommé
Baber, éleva, sur les débris de l'empire des Patans, celui des Mongols ou Mogols. Il fut le
premier prince désigné en Europe sous le titre de
Grand-Mogol. Pendant ces invasions, plusieurs
tribus indiennes se retirèrent dans les montagnes;
telle est l'origine des Seiks, des Mahrattes et
d'autres peuples indépendans. L'empire des Mogols, au plus haut point de splendeur sous Aureng-Zeb, ne fit que décroître depuis sa mort,
arrivée en 1707. En 1739, Nadir, Scha de Perse,
envahit l'Hindoustan et s'empara des trésors de
Delhy. Les Afghans et les Mahrattes se disputèrent ensuite l'empire de l'Inde, où les Européens
avaient déjà fondé beaucoup d'établissemens.

La compagnie de négocians anglais privilégiés connue sous le nom de Compagnie des Indes , qui n'avait d'abord que quelques factoreries , devint, en très peu de temps , très puissante et donna à ses possessions un prodigieux accroissement. Elle profita des divisions intestines qui déchiraient l'Hindoustan ; détruisit l'empire Mogol en 1803 ; soumit entièrement les Mahrattes , en 1812 , et, par ruse ou par force , elle a étendu sa puissance sur presque tout l'Hindoustan. Les rois ou rajahs , à qui elle laisse quelque ombre de pouvoir, ne sont que ses vassaux.

280. *Quels sont l'aspect et le climat de ce pays?* L'aspect de l'Hindoustan offre la plus agréable et la plus grande variété de plaines dans l'intérieur , et de vallées ou de montagnes vers le nord , l'est et le sud. De ces montagnes descendent un grand nombre de fleuves et de rivières qui fertilisent les plaines. Les pluies périodiques , et les grandes chaleurs y donnent à la végétation une vigueur presque inconnue dans les autres parties du globe. L'Hindoustan est parcouru du nord au sud par la chaîne des montagnes Gates. L'élévation de cette chaîne produit simultanément deux saisons opposées dans le Malabar et le Coromandel, en arrêtant les moussons et les vapeurs : aussi, quand on a l'hiver à Mahé, on a l'été à Pondichéry , et *vice versâ*. L'été y dure neuf mois, et l'hiver, qui occupe le reste de l'année, ne consiste que dans des pluies continuelles. On

ne connaît dans ce pays ni la neige ni la gelée
On éprouve dans le grand désert au sud-est de
l'Indus et au nord du Guzarate les chaleurs dévo-
antes de l'Arabie; elles sont moins fortes sur la
côte du Malabar, où les orages sont très vio-
ens; des brises légères viennent rafraîchir l'air
au Bengale, où la température est quelquefois de
34.° de Réaumur. Les vallées de Cachemyr et de
Népaul semblent jouir d'un printemps éternel.

281. *Quelles sont les productions de l'Inde ?*
L'Inde produit une variété infinie de végétaux.
Le riz et la banane, qui forment la principale
nourriture de l'Hindou, y abondent. Elle fournit
l'indigo, l'opium le plus estimé, le coton le plus fin
et la plus belle soie, toutes les espèces de palmiers
qui donnent des fruits, du papier, de la farine et
des cordes : le bambou y croît en forêts et sert
aux constructions. Le figuier des Indes ou bananier y devient gigantesque. On pêche sur les côtes,
et surtout près de Ceylan, de belles perles dont
on fait un commerce considérable ; les mousselines,
les châles et autres étoffes des Indes sont supérieurs
aux tissus de la même espèce des autres pays. On
en exporte aussi beaucoup de bois remarquables
par leur couleur ou leur parfum. Quelques fleuves charrient de l'or; les mines de diamant de
Golconde sont célèbres; on trouve aussi dans ce
pays beaucoup de pierres précieuses. L'Inde est
la partie où il y a le plus d'animaux et d'oiseaux
de toute espèce et en plus grande quantité, ce

qui est peut-être dû à la croyance religieuse des naturels. On y remarque surtout les éléphans, les rhinocéros, les tigres, les lions, les boas et autres serpens dangereux, etc.

282. *Quelle est la croyance religieuse des Hindous?* Ces peuples suivent la religion de Brahma. Ils croient à la métempsycose et à la prédestination : ils ont en conséquence un très grand respect pour tous les animaux, dont ils s'abstiennent de manger la chair, et ils se soumettent sans murmure à tout ce qui peut leur arriver. La vache est chez eux un animal sacré.

283. *Comment les Hindous sont-ils divisés?* En castes ou classes dans lesquelles ils doivent demeurer toujours. Ces castes sont au nombre de quatre principales : la première est celle des Brahmes ou prêtres; la seconde celle des guerriers; la troisième celle des agriculteurs; la quatrième celle des artisans. Ces castes ne peuvent manger ni s'allier ensemble; au-dessous de ces castes principales, viennent les Parias, classe abjecte, qui est en horreur à tous les Hindous. Les femmes des deux premières castes s'immolent sur le tombeau de leurs époux.

284. *Quel est le caractère distinctif des Hindous?* Ils sont en quelque sorte frappés d'immutabilité, et tiennent plus à la conservation de leurs usages qu'à celle de leur propre vie; ils ne sont pas plus avancés dans les arts et les sciences qu'ils ne l'étaient il y a deux mille ans.

285. *Quelle est la population de l'Hindous-*
an? Elle est évaluée à 134 millions. Les Hindous professant le bramisme sont au nombre de
10 millions. Parmi eux, on remarque les Ra-
epoutes, qui appartiennent à la deuxième caste,
et les Mahrattes, qui appartiennent en général à
la troisième, et qui ont eu une courte, mais bril-
ante époque de gloire. Le reste de la population
est composé de différens peuples, parmi lesquels
on remarque les Seiks (au nombre de 4 millions),
secte guerrière, qui s'est fait une religion composée de boudhisme et de mahométisme; les Juifs
noirs et blancs, les Portugais noirs, etc. au nombre de 2,500,000. On compte dans l'Hindoustan
8 millions de mahométans et 1,500,000 chrétiens.

286. *Quelles sont les villes remarquables de*
l'Inde? Ce sont : Calcutta, ville moderne,
résidence du gouverneur général des possessions anglaises. Elle est divisée en deux quar-
tiers: la ville noire, construite en bambous, et
habitée par les indigènes, et le quartier du gouvernement, bien bâti et occupé par les Européens. Cette ville réunit les agrémens de la vie
anglaise au luxe asiatique. Elle possède une célèbre société savante et une académie mahométane;
elle est très florissante par son commerce et son
industrie. — *Chandernagor,* possession française.
Elle fait commerce de velours, de brocarts, de camelots, de salpêtre, de musc et de rhubarbe venant
du nord elle fabrique beaucoup d'étoffes de co-

ton. — *Bénarès*, centre des connaissances des Brames, lieu de pélerinage tellement sacré aux yeux des Hindous, que tous se croient obligés de le visiter une fois dans leur vie. Cette ville fait un grand commerce en étoffes de soie, en toiles peintes et en mousselines. On y remarque un observatoire dont la coupole tourne sur un pivot. — *Agra*, ancienne résidence du Grand-Mogol. On y voit le palais de l'empereur, l'un des plus beaux édifices de l'Asie. Près de ce palais est la fameuse mosquée du sultan Aureng-Zeb. — *Délhy*, où végète obscurément le dernier rejeton des Mogols ; les Anglais lui font une pension. — *Cachemyr* ou *Sirinagur*, dans une vallée surnommée le Paradis de l'Inde et de l'Orient, célèbre par les châles que l'on y fabrique avec la laine soyeuse des chèvres du Thibet ou le poil fin du chameau. — *Lahore*, dans l'ancien royaume du célèbre Porus. — *Surate*, ville forte et port fréquenté : elle fait un commerce immense ; elle a deux hôpitaux pour les animaux. — *Bombay* : on y compte 8,000 parsis ou adorateurs du feu, qu'ils entretiennent nuit et jour dans un temple avec du bois odoriférant. Centre du commerce anglais sur la côte occidentale de l'Hindoustan. — *Goa* : son port est le meilleur de l'Inde. Elle fut prise, en 1510, par Alphonse Albukerque. Elle est depuis restée aux Portugais, et a toujours été le centre de leur commerce dans les Indes. — *Calicut*, premier port où les Portugais abordèrent en 1498

sous la conduite de Vasco de Gama. — *Cochin*, au=
jourd'hui aux Anglais. Elle a été long-temps le principal établissement des Hollandais dans les Indes.
— *Tranquebar*, où les Danois s'établirent en 1617.
— *Pondichéry*, fondé par les Français en 1674,
et leur premier comptoir dans les Indes. — *Madras*,
ville très commerçante, mais sans port, comme
la plupart des villes du Coromandel. Elle appartient aux Anglais depuis 1640. — *Masulipa-
tam*, à l'embouchure du Kistnak, célèbre par ses
toiles peintes et ses manufactures. C'est le seul
bon port de la côte de Coromandel. — *Kétek* ou
Cuttak, au sud de cette ville, est celle de *Jagre-
naut*, fameuse par les pélerinages qu'y attirent
trois grandes pagodes. L'une de ces pagodes renferme une idole dont les yeux sont de gros diamans. L'emplacement de cette ville est un terrein
sacré. — *Golconde*, ville forte, fameuse par ses
mines d'or et de diamans et ancienne capitale
d'un royaume de ce nom. — *Aurengabad*, fondée par l'empereur Aureng-Zeb, qui y mourut;
on y voit son tombeau et celui de sa fille; sous
son règne elle fut capitale du Deccan. — *Serin-
gapatam*, ancienne capitale des états de Tip-
poo-Saïb, qui périt en la défendant contre les
Anglais en 1799.

287. *Quelles sont les îles voisines de l'Hindoustan?* — *Ceylan*, que les anciens appelaient
Taprobane. On n'y éprouve point les chaleurs
excessives qui dessèchent la côte de Coroman-

del. Cette île est très fertile ; elle est riche en minéraux, surtout en pierres précieuses. Elle exporte beaucoup de cannelle. Les éléphans y courent par troupes. Le meilleur port est Trinquemale. Au sud de Candy, on remarque le pic d'Adam, lieu célèbre de pélerinage. — *Les Laquedives* et *les Maldives*, au nombre d'environ 12,000, entourées de bancs de corail. On pêche dans les Maldives des cauris, espèce de coquillage qui sert de monnaie dans l'Hindoustan.

LEÇON VII.
BELOUTCHISTAN ET AFGHANISTAN.

288. *Donnez quelques détails sur le Béloutchistan ?* Le Béloutchistan est couvert de montagnes qui recèlent de riches mines ; on y trouve peu de rivières ; une partie de ce pays est déserte et aride. Les vallées fertiles offrent les productions de l'Hindoustan. Les Béloutchis sont pour la plupart nomades. Ce sont des mahométans sunnites. Ils sont gouvernés par un kan qui réside à Kélat. On estime la population de cet état à 3 millions d'habitans.

289. *Donnez quelques détails sur le climat, les productions et les habitans de l'Afghanistan.* Le climat de l'Afghanistan est tempéré dans le pays haut, âpre dans les montagnes, chaud et quelquefois accablant dans les plaines. Les productions sont variées comme le climat : les plaines fertiles et bien cultivées donnent deux moissons

par an. On trouve dans ce pays des lions, des tigres, des léopards, des hyènes, des dromadaires,
etc. Les Afghans, qui furent soumis aux Persans
et aux Mongols, se sont rendus indépendans en
1747; les Seiks leur ont enlevé le Lahore et le
Cachemyr. La plupart des Afghans sont nomades;
ils sont gouvernés par un souverain ayant le titre
de *schah*, et professent l'islamisme. La population
de cet état est de 10 millions d'habitans.

290. *Quelles sont les villes remarquables de*
l'Afghanistan? — *Kaboul*, capitale, qui fait
un grand commerce, principalement en chevaux.
Elle est sujette aux tremblemens de terre. —
Kandahar, ancienne capitale, ville forte, très
commerçante, et grand passage de l'Hindoustan
en Perse. — *Balk*, sur une éminence; ville très
ancienne et autrefois appelée Bactres. — *Hérat*,
ville très commerçante, dans une riche vallée. —
Moultan, sur l'Hydaspe, capitale d'une fertile
province, tributaire des Seiks.

LEÇON VIII.
TARTARIE INDÉPENDANTE.

291. *Quel aspect présente ce pays?* D'immenses steppes ou plaines désertes occupent la plus
grande partie de la Tartarie. Le voisinage de
hautes montagnes, toujours couvertes de neiges,
y rend la chaleur supportable. Le bois y est rare;
les bords des rivières sont si fertiles, que l'herbe
y excède la hauteur d'un homme. Quelques can-

tons sont regardés comme des paradis terrestres. On y trouve quelques mines d'or et d'argent, des rubis, des turquoises, etc.

292. *Quels sont les principaux peuples qui habitent ce vaste pays?* Ce sont : 1° au nord, les Khirguiss ou Cosaques, divisés en grande, en petite et en moyenne horde ; 2° à l'ouest, sur la mer Caspienne, les Turcomans ; 3° au sud, les Ousbecks, et les Boukhares, maîtres actuels de la Boukharie, la plus belle partie de cette contrée. Les Khirguiss et les Turcomans sont nomades ; ils ont pour boisson ordinaire du lait de jument ; les Kalmouks sont leurs constans ennemis. Les Ousbecks sont pour la plupart fixés dans les villes et passent pour les plus industrieux des Tartares. Les Boukhares parcourent toute l'Asie pour leur commerce. Ces peuples sont mahométans et gouvernés par des khans. Cette contrée a 4 millions d'habitans.

293. *Quelles sont les villes principales de la Tartarie Indépendante?* Ce sont : *Boukhara*, capitale, ville très commerçante. On y compte 360 mosquées et 285 écoles. — *Samarkand*, capitale de l'empire de Tamerlan en 1400. Elle a une célèbre université mahométane. On y fabrique du papier de soie.

LEÇON IX.
PERSE OU IRAN.

294. *Quels sont le sol et le climat de la Perse?*

Le sol de ce vaste pays est en général montueux, sec, aride et sablonneux. On y voit peu de rivières et encore moins de forêts. Il offre pour ainsi dire trois climats : sur le littoral de la mer Caspienne, qui est très bas, les chaleurs de l'été sont fortes et les hivers très doux, mais toutes les saisons y sont humides; les étés sont très chauds et les hivers très rigoureux sur le plateau qui forme le centre; les rivages du golfe Persique éprouvent les ardeurs dévorantes des Indes.

295. *Quelles sont les productions de la Perse?* Ce sont : le froment et le riz, la figue, la grenade, l'abricot, la pêche, l'amande, la pistache, la mûre et la prune, fruits que l'Europe a reçus d'elle; le chanvre, la noix de galle, le pavot, dont on extrait l'opium, objet d'un grand commerce, le dattier et des arbres odoriférans. Dans les fertiles vallées de Schiras, d'Ispahan et d'Yezd, on recueille d'excellent vin et le meilleur tabac de l'Asie; le mûrier y nourrit beaucoup de vers à soie. Les montagnes ne donnent que des métaux communs. Sur la côte du golfe Persique, on pêche de belles perles. Les chevaux persans sont les plus beaux de l'orient. Le chameau est commun en Perse. Le lion y est sans crinière.

296. *Quels sont la population, la religion et le gouvernement de la Perse?* La Perse compte environ 12 millions d'habitans. Ils professent le mahométisme, que les Arabes y introduisirent dans le 7ᵉ siècle. Ils sont despotiquement gouvernés

par un roi qui porte le titre de Schah. Ils sont sectateurs d'Ali et grands ennemis des Turcs, qui appartiennent à la secte d'Omar. Ces derniers portent le turban blanc ou du moins mélangé; les Persans portent le turban vert. On trouve en Perse des *Guébres* ou *Parsis*, adorateurs du feu.

297. *Comment les Persans se sont-ils distingués?* Par leur industrie et leur littérature. Ils excellent à faire des broderies de soie, d'or et d'argent, de la porcelaine et de la poterie, des armes tranchantes et divers ouvrages d'acier, de cuivre et de maroquin. Ils font aussi beaucoup de tissus de coton, de laine, de poil de chèvre et des tapis connus sous le nom de tapis de Turquie. La Perse a produit des littérateurs distingués, parmi lesquels on cite : Lokman, Pipaï, Sadi, etc.

298. *Comment peut-on diviser les Persans par rapport à leur manière de vivre?* En trois classes bien distinctes : les *citadins*, qui mènent une vie efféminée et supportent la tyrannie du schah; les *nomades*, enclins au vol et impatiens de tout joug; les *agriculteurs*, qui tiennent le milieu entre les deux premières classes.

299. *Quelles sont les villes remarquables de la Perse?* TÉHÉRAN. Le climat de cette nouvelle capitale de la Perse est si malsain, que des 60,000 habitans qu'elle renferme en hiver, il en reste à peine 10,000 en été; toute la cour, pendant cette saison, va camper dans la plaine de Sultaniéh, à 55 lieues O.N.O. dans les montagnes. — *Ispa-*

han, ancienne capitale de la Perse et la ville la plus peuplée. Elle est bien déchue de son ancienne splendeur. — *Tauris*, où un tremblement de terre, en 1724, fit périr 100,000 personnes. — *Schiras*. Elle a un collège où l'on enseigne les sciences cultivées en Orient. Elle jouit d'un climat délicieux et est renommée pour son essence de roses. A 12 lieues de cette ville, se voient encore les ruines de Persépolis. — *Casbin*, ville industrieuse et commerçante, dans les environs de laquelle on récolte d'excellent vin et de bonnes pistaches. — *Yezd*, ville très commerçante, habitée en partie par les Guèbres.

LEÇON X.

ARABIE.

300. *Quels sont le climat et l'aspect de l'Arabie ?* L'air y est généralement sec et fort chaud, surtout dans la partie septentrionale, où règne le vent dévorant appelé Samiel. On y rencontre beaucoup de sables, de déserts, peu de montagnes élevées et peu de rivières; d'ailleurs, il y pleut très rarement. Quoique située sous la zone torride, la partie méridionale jouit d'un air plus tempéré, à cause du voisinage de la mer et des rosées abondantes qui y tombent toutes les nuits; le terroir n'est guère fertile que dans quelques endroits le long des côtes.

301. *Quelles sont les productions et la po-*

pulation de l'Arabie? L'Arabie est le pays de l'encens, de la myrrhe et de toutes sortes de parfums; elle produit des olives, des cannes à sucre, des dattes, des figues, des oranges et du baume dont le plus recherché est celui de la Mecque, de la manne, de la casse et du séné; le café y est indigène. On y pêche du corail, des huîtres à perles et des murex à pourpre. On y trouve aussi des chevaux très estimés que les Arabes disent être issus de ceux qui peuplaient les écuries de Salomon, des autruches, des ânes, et des chameaux, surnommés les navires du désert. Le fléau le plus terrible de l'Arabie est le passage des sauterelles que détruit heureusement une espèce de grive, arrivant chaque année de la Perse orientale. L'Arabie a environ 12 millions d'habitans.

302. *Quelles sont les particularités historiques de l'Arabie?* Cette contrée, qui ne fut jamais assujettie à aucune puissance de l'antiquité, fut toujours gouvernée par ses propres princes, jusqu'en 622, que parut Mahomet. En établissant une religion, cet imposteur jeta en même temps les fondemens d'un nouvel empire, qui s'étendit depuis l'Inde jusqu'à l'extrémité occidentale de l'Afrique, et même en Espagne. C'est ce qu'on appelle l'empire des califes, des Arabes ou Sarrazins. Quoique le mahométisme soit l'ennemi de la civilisation, les sciences et les lettres florissaient à la cour des califes, pendant que l'Europe était plongée dans la barbarie. Les Arabes brillèrent

dans la poésie, la médecine, l'astronomie, les mathématiques. C'est d'eux que nous viennent les chiffres dont nous nous servons. Le vaste empire des califes, affaibli par les divisions, fut renversé par les Turcs.

303. *Quel est le gouvernement de l'Arabie?* L'Arabie est divisée en plusieurs états, dont les chefs sont appelés *imans, chérifs, cheyks* ou *émirs;* les uns sont indépendans, et les autres tributaires de la Porte-Ottomane. L'intérieur est habité par des peuples errans et voleurs, appelés Arabes Bédouins. Ils sont divisés en tribus, chaque tribu en famille, et chaque famille a son chef.

304. *Quelle est la religion des Arabes?* Ils professent tous le mahométisme; c'est dans leur langue, l'une des plus anciennes, qu'est écrit le Koran, livre sacré de cette religion. Les Wahabis, secte qui prétend réformer la religion mahométane, occupent le Nedjed et sont ennemis jurés du reste des musulmans à qui ils se sont déjà rendus redoutables.

305. *Quelles sont les villes principales de l'Arabie?—Médine,* qui renferme le tombeau de Mahomet. Cet imposteur, chassé de la Mecque l'an 622, se retira dans cette ville. C'est de cette fuite, appelée *Hégire,* que ses sectateurs comptent leurs années. — *La Mecque,* patrie de Mahomet et capitale du monde mahométan. Cette ville et son territoire sont regardés comme saints; la mort attend tout infidèle qui oserait y pénétrer.

On y voit la plus belle mosquée de tous les pays mahométans. Dans cette mosquée est un petit bâtiment que les Arabes prétendent avoir été bâti par Abraham et son fils Ismaël, leur père. Ce bâtiment s'appelle la *Kaaba*. Mahomet a ordonné à tous ses sectateurs d'y faire un pélerinage au moins une fois dans leur vie. — *Moka*, port sur la mer Rouge, entrepôt du commerce de l'heureuse province de l'Yémen ; elle a donné son nom à l'excellent café que produit cette partie de l'Arabie.—*Mascate*, la ville la plus commerçante de l'Arabie ; elle a un bon port sur le golfe d'Oman. — *Lasha*, vis-à-vis de l'île de Bahrein, connue par la pêche des perles.

LEÇON XI.

TURQUIE D'ASIE.

306. *Quels peuples ont dominé sur les provinces composant aujourd'hui la Turquie d'Asie ?* Les peuples les plus célèbres de l'antiquité, les Assyriens, les Mèdes, les Perses, les Grecs et les Romains dominèrent successivement sur ces contrées ; au 7e siècle, les califes, sortis de l'Arabie, s'en emparèrent et firent de Bagdad la capitale de leur vaste empire. Les Turcs, venus, de la Tartarie, se jetèrent, au 13e siècle, sur l'Anatolie, d'où ils étendirent leurs conquêtes sur les pays qu'ils possèdent aujourd'hui : on trouve encore dans les provinces orientales des hordes nom-

breuses de Kourdes et de Turcomans, qui jouissent d'une grande indépendance.

307. *Quel aspect présente aujourd'hui la Turquie d'Asie?* La Turquie d'Asie, autrefois fertile et riche, où florissaient le commerce, les lettres, les arts et les sciences, n'est plus aujour-d'hui qu'un pays désolé par la servitude et la ty-rannie, et présentant à chaque pas le triste spec-tacle de campagnes incultes et de villes à moitié ruinées et sans habitans. A peine le voyageur cu-rieux peut-il reconnaître les champs où furent Troie et Babylone, l'emplacement des capitales des riches royaumes de Crésus, d'Antiochus, d'Attale et de Mithridate.

308. *Quels sont le climat et l'aspect de la Turquie d'Asie?* Le climat, comme le sol de ce pays, offre une variété si grande, que l'on voit les hauts sommets du Taurus et du Liban cou-verts de glaces, tandis que les vallées qui s'éten-dent à leurs pieds sont brûlées par la chaleur du soleil et produisent les fruits des pays les plus chauds. Le climat de l'Asie-Mineure a toujours été regardé comme excellent; il y règne une tem-pérature douce et pure que l'on ne trouve pas sur les côtes opposées de l'Europe : à l'est et au sud, la chaleur est augmentée par des déserts couverts d'un sable aride et mouvant; le sol est en géné-ral montagneux, entrecoupé cependant de quel-ques belles plaines où paissent les nombreux trou-peaux des Turcs. La terre est d'une fertilité pro-

digieuse aux bords des fleuves et dans les vallées du Liban. Les raisins et les olives abondent en Turquie; les provinces méridionales produisent une grande quantité de dattes.

309. *Quels sont la population, le gouvernement et la religion de la Turquie d'Asie?* Cette contrée compte environ 12,500,000 habitans. Elle est despotiquement gouvernée par les pachas du Grand-Seigneur. Le mahométisme y domine, mais on y trouve beaucoup de chrétiens.

310. *Quels sont le commerce et l'industrie de la Turquie d'Asie?* Le commerce et l'industrie ne sont florissans que dans quelques villes le long des côtes de la mer, qu'on appelle *Echelles du Levant.* Il se fait dans ces villes un commerce considérable des marchandises de toutes les parties du monde. La plupart des nations européennes y ont des consuls pour les affaires de leur commerce. Outre les marchandises qui lui viennent de la Perse et des Indes, la Turquie d'Asie fait un grand commerce de laine, de soie, de coton, de camelot, de tapis et de couvertures, de cuir de buffle, de maroquin, de cire et de toutes sortes de toiles.

311. *Quelles sont les villes les plus remarquables de ce pays?* Ce sont :

Dans l'Anatolie, *Trébisonde,* port et place forte sur la mer Noire, capitale d'un petit empire fondé en 1203 par une branche des empereurs grecs. Cet empire finit en 1461, après la prise de Constantinople par les Latins. — *Kérasoun* (ancienne Cérasus); elle a donné son nom au cerisier. Lucullus apporta le premier cet arbre en Europe. — *Amasie*, patrie du géographe Strabon ; ville très commerçante en soirie. — *Angora*. Le principal commerce de cette ville consiste en camelots faits avec le poil d'une chèvre qu'on ne trouve point ailleurs. Ce fut près d'Angora qu'en 1402, Tamerlan vainquit Bajazet, le prit et l'enferma dans une cage de fer où il termina ses jours. Cette victoire, qui coûta la vie à 400 mille hommes, abattit pour quelque temps la puissance ottomane. — *Scutari*, vis-à-vis de Constantinople, dont elle est pour ainsi dire un faubourg. — *Burse*, ou *Brouse*, ancienne capitale de l'empire ottoman. Elle fait un grand commerce de tapis et de soie. — *Kiutahié*, résidence d'un pacha qui a la prééminence sur tous les pachas d'Asie. — *Smyrne*, la ville la plus commerçante de toutes les Échelles du Levant. La peste et les tremblemens de terre l'ont souvent dévastée. — *Koniëh*, où l'on fabrique de beaux maroquins jaunes et des tapis semblables à ceux de la Perse. — *Tokat*, qui fait un grand commerce en vins et en fruits excellens, en soiries, en toiles peintes et en maroquin. Il y a, dans les environs de cette ville, de riches mines de cuivre.

DANS L'ARMÉNIE, *Erzeroum*, forteresse. Elle sert d'entrepôt pour les caravanes de la Perse et des Indes. — *Kars*, avec un château-fort sur un rocher.

Dans le Kurdistan, *Mossoul*, près de l'emplacement de l'ancienne Ninive; elle a des fabriques de draps d'or, d'étoffes de soie et de ces tissus de coton qui, de son nom, ont été appelés mousselines.

Dans l'Aldjézira, *Diarbekir* et *Orfa*, où l'on fabrique de beaux maroquins.

Dans l'Irak-Arabi, *Bassora*, bâtie, en 636, par Omar III; elle fut prise par les Turcs en 1663. Il s'y fait un grand commerce. — *Bagdad*, ville peuplée, industrieuse et commerçante, ancienne résidence des califes et célèbre lieu de pélerinage des Persans, qui croient que cette ville a été habitée par leur prophète Ali, dont le tombeau est à *Mesched*, à 35 lieues S. O. de Bagdad.

Dans la Syrie, *Alep*, pavée de pierres de taille, ce qui est assez rare dans le Levant. Cette ville, autrefois très florissante, a été presque détruite par un tremblement de terre en 1822.—*Alexandrette*, qui est à 30 lieues d'Alep, sert de port à cette ville. Il y aborde continuellement des vaisseaux, et l'on s'y sert de pigeons pour annoncer promptement les marchandises qui sont arrivées. Le climat d'Alexandrette est très malsain.—*Damas*, la plus ancienne, la plus belle, la plus peuplée et la plus industrieuse des villes de la Turquie d'Asie. Elle est célèbre par ses tissus de soie et les sabres auxquels elle a donné son nom. — *Acre*, très forte place, célèbre par plusieurs sièges. Les Français, commandés par Bonaparte en 1799, y firent vainement des prodiges de valeur pour s'en rendre maîtres. — *Jérusalem*, où se sont accomplis la plupart des mystères du christianisme. Cette ville possède le Saint-Sépulcre dans une église bâtie sur le Calvaire. Elle a changé de maîtres 17 fois. Les croisés la prirent en 1099, et y formèrent un royaume qui subsista 89 ans.— *Jaffa*, lieu de débarquement pour aller à Jérusalem. — *Bethléem*, sur une montagne, couverte de vignes et d'oliviers. Cette petite ville est célèbre par la naissance de N. S. J.-C. Sainte Hélène, mère de l'empereur Constantin, y fit construire une magnifique église qui existe encore.

312. *Quelles sont les îles de la Turquie d'Asie qui offrent quelques particularités remarquables?* Ce sont : *Ténédos*, qui produit d'excellent vin muscat. — *Mételin*, l'ancienne Lesbos, patrie de Sapho. — *Scio*, autrefois l'une des plus florissantes îles de l'Archipel, mais dont les Turcs, en 1822, massacrèrent et dispersèrent tous les habitans, au nombre de 100 mille. — *Rhodes*, qui a une capitale du même nom avec un port à l'entrée duquel était le fameux colosse. Cette île a long-temps appartenu aux chevaliers de Saint-Jean-de-Jérusalem. Soliman s'en empara en 1523. — *Chypre*, renommée par sa fertilité et l'excellence de ses vins. Elle fut conquise en 1191 par Ri-

chard, roi d'Angleterre, gouvernée pendant 240 ans par des rois de la famille de Lusignan, occupée ensuite par les Vénitiens, auxquels les Turcs la prirent en 1571. *Samos*, qui produit d'excellens vin muscat. Patrie de Pythagore. *Palmos*, rocher stérile, où Saint-Jean écrivit l'Apocalypse.

SECTION III.

AFRIQUE.

LEÇON I.

CONSIDÉRATIONS GÉNÉRALES SUR L'AFRIQUE.

313. *Depuis quand connaît-on toutes les côtes de l'Afrique?* Depuis le 15ᵉ siècle seulement. Ce sont les Portugais qui ont les premiers doublé le cap Badajor et fait le tour de cette vaste péninsule.

314. *Quel est le climat de l'Afrique?* Le climat de l'Afrique est en général d'une chaleur excessive, que tempèrent en quelques régions les pluies annuelles, les vents de mer et l'élévation du sol. Les côtes de la Sénégambie, de la Guinée et du Zanguebar sont basses et malsaines. La plus grande partie de l'Afrique n'a que deux saisons, l'une sèche, et l'autre pluvieuse.

315. *Quel aspect présente l'Afrique?* Elle offre les plus grands contrastes de fertilité et de stérilité. Une grande partie de sa surface est couverte d'immenses et arides déserts, au milieu desquels on trouve quelques terreins fertiles qu'on

nomme *Oasis*. Ce sont des îles au milieu d'un océan de sable. Dans le grand désert de Sahara, on fait quelquefois cent lieues sans trouver d'eau. Quand le sable est soulevé par le vent, il ressemble aux flots de la mer, s'amoncelle en collines et engloutit les caravanes. Dans tous les lieux humides, la végétation étale une vigueur et une magnificence extraordinaires. Les terreins fertiles, bordés par de vastes déserts, forment des lisières étroites le long des fleuves, qui sont, pour la plupart, sujets à des crues périodiques.

316. *Quelles sont les principales productions végétales et minérales de l'Afrique?* Les végétaux sont : le boabab, le plus grand des arbres connus, le palmier-dattier, le figuier, le sycomore, le cocotier, le bananier, le chi ou arbre à beurre, le tamarinier, le cassier, le séné, l'ébénier, le sandal, etc. Quelques contrées produisent de l'indigo, du poivre, du coton, du chanvre, du riz, du sucre. La vigne donne au Cap de Bonne-Espérance l'excellent vin de Constance. Les minéraux sont : l'or, le cuivre et le fer.

317. *Quels sont les principaux animaux de l'Afrique?* On y trouve le lion, le tigre, la panthère, le léopard, le chacal, l'hyène, le rhinocéros, le buffle, l'éléphant, la girafe, le zèbre, la gazelle, l'antilope, le crocodile, l'hippopotame, etc.

Parmi les quadrupèdes domestiques, on remarque le chameau et le dromadaire, qui supportent facilement la faim et la soif et font de 20 à 30

lieues par jour; parmi les reptiles, d'énormes serpens, entre autres le boa; parmi les oiseaux, les
autruches, les perroquets, les flammans et les
grues. Il y a en Afrique plusieurs espèces de singes.

Une foule d'insectes nuisibles désolent cette
partie du monde. Les plus remarquables sont : les
moustiques, dont la piqûre passe pour mortelle;
des fourmis énormes, telles que l'insondi, qui se
glisse dans la trompe de l'éléphant et le fait mourir dans des accès de fureur; les salales, qui ré-
duisent en poussière les marchandises, les meubles et jusqu'aux charpentes des maisons. Des
nuées de sauterelles dévastent quelquefois des
provinces entières.

318. *Quelles sont les principales exportations
de l'Afrique ?* Ce sont: l'or, l'ambre gris, l'anti-
moine, le bleu de vitriol, la gomme, le poivre,
l'indigo, le sucre, le coton, l'ébène, le bois de
sandal, la myrrhe, l'ivoire, les plumes d'autruche, les peaux de tigre, etc.

319. *Combien y a-t-il en Afrique de races
d'hommes principales?* Il y en a trois, savoir :
1° les *Maures*, répandus dans la Barbarie; les
Foulahs, peuple doux et agriculteur, dont la capitale est Timbo, dans la Sénégambie, et les Fel-
latahs, peuple puissant et guerrier, dont la capitale est Sackatou, appartiennent à cette race.

2° Les *Nègres,* qui occupent tout le centre et
la côte occidentale, depuis le Sénégal jusqu'au
cap Négro, et parmi lesquels on remarque les Yo-

lofs, les plus beaux nègres de la côte occidentale, les Feloupes, les Mandingues dont la capitale est Bambouk; les Achantins, qui ont rendu tributaires tous les autres peuples de la Côte-d'Or; les Dahomiens, remarquables par leur barbarie, et les Ayos, peuple puissant et guerrier.

3° Les *Cafres*, mieux faits et plus grands que les nègres, industrieux et grands chasseurs. Chez eux, comme chez les nègres de la Guinée méridionale, les femmes sont chargées des plus durs travaux.

A ces races principales, il faut ajouter les Hottentots, qui ont les joues très proéminentes, et le menton très pointu; ils sont divisés en plusieurs peuplades : les plus difformes et les plus barbares sont les Boschimens. Les Cophtes en Egypte les Nubiens et les Abyssins sont probablement issus d'un très ancien mélange des nations asiatiques et africaines.

320. *Quelles sont les religions professées en Afrique ?* Le mahométisme domine dans la Barbarie, l'Egypte et la Nubie; les nègres sont livrés au fétichisme; quelques-uns se sont fait un mélange de ces deux religions. Les Hottentots et les Cafres n'ont que des notions imparfaites de la divinité; les Cophtes et les Abyssins sont chrétiens. Ces derniers mêlent au christianisme des pratiques de judaïsme.

321. *Quels sont les gouvernemens de l'Afrique ?* Presque tous les souverains de cette partie

du monde sont des despotes cruels, qui disposent selon leurs caprices de la vie de leurs sujets.

322. *Quel est l'état de la civilisation en Afrique?* La plus grande partie de l'Afrique est plongée dans la barbarie. Non-seulement les sciences et les lettres, mais encore l'agriculture et tous les arts utiles à la vie y sont ou négligés, ou dans l'enfance, ou tout-à-fait inconnus. On ne trouve un commencement de civilisation que sur les côtes de la Méditerranée, de la mer Rouge, et dans quelques parties nouvellement explorées de la Nigritie.

LEÇON II.
ÉGYPTE.

323. *Quelles sont les principales révolutions qu'a subies l'Egypte depuis les temps les plus reculés jusqu'à nos jours?* L'Egypte, ce berceau de la civilisation, qui, sous les Pharaons, fut une puissante monarchie, est, depuis 23 siècles, soumise à une domination étrangère. Elle fut subjuguée par Cambyse, roi des Perses, 525 ans avant J.-C. et environ 2 siècles après par Alexandre-le-Grand. A la mort de celui-ci, elle échut à Ptolémée, dont les descendans firent, pendant près de 3 siècles, fleurir les arts et le commerce. Auguste la réunit à l'empire romain.

Conquise par les mahométans, elle obéit aux cahfes jusque vers 887 après J.-C. Les Turcomans, leurs janissaires, s'emparèrent de l'autorité et l'exercèrent sous plusieurs dynasties jusqu'en 1250.

Les Mamelouks, milice qui se recrute d'esclaves et qu'établirent les Turcomans, massacrèrent leurs maîtres. Ces esclaves-soldats dominèrent dans l'Égypte jusqu'au moment où les Français en firent la conquête en 1798. Les Turcs, aidés des Anglais, l'enlevèrent à ces derniers 4 ans après, et cette malheureuse contrée devint le théâtre de combats sanglans entre les pachas du Grand-Seigneur et les Mamelouks. Ceux-ci furent massacrés en 1811 par le pacha actuel, Mohamed-Ali, qui a le titre de vice-roi et s'est presque rendu indépendant.

324. *Quel est l'aspect de l'Égypte et la cause de sa fertilité?* L'Égypte n'est qu'une vallée étroite arrosée par le Nil et resserrée entre deux chaînes de montagnes et d'arides déserts où l'on voit quelques *oasis*. Il ne pleut presque jamais dans ce pays; mais le Nil l'inonde tous les ans pendant plusieurs mois et le féconde de son limon. A mesure que les eaux se retirent, la terre est mise en culture.

325. *Quels sont les végétaux et les animaux particuliers à l'Égypte?* Ce sont, parmi les végétaux, le papyrus, le lotus, la sensitive; parmi les animaux, l'ichneumon, ennemi du crocodile et de l'aspic; l'ibis, qui détruit les serpens, etc.

326. *Quelles sont les deux maladies particulières à l'Égypte?* Ce sont la peste et l'ophtal-

mic , inflammation des yeux causée par le sable fin dont l'air est chargé.

327. *Quels sont les différens peuples qui habitent l'Egypte?* Ce sont : les Cophtes, descendans des anciens Egyptiens, les Turcs et les Arabes. Il y a dans cette contrée, comme en Barbarie , beaucoup de Juifs. La population de l'Egypte est d'environ 4 millions d'habitans.

328. *Quelles sont les villes remarquables de l'Egypte?* — *Alexandrie*, fondée par Alexandre-le-Grand , 332 ans avant J.-C. , et qui fut la capitale de l'Egypte sous les Ptolémées et les Romains. Les ruines en attestent encore l'ancienne magnificence. Elle a deux ports. C'est dans cette ville que se trouvait la plus riche bibliothèque de l'antiquité : elle fut brûlée par le calife Omar. Près d'Alexandrie est la petite île de Pharos, où l'on avait placé, au haut d'une tour , ce fameux fanal qui prit le nom de l'île et passa pour une des sept merveilles du monde. — *Aboukir*, célèbre par la victoire que l'amiral Nelson y remporta sur la flotte française en 1798. — *Rosette*, à l'embouchure de la principale branche occidentale du Nil. — *Damiette*, à l'embouchure de la branche orientale du Nil, et à 2 lieues de l'emplacement où se trouvait la ville du même nom que prit saint Louis , qu'il rendit pour sa rançon et que détruisirent les Arabes. — *Le Caire*, près du Nil et de l'emplacement où fut Memphis. Après Constantinople, c'est la ville la plus peu-

plée de l'empire ottoman. Elle est le centre d'un grand commerce. On y remarque le puits de Joseph, qui a 360 pieds de profondeur. Lorsque les Français occupèrent cette ville, ils y fondèrent un Institut. — *Syout*, d'où partent les caravanes pour la Nubie et l'intérieur de l'Afrique. — *Denderah*, où l'on remarque un temple au plafond duquel était placé le fameux zodiaque qui a été apporté à Paris en 1821.

329. *Quels sont les monumens les plus remarquables et les curiosités naturelles de l'Egypte?* Ce sont : près du Caire, les fameuses pyramides, dont la principale a 421 pieds de haut, et la grande catacombe nommée puits de momies, où l'on trouve des corps très bien conservés et qui n'ont pas moins de 3,000 ans; au sud de Denderah, les ruines de la fameuse Thèbes aux cent portes; les grottes de la Thébaïde, où se retirèrent les anachorètes au commencement de notre ère, et les cataractes que forme le Nil à son entrée dans l'Egypte. On remarque encore, au nord-ouest du Caire, la vallée des lacs de natron; on en tire le natron, sel alcali, qui sert à la fabrication du verre et du savon.

LEÇON III.
BARBARIE.

330. *Par quels peuples la Barbarie était-elle autrefois habitée?* La Barbarie, qui forme avec l'Egypte presque tout ce que les anciens

connaissaient de l'Afrique, fut occupée par les Maures, les Numides et ces fameux Carthaginois, qui disputèrent aux Romains l'empire du monde. Après la chute de Carthage, cette contrée forma une province de l'empire romain. Les Sarrazins s'y établirent en 697; et les Français firent la conquête d'Alger en 1830.

331. *Quels sont aujourd'hui les peuples qui occupent cette contrée?* Les Maures, qui habitent les villes et les plaines cultivées, les Arabes et les Berbères, qui vivent en nomades. Ces derniers paraissent être les habitans indigènes du pays. C'est d'eux qu'il a pris le nom de Barbarie.

332. *Quels sont le gouvernement et la population de la Barbarie?* Maroc, Tripoli et Tunis désignés sous le nom *d'états Barbaresques* ont un gouvernement despotique. Le souverain de Maroc porte le titre d'empereur; des beys gouvernent Tripoli et Tunis et achètent la protection du grand seigneur par un tribut; Alger est maintenant sous la domination de la France. La population est d'environ 10 millions d'habitans; avant l'établissement des Français à Alger, tous ces petits états se livraient à la piraterie et ils furent long-temps le fléau de la chrétienté.

333. *Quels sont l'aspect et les principales productions de la Barbarie?* L'Atlas partage cette contrée en deux régions. Dans celle du nord, la chaleur du climat et les pluies de l'hiver donnent une vigueur prodigieuse à la végétation. On y voit réu-

nis les végétaux de l'Europe et ceux de l'Afrique. Le sol produit en abondance du blé, de l'orge, du raisin, du sucre, des fruits délicieux; mais cette terre qui, pendant notre hiver et notre printemps, offre le plus riant aspect, devient, durant l'été, un aride désert desséché par un soleil brûlant. Les habitans de ces contrées conservent leurs grains pendant plusieurs années en les ensevelissant dans de grandes fosses creusées dans les lieux secs. La partie au sud de l'Atlas ne présente que des plaines imprégnées de sel, souvent ravagées par les sauterelles, et ne produit guère que des dattes, nourriture des habitans, d'où le pays a été nommé *Beled-ul-Djérid*, c'est-à-dire pays des dattes. Les montagnes et les déserts de la Barbarie nourrissent une multitude d'animaux féroces; les serpens sont très communs dans cette contrée. Les chevaux et les dromadaires de la Barbarie sont très estimés.

334. *Quelles sont les villes remarquables de la Barbarie?*—*Maroc*, où l'on fabrique de beau maroquin. — *Mequinez*, ville très peuplée, séjour des empereurs de Maroc. — *Tanger*, résidence de plusieurs consuls européens. — *Alger*, que Louis XIV fit bombarder par Duquesne en 1683, et qui fut pris en 1830 par les Français. — *Constantine*, capitale de la province la plus fertile et la mieux cultivée de l'état algérien. — *Tunis*, près des ruines de l'ancienne Carthage, au fond d'un golfe sûr. Les Tunisiens sont les plus civilisés des Barbaresques.

24

LEÇON IV.

VILLES REMARQUABLES DES AUTRES CONTRÉES DE L'AFRIQUE. (1)

335. *Quelles sont les villes remarquables des autres contrées de l'Afrique?* La *ville du Cap*, chef-lieu d'une colonie fondée en 1610 par les Hollandais et qui leur fut enlevée par les Anglais en 1806. La position de cette colonie sur la route des Indes en fait un point très important pour une puissance maritime. Elle tire son nom du cap célèbre que Vasco de Gama doubla le premier en 1498. — *Mozambique*, dans une île. C'est un lieu de relâche pour les vaisseaux portugais qui vont aux Indes. — *Melinde*, qui a appartenu aux Portugais, mais d'où ils ont été chassés ainsi que de Mombaza, où les Anglais ont fondé un établissement. Les Arabes dominent aujourd'hui sur les côtes du Zanguebar, d'Ajan et d'Adel. — *Brava*, chef-lieu d'une petite république qui a long-temps payé un tribut aux Portugais et qui est aujourd'hui indépendante. — *Sennaar*, sur le Nil-Bleu, capitale d'un royaume du même nom, qui occupe l'espace assigné par les anciens à l'empire de Méroé, dont l'origine se perd dans la nuit des temps.

---

(1) Ces contrées ne sont ni assez importantes ni assez connues, pour qu'il soit nécessaire de consacrer à chacune un article particulier.

LEÇON V.
ÎLES D'AFRIQUE.

336. *Quelles sont les îles d'Afrique dans l'océan Atlantique qui offrent quelque particularité remarquable?* Ce sont : les *Açores*, qui jouissent d'un climat délicieux et sont très fertiles, mais sujettes aux tremblemens de terre. Elles ont été découvertes, en 1458, par Gonzallo-Vello, Portugais. Dans l'une d'elles on remarque le *Pic*, haute montagne volcanique, qui a donné son nom à l'île où elle se trouve. — *Madère*, qui était couverte de forêts lorsque les Portugais la découvrirent en 1419. Ils y mirent le feu pour en faciliter le défrichement, et l'incendie dura, dit-on, sept ans. Cette île produit d'excellent vin. — *Les Canaries*, que les anciens ont nommées *Fortunées* ; elles ont été conquises pour l'Espagne par un gentilhomme normand nommé Jean de Bethencourt, au commencement du 15° siècle. Ces îles, très fertiles et qui produisent des vins délicieux, sont quelquefois ravagées par des nuées de sauterelles que le vent y apporte d'Afrique. La plus grande et la plus peuplée est Ténériffe, où l'on remarque le fameux pic volcanique qui a 1,900 toises de haut, et l'arbre à sang de dragon, qui a 45 pieds de tour un peu au-dessus de la racine. C'est de ces îles que nous sont venus les serins. — *Les îles du Cap-Vert*, au nombre de dix, la plupart pierreuses; elles

fournissent du coton, du sel, de l'indigo, etc. — *L'île de Saint-Thomas*, qui produit beaucoup de sucre. — *L'île de Sainte-Hélène*, célèbre par la captivité de Napoléon Bonaparte, qui y est mort en 1821.

337. *Quelles sont les îles d'Afrique, dans la mer des Indes, qui offrent quelque particularité remarquable?* Ce sont : *l'île de Bourbon*, capitale Saint-Denis. Cette colonie française jouit d'un climat très sain ; elle produit d'excellent café, des clous de girofle, du sucre, du blé, etc. — *L'île Maurice* ou *de France*, moins fertile et moins étendue que celle de Bourbon. Elle a été cédée aux Anglais par la France en 1814. Elle produit du café, du sucre, de l'indigo, etc. — *Madagascar*, île vaste et très fertile, traversée du sud au nord par une chaîne de montagnes d'où sortent une multitude de rivières. C'est un pays très riche en minéraux et en bois précieux, tels que le sandal, l'ébène, etc. On y trouve le zébuc ou bœuf à bosse. Les bords de la mer sont seuls connus et généralement malsains. Les habitans, nommés Madécasses, sont divisés en un grand nombre de peuplades dont les principales sont les Séclaves et les Hovas. — *Zanzibar* et *les îles Comores*, qui sont fertiles et occupées par des Arabes. — *Les îles Seychelles*, petites et entourées d'écueils. Les principales sont l'île Mahé et l'île des Palmiers, qui produit une espèce de palmier dont on nomme le fruit noix maldive, ou

coco de mer. — *L'île de Socotora*, aride et pierreuse ; elle fournit le meilleur aloës que l'on connaisse. Le corail y est si commun, qu'on en construit des maisons. Elle est habitée par des Arabes.

SECTION IV.
AMÉRIQUE

LEÇON 1.
DÉCOUVERTE, POPULATION ET RELIGIONS DE L'AMÉRIQUE.

338. *Par qui l'Amérique a-t elle été découverte, et de qui a-t-elle reçu son nom ?* L'Amérique a été découverte en 1492 par Christophe Colomb, navigateur génois au service de l'Espagne. La première terre où il aborda fut l'île de Guanahani qu'il nomma San-Salvador. En 1497, le Florentin Améric Vespuce fit un voyage dans le nouveau continent et en publia une relation, la première qui ait paru sur cette partie du monde, à laquelle on donna son nom.

339. *Comment peut-on partager les habitans de l'Amérique ?* En quatre classes : 1° les blancs européens, ou descendans d'Européens, qui forment les deux tiers de la population ; 2° les Indiens ou peuples indigènes, race américaine au teint cuivré ; 3° les nègres, race africaine ; 4° les races mixtes.

24.

340. *Quelles sont les religions professées en Amérique?* Tous les habitans civilisés de l'Amérique sont chrétiens. La religion catholique est professée dans le Bas-Canada, le Mexique, le Guatimala, à Haïti, à Porto-Rico, dans les Antilles Françaises et dans toute l'Amérique-Méridionale, à l'exception de la partie anglaise et de la partie hollandaise de la Guyane. La religion protestante domine, sous ses diverses formes, aux États-Unis et est professée dans les colonies anglaises, hollandaises, danoises et suédoises. Il y a en Amérique près d'un million d'indigènes non chrétiens, livrés pour la plupart au fétichisme.

341. *Quelle forme de gouvernement ont adoptée les divers états de l'Amérique?* Ils se sont érigés en républiques; le Brésil seul est une monarchie constitutionnelle, et le Paraguay est gouverné despotiquement par un dictateur.

LEÇON II.
AMÉRIQUE RUSSE, GROENLAND ET NOUVELLE-BRETAGNE.

342. *Donnez quelques détails sur le climat, les productions et la population de l'Amérique russe.* L'Amérique russe, dont on ne connaît que les côtes et les îles, présente l'aspect le plus sombre. La rigueur du climat ne permet pas d'y cultiver la terre. Les tribus indigènes vivent dans un état sauvage. Cette contrée, où l'on compte environ 70 mille habitans, fournit des pelleteries à la

Russie. Le chef-lieu des établissemens russes est la Nouvelle-Arkangel.

343. *Quels sont l'aspect, le climat et la population du Groënland, et quelles colonies les Européens y ont-ils formées?* Le Groënland, découvert par les Danois en 970, est hérissé de montagnes et de rochers, et couvert de neige et de glace pendant 9 mois de l'année. On n'en connaît que la côte sud-ouest. La côte orientale est inaccessible. Les Groënlandais, au nombre d'environ 20,000, ont la taille petite; ils sont une branche des Eskimaux. La chair du chien marin est leur principale nourriture; ils se servent de sa graisse pour remplacer le beurre et le suif, et de sa peau, pour faire des tentes et des vêtemens. Ils sont adonnés à la pêche, et vont avec les Danois à celle de la baleine. Le Groënland appartient aux Danois. La principale de leurs colonies est Gothaab, qui a un bon port.

344. *Par qui fut découvert le Canada, et à qui appartient aujourd'hui la Nouvelle-Bretagne?* Le Canada a été découvert en 1497 par Jean et Sébastien Cabot. En 1535, Jacques Cartier remonta le fleuve Saint-Laurent jusqu'à l'île où est situé Montréal, et prit possession du pays au nom de François Iᵉʳ. En 1608, les Français fondèrent Québec. Louis XV, en 1765, le céda aux Anglais, qui, depuis, se sont rendus maîtres de toute la partie septentrionale de l'Amérique qu'ils ont appelée Nouvelle-Bretagne.

345. *Quels sont l'aspect, les productions et le climat de la Nouvelle-Bretagne?* La Nouvelle-Bretagne est couverte de lacs. Le nord de cette vaste contrée et le Labrador sont incultes. Dans l'intérieur, on trouve beaucoup d'animaux à fourrure. Dans la partie sud-ouest de la Nouvelle-Calédonie, une végétation vigoureuse indique la fertilité du sol. Le Canada est en général bien boisé, fertile en grains, en lin, en chanvre, en tabac. Le froid et le chaud y sont extrêmes.

346. *Quelle est la célèbre curiosité naturelle de cette contrée?* C'est la cataracte que forme la rivière du Niagara, avant d'entrer dans le lac Ontario. Le saut qui est du côté du Canada a 142 pieds; celui qui est du côté des États-Unis en a 160. Le bruit de cette cataracte s'entend quelquefois de 10 à 15 lieues. Le Niagara est l'écoulement du lac Érié.

347. *Quels sont les peuples qui habitent la Nouvelle-Bretagne?* Toute la population française occupe la rive gauche du fleuve Saint-Laurent, entre Montréal et Québec. Les tribus indiennes répandues dans la Nouvelle-Bretagne, vivent de chasse et de pêche, et ont, pour la plupart, conservé leur liberté et leurs anciennes superstitions. Les peuplades principales sont les petits Esquimaux, qui habitent le Labrador : les Iroquois et les Hurons, répandus dans le Canada; les grands Esquimaux, les Siaux, etc., qui habitent la partie du centre. La population totale de la

Nouvelle-Bretagne est d'environ 1 million d'habitans.

348. *Donnez quelques détails sur les îles qui dépendent de la Nouvelle-Bretagne.* L'île de Saint-Jean est si fertile, que les Français, lorsqu'ils la possédaient, l'avaient nommée le *grenier du Canada*. Terre-Neuve et l'île du Cap-Breton sont, au contraire, brumeuses et peu fertiles. Les chiens de Terre-Neuve sont remarquables par leur force et par leur adresse à sauver les naufragés. Près de Terre-Neuve, au sud-est, est un banc de sable de 150 lieues de long sur 80 de large, où l'on pêche la morue.

LEÇON III.
ÉTATS-UNIS.

349. *Quelle est l'origine de cette république, quel rapide accroissement a-t-elle pris et quelle en est aujourd'hui la population?* Les États-Unis étaient autrefois des colonies anglaises, qui se soulevèrent, en 1775, contre la métropole. Leur indépendance fut reconnue en 1782. Treize états seulement faisaient alors partie de l'Union ; onze autres y sont entrées successivement. La Louisiane, ainsi nommée en l'honneur de Louis XIV sous le règne duquel les Français y formèrent un établissement, a été, en 1803, vendue par la France aux États-Unis, et l'Espagne, en 1819, leur a cédé la Floride. L'industrie, le commerce et la marine des États-Unis ont pris, depuis l'é-

mancipation, un grand développement ; la population s'est prodigieusement accrue, cette république fédérative compte aujourd'hui 11,000,000 d'habitans.

350. *Quels sont l'aspect, le climat et les productions des Etats-Unis?* Cette vaste contrée offre des climats très variés. La fièvre jaune règne sur les côtes. L'espace compris entre les monts Allégany et la mer présente d'immenses plaines arrosées par un grand nombre de rivières et très bien cultivées. Il y a entre les monts Allégany et le Mississipi des vallées fertiles et d'immenses forêts qui fournissent d'excellens bois de construction. A l'ouest du Mississipi, on trouve de vastes plaines nues qu'on nomme *savanes*. A l'ouest des monts rocheux, la végétation a une grande vigueur. Les arbres acquièrent une grosseur prodigieuse. Les montagnes des Etats – Unis renferment des mines de fer, de cuivre, de plomb, de houille, etc. Le sol produit d'excellens fruits, tous les grains de l'Europe, du coton, du sucre, de l'indigo, du tabac renommé. On trouve aux Etats – Unis tous les animaux domestiques de l'Europe ; des troupeaux de bisons, d'élans, de cerfs et de daims errent dans les savanes.

351. *Quelles sont les principales tribus indigènes?* Ce sont les Indiens - Serpens, les Panis, les Osages, les Illinois, les Chactas ou têtes-plates, les Natchez et les Crecks.

352. Quelles sont les villes remarquables des Etats-Unis? — *Boston*, bon port, grande et florissante ville, dans laquelle commença la révolution qui a changé les destinées de l'Amérique septentrionale. Patrie de Franklin. — *New-York*, port de mer et la ville la plus commerçante des Etats-Unis. — *Philadelphie*, sur a Delaware; elle a été fondée en 1683 par le quaker Guillaume Penn. — *Baltimore*, ville très commerçante; elle a un vaste port, beaucoup de manufactures et des chantiers de marine. — WASHINGTON, sur le Potomack; elle porte le nom du libérateur de l'Amérique. C'est le siège du congrès et la résidence du Président. — *La Nouvelle-Orléans*, fondée par les Français sous la régence du duc d'Orléans : elle est favorablement située pour le commerce.

LEÇON IV.

MEXIQUE ET GUATIMALA.

353. *Quelles révolutions a éprouvées le Mexique, et quelle en est la population?* Le Mexique était, depuis long-temps, habité par les Aztèques, peuple puissant et civilisé, lorsque Fernand Cortez le découvrit en 1519 et en fit la conquête. Depuis lors, il fut gouverné par des vice-rois espagnols. En 1820, il s'est séparé de sa métropole et a formé un état indépendant. On y compte 7 millions d'habitans.

354. Quels sont l'aspect, le climat et les productions de cette contrée ? Tout l'intérieur du Mexique forme un plateau immense, élevé généralement de 2,000 mètres au-dessus du niveau de la mer, et qui paraît s'incliner vers le nord.

Les provinces maritimes du Mexique sont malsaines et sujettes à des chaleurs excessives. Dans les provinces intérieures, le climat est doux et agréable. Cette contrée manque de rivières navigables et de ports sur l'océan Pacifique ; elle abonde en lacs ou lagunes. Les mines du Mexique fournissent plus d'or et d'argent que toutes les mines réunies du reste de l'Amérique. Le règne végétal est, dans cette contrée, de la plus grande richesse, on y trouve le riz, le maïs, le sucre, le cacao, la vanille, l'indigo, le bois de campêche, l'acajou, le jalape, le nopal sur lequel vit l'insecte qui fournit la cochenille, le bananier, le acout-chou, qui produit la gomme élastique. l'agave, dont le suc est la boisson ordinaire des Mexicains. Parmi les animaux, on remarque le cagouard, le jagouar et une espèce de chiens muets dont les Mexicains faisaient leur nourriture. Le Mexique a un grand nombre d'oiseaux curieux. Les reptiles y parviennent à des dimensions prodigieuses.

355. *Quelles sont les villes remarquables du Mexique ?* MEXICO, capitale, belle et très grande ville. La cathédrale est fort riche. On y voit une lampe d'argent si vaste, que trois hommes entrent dedans quand il la faut nettoyer. Au nord-est de cette ville, on trouve les restes de deux pyramides consacrées au soleil et à la lune. — *Guanaxuato ;* elle possède dans ses environs la mine d'argent la plus profonde que l'on connaisse. — *Quérétaro*, qui est l'une des plus belles et des plus riches villes du Mexique et la plus grande après Mexico. — *La Puebla-de-los-Angeles* (la Ville des Anges), qui fabrique du verre et des armes blanches. — *Vera-Cruz*, ville malsaine et manquant d'eau potable, port de mer, siège du commerce avec l'Europe.

356. *Quelle est l'origine de l'état de* GUATIMALA *et quelle en est la population ?* Le Guatimala, après avoir été pendant trois siècles une colonie espagnole qui faisait partie de la vice-royauté du Mexique, s'est séparé de la métropole en 1821, et forme à présent une république fédérative. On y compte environ 2 millions d'habitans.

357. *Quelle est la plus remarquable des peuplades indigènes ?* Ce sont les Mosquitos, qui ont conservé leur indépendance et vivent dans l'état sauvage.

358. *Quels sont le climat, les curiosités na-turelles et les productions de cette contrée?* Le climat de cette contrée, qu'ont souvent bouleversée des tremblemens de terre, est chaud et humide; l'air est malsain sur les côtes. Parmi les nombreux volcans de ce pays, on remarque celui de Masaya, qui ne jette ni cendre ni fumée. Du lac Nicaragua s'exhale une fumée parfois mêlée de flammes. Le sol est très fertile : il produit en abondance le maïs, le coton, le sucre, l'indigo, le cacao, des bois de construction, etc. Les animaux domestiques de l'Europe s'y sont beaucoup multipliés. Parmi les animaux sauvages on remarque le tapir, dont la peau a 6 doigts d'épaisseur.

359. *Quelle est la seule ville remarquable de cet état?* GUATIMALA, capitale, bâtie à 8 lieues de l'ancien Guatimala, englouti en 1777 par un tremblement de terre qui dura 5 jours et fit périr 8,000 familles.

LEÇON V.

ANTILLES.

360. *Par qui les Antilles étaient-elles au-trefois habitées, et par qui le sont-elles au-jourd'hui?* Les Antilles, qui furent les premières terres découvertes par Christophe Colomb, étaient habitées autrefois par les Ca-

raïbes ou Cannibales, hommes robustes et belliqueux, qui résistèrent aux Espagnols et qui ont fini par disparaître entièrement de ces îles. Elles sont habitées aujourd'hui par des Européens, des créoles, des gens de couleur libres et des nègres esclaves, qui cultivent les terres. On nomme *créole* tout individu d'origine européenne né en Amérique. La population des Antilles est d'environ 2,400,000 habitans.

361. *Quels sont le climat et les productions des Antilles?* On ne connaît aux Antilles que deux saisons : dans la saison sèche, qui dure depuis le commencement de janvier jusqu'à la fin de mai, la chaleur serait insupportable si des brises de mer ne la tempéraient. Dans la saison des pluies, l'eau tombe par torrens et tout le plat pays est submergé. L'humidité dont l'air est imprégné et les chaleurs excessives rendent le séjour des Antilles malsain et même dangereux pour les Européens. Ces îles, dont le sol est d'une si prodigieuse fécondité, sont exposées à deux fléaux : la fièvre jaune et les ouragans, qui renversent les arbres et les habitations.

Les Antilles fournissent en abondance l'indigo, le coton, le sucre, le tabac, les épices, enfin toutes les productions de l'Asie et de l'Afrique. Les plantes et les animaux domestiques de l'Europe y dégénèrent promptement. Le mancenillier, arbre venimeux, s'y plaît sur les bords de la mer.

362. *Quelles sont les îles et les villes principales des Antilles?* HAÏTI, ou Saint-Domingue, qui fut d'abord nommée *Hispaniola* par Christophe Colomb. Cette île, la plus fertile et la plus riche peut-être des Antilles, était autrefois partagée entre les Français qui occupaient la partie occidentale, et les Espagnols, qui possédaient la partie orientale. En 1793, les nègres et les mulâtres de la partie française se révoltèrent et massacrèrent leurs maîtres : en 1821, ils ont formé une république gouvernée par un président, et dont l'indépendance a été, en 1825, reconnue par le roi de France. — *Le Port-au-Prince,* capitale de toute l'île. — *Le Cap,* ancienne capitale de la colonie française. — *San - Domingo,* la première ville que les Européens ont fondée en Amérique et ancienne capitale de la colonie espagnole. Ces trois villes ont chacune un bon port.

CUBA, la plus grande des Antilles. Elle a pour capitale *La Havanne,* ville très commerçante et le meilleur port d'Amérique. Entre cette île et le Yucatan, on voit des sources d'eau douce jaillir du milieu de la mer.

LA JAMAÏQUE, l'une des colonies anglaises les plus florissantes. On en tire d'excellent rhum.

LA GUADELOUPE, qui est composée de deux îles, Grande-Terre et Basse-Terre, séparées par un canal très étroit. Le chef-lieu de la Grande-Terre est la *Pointe-à-Pitre*.

LA MARTINIQUE, très fertile en sucre et en café. Chef-lieu le *Fort-Royal*, ville principale *Saint-Pierre*.

LEÇON VI.
COLOMBIE.

363. *Comment s'est formée la république de Colombie?* La république de Colombie a été formée des possessions espagnoles connues sous les noms de Terre-Ferme ou Nouveau Royaume de Grenade, de Capitainerie de Caracas et de Guyane Espagnole. La Colombie a commencé à se détacher de la métropole en 1811; mais elle n'a achevé la conquête de son indépendance qu'en 1821.

364. *Quel est le climat de la Colombie?* La Colombie offre une très grande variété de climats produite par la différence de niveau entre les divers sols. Tempéré, froid et même glacé, mais très sain sur les plateaux élevés, l'air est brûlant, étouffé, pestilentiel sur les bords de la mer et dans quelques vallées pro-

fondes de l'intérieur. Le sol volcanique de cette contrée a été souvent bouleversé par des tremblemens de terre. La Colombie n'a que deux saisons, celle des pluies et celle de la sécheresse. Pendant la saison des pluies, les bords de l'Orénoque se changent en marais et en lacs.

365. *Quel aspect offre la Colombie?* A l'ouest de ce pays s'étendent des plateaux très élevés; au centre et à l'est sont des déserts arides nommés *llanos*. L'une de ces plaines offre, pendant la saison sèche, une solitude affreuse de 2,000 lieues carrées. Des forêts d'une épaisseur impénétrable couvrent la région humide comprise entre l'Orénoque et la rivière des Amazones.

366. *Quelles sont les productions de la Colombie?* Le sol, d'une extrême fécondité, produit en abondance le cacao, le tabac, l'indigo, le quinquina, etc. On trouve dans la Colombie des mines d'or, d'argent, de platine, de cuivre, d'émeraudes, etc.

367. *Quelles sont les principales tribus indigènes de la Colombie?* Ce sont : les Otomaques, qui mangent de la terre, et les Caraïbes, qui dévorent, dit-on, leurs ennemis.

368. *Quelles sont les villes remarquables de la Colombie?* SANTA-FÉ-DE-BOGOTA, capitale de toute la république. Elle jouit d'un printemps perpétuel. A 4 lieues de cette ville,

'a rivière de Bogota se précipite du haut d'un
rocher élevé de 580 pieds. — *Quito*, ville
commerçante, élevée de 1,480 toises au-dessus du niveau de la mer. Un affreux tremblement de terre y fit périr 40,000 personnes en
1797. — *Caracas*, capitale de la province de
Vénézuéla. C'est de là qu'on tire le meilleur
cacao. — *Varinas*, qui fournit le tabac le plus
renommé. — *Carthagène*, qui a un excellent port
sur la mer des Antilles. — *Panama*, dans l'isthme
de ce nom, et *Porto-Bello*, ports riches au-
refois par l'exportation des métaux précieux.

LEÇON VII.
PÉROU.

369. *Quel était l'ancien état du Pérou, et
quel en est l'état actuel?* Le Pérou formait
un empire puissant et civilisé, dont les souverains, nommés *Incas*, se disaient les fils du
soleil. Les Espagnols, sous la conduite de Pizarre, y pénétrèrent en 1524, et y exercèrent de grandes cruautés. Cette riche contrée
resta soumise à l'Espagne jusqu'en 1821. A
cette époque, elle se révolta contre la métropole, et se constitua en république. On
compte au Pérou 1,500,000 habitans.

370. *Quel aspect offre le Pérou, et quels en
sont le climat et les productions?* La partie
du Pérou comprise entre le Grand-Océan et

les Andes n'offre que des déserts sablonneux. Il n'y pleut jamais. A l'est des Andes, s'étendent de grandes plaines entrecoupées de forêts. Cette partie du Pérou a deux saisons, l'une sèche et l'autre pluvieuse. Le Pérou a été souvent ravagé par des tremblemens de terre. Les quadrupèdes indigènes les plus remarquables sont : le lama, la vigogne et l'alpaca. Le condor, espèce de vautour, habite les montagnes. On trouve dans les plaines humides d'énormes serpens et d'innombrables insectes. Le sol du pays renferme d'abondantes mines d'or, d'argent, de mercure, d'émeraudes. Outre les métaux, les Péruviens exportent du sucre, du quinquina, des laines de vigogne, etc.

371. *Quelles sont les villes remarquables du Pérou? Truxillo*, bâtie par Pizarre, qui lui donna le nom de sa ville natale. — LIMA, fondée aussi par Pizarre. L'or, l'argent, les diamans ornent les nombreuses églises de cette capitale à laquelle la ville de *Callao* sert de fort. — *Cuzco*, ancienne capitale de l'empire des incas. L'or était si commun chez les anciens Péruviens, que des arbres faits avec ce métal ornaient les jardins impériaux de Cuzco. — *Aréquipa*, près d'un célèbre volcan ; cette ville jouit d'un climat délicieux, mais elle est sujette aux tremblemens de terre.

LEÇON VIII.

HAUT-PÉROU.

372. *Quelle est l'origine de la république du Haut-Pérou, et quelle en est la population?* Ce pays, qui avait d'abord fait partie du Pérou, et qui depuis fut compris dans le Buenos-Ayres, suivit le sort de ce gouvernement qui, en 1810, secoua le joug espagnol. En 1825, le Haut-Pérou s'est déclaré république indépendante et a pris le nom de *Bolivia*, du nom de *Bolivar*, l'auteur de son indépendance. On y compte 1,500,000 habitans.

373. *Quels sont l'aspect et les productions de ce pays?* Au nord et à l'est sont d'immenses forêts et des plaines sablonneuses, inondées pendant la saison des pluies. Au milieu se trouvent de hautes montagnes, dont les cimes sont couvertes de glaces, et au sud desquelles s'étendent de fertiles vallées où règne un printemps éternel, et où croissent l'olivier, le palmier, l'arbre à quinquina, le cirier des Andes, la canne à sucre, etc. Entre les Andes et le Grand-Océan, est un pays inhabitable qu'on nomme le *désert d'Atacama*. Les montagnes renferment d'abondantes mines d'or et d'argent.

374. *Quel lac remarquable trouve-t-on entre le Pérou et le Haut-Pérou?* Le lac Titi-

caca, parsemé d'îles, dans l'une desquelles
était un temple magnifique consacré au soleil.
Lors de l'invasion des Espagnols, les incas
jetèrent, dit-on, dans ce lac des trésors considérables.

375. *Quelles sont les villes remarquables du
Haut-Pérou?* CHUQUISACA, nommée aussi
La Plata, mot qui signifie argent, à cause
de la riche mine de ce métal, qui se trouve
dans son voisinage. — *Potosi,* qui possède
une mine d'argent très célèbre. — *La Paz,*
arrosée par une rivière qui roule des paillettes
d'or.

LEÇON IX.
CHILI.

376. *Quels sont la population et l'état politique du Chili?* Le Chili, conquis par les
Espagnols dans le seizième siècle, forme,
depuis 1818, un état indépendant où l'on
compte 1,140,000 habitans. Une partie du
Chili est habitée par les Araucans, peuple
belliqueux que les Espagnols n'ont jamais pu
soumettre.

377. *Quel aspect offre cette contrée, et
quelles en sont les principales productions?*
Cette fertile et salubre contrée, qui n'est
qu'une plage resserrée entre les Andes et le
Grand-Océan, offre réunies les productions de

Europe et celles de l'Amérique. On y re-
ueille des fruits délicieux, du vin, du lin,
u chanvre, du tabac; les forêts abondent en
rbres énormes. On tire du Chili beaucoup
e cuivre, de l'or, de l'argent, des topazes,
es rubis, des saphirs, etc. On y trouve la vi-
ogne, le lama, le chinchilla, recherché pour
a fourrure, le condor, l'autruche, le flamand,
e colibri, le pélican, le cygne à tête noire,
tc. On y compte 14 grands volcans.

378. *Quelles sont les villes remarquables
u Chili?* SAN-IAGO, capitale. Les principales
nines d'or sont à l'est de cette ville, à Pé-
orca, dans la région des neiges.— *Valdivia*,
ort excellent.

A 140 lieues de la côte, on remarque l'île
le Juan-Fernandez, où fut délaissé Selkirk,
narin écossais, dont les aventures ont donné
'idée du roman si connu sous le nom de Ro-
inson Crusoé.

LEÇON X.

PATAGONIE, LA PLATA ET PARAGUAY.

379. *Donnez quelques détails sur la PATA-
GONIE.* La Patagonie est un pays froid, sauvage, stérile, presque désert et très peu
connu. Les Patagons sont nomades ; leur
taille est généralement de 6 pieds et demi.

380. *Depuis quand LA PLATA OU BUENOS-*

AYRES forme-t-il un état indépendant, et quelle en est la population? Cette contrée, découverte en 1515, par Juan Diaz de Solis, resta soumise aux Espagnols jusqu'en 1810, époque à laquelle elle s'est constituée en république. Elle a 1 million d'habitans.

380 *bis. Quel aspect présente cette contrée, et quelles en sont les productions?* Le sol de la plus grande partie de ce pays est plat et marécageux. A l'ouest, s'élèvent les hautes montagnes des Andes; au midi, s'étendent de vastes plaines appelées *Pampas*, couvertes d'herbes longues et épaisses.

Cette fertile contrée produit la vigne, l'olivier, le coton, la canne à sucre, l'indigo, l'arbre incombustible nommé *umbu*, etc. Les bœufs et les chevaux européens, soit domestiques, soit devenus sauvages, s'y sont prodigieusement multipliés, ainsi que les moutons et les chèvres. On y trouve d'énormes serpens, des crocodiles et des autruches.

381. *Quelle est la seule ville remarquable de cet état?* BUENOS-AYRES, ainsi nommé à cause du bon air qu'on y respire, ville très commerçante.

382. *Donnez quelques détails historiques sur le PARAGUAY.* Au commencement du 17e siècle, les jésuites espagnols portèrent la civilisation dans cette contrée et dans quelques

provinces voisines Ils parvinrent, sans jamais employer la force, à acquérir une autorité absolue sur les *Guarinis*, peuplade indigène. En 1767, ils furent expulsés de l'Amérique, et les habitans du Paraguay passèrent sous le joug des gouverneurs espagnols. Cette contrée forme aujourd'hui un état indépendant, gouverné par un chef absolu, qui a pris le nom de dictateur.

383. *Quel est l'aspect de cette contrée, et quelles en sont les principales productions?* Le Paraguay est en général un pays plat, marécageux, coupé par de nombreuses rivières qui l'inondent pendant la saison des pluies. Il produit du tabac, du sucre, du coton, une espèce de thé connu sous le nom *d'herbe du Paraguay*, l'arbre dont on extrait la liqueur appelée *sang de dragon*, etc.

LEÇON XI.
BRÉSIL.

384. *Quelle révolution a dernièrement changé l'état politique du Brésil?* Le Brésil, ancienne colonie du Portugal, s'est déclaré indépendant, en 1822, et forme aujourd'hui une monarchie constitutionnelle. Don Pedro, qui le gouvernait au nom de son père, le roi de Portugal, a pris le titre d'empereur.

385. *Quels sont le climat et les productions*

26

de cette contrée? Sous le climat généralement tempéré de cette vaste et belle contrée, on ne connaît que deux saisons, la sèche et la pluvieuse. Plusieurs fleuves considérables descendent des chaînes de montagnes peu élevées qu'on trouve dans l'intérieur du pays. Le débordement de la rivière de Paraguay forme le lac temporaire de Xarayes, qui a 100 lieues de long sur 40 de large.

Cette contrée possède de riches mines d'or et de diamans. On y trouve aussi de l'argent, du fer, de l'étain, du plomb et des pierres précieuses. Le Brésil doit son nom au bois rouge, qui y forme des forêts entières et qui est le meilleur bois de teinture que l'on connaisse. Ce pays produit de beaux bois de construction, du riz, du manioc, du coton, du tabac, du sucre, du café, du cacao, de l'indigo, le véritable ipécacuanha, en un mot, toutes les richesses du règne végétal. Parmi les animaux indigènes, on remarque le jaguar, les singes, les crocodiles, le serpent à sonnettes, les autruches, les colibris, les perroquets, de magnifiques papillons, etc.

386. *Quelle est la population du Brésil ?* On l'évalue à 4 millions d'habitans. Les nègres, presque tous esclaves, forment la moitié de cette population. L'intérieur du Brésil est occupé par des tribus sauvages.

387. *Quelles sont les villes remarquables du Brésil?* RIO-JANEIRO, capitale de l'empire, admirablement située au fond d'une vaste baie qui forme un des ports les plus beaux et les plus sûrs du monde. — *Pernambouc* ou *Fernambouc*, composé de deux villes: *Olinda*, sur le penchant d'une montagne, et le *Récif*, sur le bord de la mer. — *Bahia*, ou *San-Salvador*, ancienne capitale du Brésil.

LEÇON XII.
GUYANE.

388. *Que comprend-on en général sous le nom de Guyane?* On comprend sous ce nom tout le pays situé entre l'Orénoque et le fleuve des Amazones. Une partie de cette contrée appartient au Brésil, une autre à la Colombie; le reste appartient aux Français, aux Anglais et aux Hollandais.

389. *Quel aspect offre la partie de la Guyane qui appartient aux Européens, et quels en sont le climat et les productions?* Les côtes de la Guyane sont basses et marécageuses, couvertes de forêts impénétrables. La partie intérieure offre de vastes savanes, et est coupée par de nombreuses rivières obstruées de bancs de sable. Le climat de cette contrée est chaud et malsain. La saison des pluies y dure huit

mois. La Guyane est si fertile qu'on y fait quelquefois jusqu'à huit récoltes. On y trouve en abondance toutes les productions des pays chauds : le café, le sucre, le cacao, l'indigo, le coton, etc. Divers arbres à épices y ont été transplantés et y réussissent.

3go. *Quelles sont les villes remarquables de la Guyane?*— *Cayenne,* située dans une île du même nom. A 22 lieues N. O., se trouve le bourg tristement célèbre de Sinamary, où furent déportées beaucoup de victimes de la révolution française. — *Paramaribo,* sur le fleuve Surinam. Cette ville a des rues bien alignées et bordées d'orangers, de citronniers, de tamarins. Elle fait un grand commerce. — *Staboeck,* sur le fleuve Demerary, qui donne son nom à toute la colonie.

SECTION V.
OCÉANIE.

LEÇON Ire.

CONSIDÉRATIONS GÉNÉRALES SUR L'OCÉANIE.

391. *Depuis quand connaît-on toutes les terres que les géographes comprennent aujourd'hui sous le nom d'Océanie?* Une partie seulement de la Notasie avait été imparfaitement explorée par les Arabes du moyen âge. Toutes les autres terres de ce monde maritime ont été successivement découvertes dans les trois derniers siècles. Quelques îles du Grand-Océan ont reçu différens noms. Vues par un premier navigateur, mais perdues ensuite, elles ont été retrouvées ou mieux explorées par un second qui a enlevé au premier l'honneur de la découverte. Les voyages autour du monde qui ont fait faire le plus de progrès à la géographie sont ceux de Magellan, dans le seizième siècle ; de Tasman, de Lemaire et de Dampier dans le dix-septième ; de Wallis, de Bougainville, de Cook, de La Peyrouse et de Vancouver dans le dix-huitième.

392. *Comment peut-on diviser les habitans de l'Océanie?* En deux races distinctes : les

26.

Malais et les *nègres océaniens*. Ceux-ci sont répandus dans toute l'Australie, à l'exception de la Nouvelle-Zélande et dans quelques îles de la Polynésie. On en trouve des tribus éparses dans la Notasie. Tout-à-fait insociables, ils ont paru partout descendus au dernier échelon de l'intelligence humaine. Leurs cheveux ne sont pas laineux comme ceux des nègres d'Afrique. Les Malais se sont répandus de l'archipel asiatique, qui semble être leur berceau, sur les points les plus éloignés de la Polynésie. Il ne subsiste aucune trace historique de cette grande émigration; mais toutes les îles de la chaîne polynésienne, qui a 4,000 lieues, présentent une conformité frappante, non-seulement dans la constitution physique, mais encore dans les cérémonies religieuses, l'état politique, les mœurs et les idiomes multipliés de leurs habitans.

3g3. *Quels sont la religion, le gouvernement et les usages les plus remarquables des habitans de l'Océanie?* Les insulaires océaniens professent un grossier paganisme; quelques peuplades immolent des victimes humaines; le mahométisme domine dans la plus grande partie de la Notasie. Les missionnaires européens ont porté l'Évangile dans quelques îles de la Polynésie. Partout le gouvernement est despotique. Dans les archipels des

Amis, de la Société, de Sandwich et quelques autres, les habitans sont divisés par castes, savoir : les chefs, les propriétaires libres et les serfs. Les insulaires océaniens vont presque nus et se tatouent. Quelques peuplades sont anthropophages. Dans les îles les plus éloignées, on a remarqué les mêmes usages, entre autres celui de se toucher le nez en forme de salut.

LEÇON II.
NOTASIE.

394. *Quels sont l'aspect et le climat de la Notasie?* Les îles qui composent la Notasie sont montueuses et renferment pour la plupart des volcans en activité. Les côtes sont en général marécageuses et malsaines. Les brises de mer et les montagnes y tempèrent la chaleur naturelle du climat.

395. *Quelles sont les principales productions de la Notasie?* On y trouve tous les végétaux de l'Inde. On y cultive particulièrement le poivre, le camphre, le tabac, le café, le coton, le sucre, l'indigo, le gingembre et le riz, qui est la principale nourriture des habitans. Le benjoin, le bambou et le rotin sont des objets d'exportation. Les forêts renferment des bois précieux, tels que le bois de fer, de sandal, d'aloès, d'ébène et d'au-

tres propres à la construction, à la teinture, ou recherchés pour leur parfum. Les Hollandais ont concentré dans les petites îles d'Amboine et de Banda la culture du muscadier et du giroflier. Les îles de la Notasie ont reçu du continent asiatique le tigre, le buffle, le cheval, le sanglier, le daim aquatique, le léopard. Au-delà des Moluques, on ne trouve plus aucun de ces quadrupèdes. Les épaisses forêts de Bornéo, de Sumatra et de Java renferment des éléphans, des rhinocéros, et sont peuplées de diverses espèces de singes, parmi lesquels on remarque l'orang-outang. Les rivières nourrissent l'hippopotame et le crocodile; le serpent boa habite les marais.

3g6. *Quelles sont les principales îles de la Notasie et qu'offrent-elles de remarquable?* Ce sont : *Bornéo, Sumatra* et *Java.* Elles renferment des royaumes indigènes indépendans ou tributaires des Hollandais, et dont les souverains portent le titre de sultans s'ils sont mahométans, et de radjahs s'ils sont païens. Java tient le premier rang entre ces trois îles par sa population, son industrie et son commerce. Batavia, capitale de l'île et de toutes les possessions hollandaises dans les Indes-Orientales, a un port sûr et très vaste. Mais l'emplacement de cette ville est regardé comme le lieu le plus insalubre du monde.

L'Intérieur de Bornéo est encore inconnu. La principale production de cette île est le diamant. — *Banca*, l'une des îles de la Sonde. Elle renferme de très riches mines d'étain.— *Les Moluques* ou *îles aux épices*, parmi lesquelles on remarque *Célèbes*, la plus grande, qui produit le bohon-oupas, arbrisseau d'où découle un suc vénéneux d'une effrayante activité et dans lequel les Macassars, habitans de l'île, trempent leurs poignards et leurs flèches. — *Amboine*, où l'on cultive le giroflier.— *Banda*, où l'on cultive le muscadier. — *Les Philippines*, découvertes en 1521 par Magellan, et ainsi nommées en l'honneur de Philippe II, sous le règne duquel les Espagnols s'y établirent. Ces îles sont très fertiles, mais sujettes à des tremblemens de terre et exposées à d'effroyables ouragans.— *Mindanao*, capitale Mindanao, résidence d'un sultan indépendant. — *Luçon*, capitale Manille, chef-lieu des possessions espagnoles.

LEÇON III.

AUSTRALIE ET POLYNÉSIE.

397. *Quels sont le climat et l'aspect de l'Australie et de la Polynésie?* Les grandes terres de l'Australie reçoivent verticalement les rayons du soleil. L'intérieur de la Nouvelle-Hollande est probablement aussi aride

que celui de l'Afrique. La côte orientale, seule partie connue de cette île immense, jouit d'un climat beau et salubre. Les saisons y sont analogues aux nôtres, mais dans un ordre inverse. Les nombreuses îles disséminées dans l'Océan n'offrant à l'action du soleil qu'une surface peu étendue, et rafraîchies d'ailleurs par les brises de terre et de mer, jouissent d'une température modérée. Parmi ces îles, les unes sont basses, les autres s'élèvent à une hauteur considérable au-dessus du niveau de la mer. La plupart sont entourées de rescifs et de bancs de corail, qui se prolongent à une grande distance et qui rendent la navigation très dangereuse dans leurs parages. L'Australie et la Polynésie ont un grand nombre de volcans.

598. *Quelles sont les principales productions de l'Australie et de la Polynésie ?* Elles produisent la plupart des arbres à fruits de l'Asie et d'autres qui leur sont propres et parmi lesquels le plus remarquable est l'arbre à pain qu'on trouve dans toutes les parties de l'Océanie, la Nouvelle-Hollande et la Nouvelle-Zélande exceptées. La nombreuse famille des palmiers fournit des planches, des vases, des cordages et plusieurs mets excellens. Le fruit de l'arbre à pain, la moelle du sagou, la noix de coco, l'igname, la patate,

la banane sont les végétaux nourriciers des insulaires océaniens. On ne trouve de grands quadrupèdes ni dans l'Australie ni dans la Polynésie, où les seules espèces indigènes communes à l'Europe sont le cochon, partout en état de domesticité, les chats, les chiens, les rats, les pigeons et les poules. Le capitaine Cook a introduit dans quelques îles des chèvres et d'autres bestiaux. Les animaux de la Nouvelle-Hollande diffèrent essentiellement de ceux de l'ancien continent. Les plus remarquables sont : le kangurou, le plus grand quadrupède de cette partie du monde, quoiqu'il n'excède pas 5 pieds ; le wombat, espèce d'ours ; une sorte de chiens qui n'aboient point ; le casoar, le plus grand oiseau ; le cygne noir ; l'ornithorincus, qui tient à-la-fois du quadrupède, du poisson et du volatile. L'Océanie a une grande variété d'oiseaux. On y remarque surtout des perroquets revêtus des plus vives couleurs. L'oiseau du paradis est particulier à la Nouvelle-Guinée.

399. *Par qui ont été découvertes les principales îles de l'Australie, et qu'offrent-elles de remarquable ?* Des navigateurs hollandais ont les premiers exploré, dans le 17ᵉ siècle, le nord et l'ouest du vaste continent qu'ils ont nommé *Nouvelle-Hollande* ; le capitaine Cook en a découvert la côte orientale qu'il a appelée

Nouvelle-Galles méridionale. Les Anglais y ont fondé, en 1786, la colonie de Botany-Bay, où ils déportent les malfaiteurs. Le sol de ce pays est gras et fertile; il recèle du fer et de la houille; le maïs et l'orge y ont réussi : tous les animaux de l'Europe s'y sont acclimatés. Sydney, chef-lieu de la colonie, est à quatre lieues de Botany-Bay ou de la Baie-Botanique, ainsi appelée, parce que le pays qu'elle baigne est très riche en plantes. — L'île de *Van-Diémen*, que découvrirent aussi les Hollandais, et où les Anglais se sont établis en 1804, nourrit déjà tous les animaux domestiques de l'Europe. Les céréales y prospèrent. Le pays est riche en mines de fer. — La *Nouvelle-Guinée*, ou *Terre-des-Papous* fut découverte en 1527, par Saavedra, navigateur espagnol, qui la nomma Guinée, parce que les habitans lui parurent ressembler à ceux de la Guinée. L'intérieur et même une partie des côtes sont encore inconnus. La barbarie de ses habitans, que les Malais nomment Papous, égale la fertilité de son sol. On y voit une race d'hommes qui vivent sur les arbres. — La *Nouvelle-Bretagne* fut découverte par Dampier en 1699, et la *Nouvelle-Irlande*, par Carteret, en 1767. — Les îles *Salomon* ont été découvertes en 1568 par Mandana, navigateur espagnol.

Un autre Espagnol, Fernandès de Quiros, vit le premier le groupe d'îles qu'il nomma *Archipel du Saint-Esprit*, et que Cook explora mieux ensuite et appela *Nouvelles-Hébrides*. C'est dans ce groupe que se trouve l'île *Mallicolo*, où il paraît maintenant certain que l'infortuné La Peyrouse fit naufrage. — C'est au capitaine Cook qu'on doit la découverte de la *Nouvelle - Calédonie*. — La *Nouvelle - Zélande* fut découverte en 1642 par Tasman. Elle produit une sorte de lin remarquable par sa hauteur et par son apparence soyeuse.

400. *Par qui ont été découvertes les principales îles de la Polynésie et quelles particularités remarquables offrent - elles?* — Les *Marie-Anne* ont été découvertes en 1521 par Magellan, qui les appela *Iles-des-Larrons*, parce que les insulaires lui avaient volé quelques instrumens de fer. Elles furent nommées *Marie-Anne*, en l'honneur de Marie-Anne d'Autriche, sous le règne de laquelle les Espagnols s'y établirent. Au nord de ces îles s'élève, en forme de pyramide, l'énorme rocher appelé *la Femme de Loth*. — Les *Carolines* ont été ainsi nommées par les Espagnols, qui s'y sont établis sous le règne de leur roi Charles II. — Les *îles Sandwich* ont été découvertes en 1778 par le célèbre Cook qui,

un an après, fut tué par les naturels à Owhyhée, l'île la plus considérable du groupe. Les habitans en sont assez civilisés. Ils commencent à connaître les arts de l'Europe et cultivent la terre avec un soin admirable. — Les *îles des Navigateurs* ont été découvertes par Bougainville, qui les nomma ainsi parce que les habitans avaient un grand nombre de pirogues. — Les *îles des Amis* ont été ainsi nommées par le capitaine Cook à cause du bon accueil qu'il y reçut. Les habitans passent pour les plus industrieux des Polynésiens. — C'est encore au même navigateur qu'on doit la découverte des *îles de la Société*, dont la principale, *Taïti*, ou *Otaïti*, a mérité, par son riant aspect et sa fertilité, d'être appelée la Reine de l'Océan Pacifique. Les habitans en sont doux et hospitaliers. — Les *îles Marquises* ont été découvertes par Mendana. Les habitans l'emportent sur les autres insulaires par la belle proportion de leurs formes et la régularité de leurs traits.

FIN DE LA SECONDE PARTIE.

TROISIEME PARTIE.

ELEMENS DE COSMOGRAPHIE.

LEÇON PRÉLIMINAIRE.

NOTIONS GÉOMÉTRIQUES NÉCESSAIRES POUR L'INTELLIGENCE DE LA GÉOGRAPHIE ASTRONOMIQUE.

1. *Qu'est-ce qu'un corps ?* C'est tout ce qui a longueur, largeur et épaisseur ; quand le corps est parfaitement rond , on l'appelle globe ou sphère.

2. *Qu'est-ce qu'une surface ?* C'est ce qui termine un corps. La surface n'a que deux dimensions, largeur et longueur.

3. *Qu'est-ce qu'une ligne ?* C'est une longueur sans largeur ni épaisseur, et dont les extrémités se nomment points ; les lignes sont les limites des surfaces ; elles sont droites ou courbes ; deux lignes droites peuvent être parallèles , perpendiculaires ou obliques ; une ligne droite peut encore être horizontale ou verticale.

4. *Qu'est-ce qu'une ligne droite ?* Une *ligne droite* est la ligne la plus courte que l'on puisse tirer entre deux points donnés. (*Planche* 1ᶜ, *fig.* 1.)

5. *Qu'est-ce qu'une ligne courbe ?* Une

ligne courbe est celle qui n'est ni droite ni composée de lignes droites. (*P*. I. *fig*. 2.)

6. *Quand est-ce que deux lignes sont parallèles ?* Deux lignes droites sont appelées *parallèles* lorsqu'étant tracées sur un même plan, elles ne peuvent jamais se rencontrer; elles sont alors également éloignées l'une de l'autre dans toute leur étendue. (*P*. I. *fig*. 3.)

7. *Qu'est-ce qu'une ligne perpendiculaire sur une autre ?* C'est une ligne droite qui en rencontre une autre de manière à ne pas pencher plus d'un côté que de l'autre. (*P*. I. *fig*. 7.)

8. *Qu'est-ce qu'une ligne oblique ?* C'est une ligne qui tombe sur une autre ligne en penchant d'un côté ou d'un autre. (*P*.I. *fig*.5 BC.)

9. *Qu'est-ce qu'une ligne horizontale ?* C'est une ligne droite que l'on conçoit tracée sur la surface de l'eau bien tranquille. Cette eau représente ce qu'on appelle un plan horizontal. (*P*. I. *fig*. 5 AB.)

10. *Qu'est-ce qu'une ligne verticale ?* C'est une ligne droite représentée par la direction d'un fil-à-plomb; elle est perpendiculaire au plan horizontal. (*P*. I. *fig*. 4.)

11. *Qu'est-ce qu'un angle ?* C'est l'espace compris entre deux lignes qui se coupent. L'angle peut être droit, aigu ou obtus.

12. *Qu'est-ce qu'un angle droit ?* C'est un angle formé par une ligne qui tombe perpen-

diculairement sur une autre. (*P*. 1. *fig*. 7.)

13. *Qu'est-ce qu'un angle aigu?* C'est celui qui est plus petit que l'angle droit. (*P*. 1. *fig*. 6.)

14. *Qu'est-ce qu'un angle obtus?* C'est celui qui est plus grand que l'angle droit. (*P*. 1. *fig*. 5.)

15. *Qu'est-ce qu'un cercle?* Un cercle est une surface plane renfermée par une ligne courbe qu'on appelle *circonférence*, et dont les points sont également éloignés d'un point intérieur qu'on appelle *centre*. (*P*. 1. *fig*. 8.)

16. *Qu'entend-on par rayon, diamètre et arc d'un cercle?* On nomme *rayon* du cercle une ligne droite menée du centre à la circonférence. (*P*. 1. *fig*. 8.)

Le *diamètre* est une ligne droite qui, passant par le centre, a ses deux extrémités à la circonférence ; il partage le cercle en deux parties égales appelées *demi - cercles*. (*P*. 1. *fig*. 8.)

L'*arc* d'un cercle est une partie de sa circonférence. (*P*. 1. *fig*. 8.)

17. *Qu'entend-t-on par cercles parallèles?* On entend par cercles parallèles des cercles tracés sur la sphère, ayant leurs centres situés sur une même ligne droite qu'on nomme *axe* et qui est perpendiculaire à leurs plans. (*P*. 1. *fig*. 10.)

18. *Comment divise-t-on la circonférence de tout cercle, soit grand, soit petit?* En

27.

trois cent soixante parties égales, que l'on appelle *degrés* ; chaque degré se subdivise en soixante parties égales, que l'on appelle *minutes* ; chaque minute en soixante autres parties, qu'on appelle *secondes* ; chaque seconde en soixante *tierces* : le degré se marque par (°), la minute par ('), la seconde par ("), la tierce par ('''). Ainsi, 25 degrés, 15 minutes, 12 secondes, etc. s'écrivent,

$$25° — 15' — 12'', \text{ etc.}$$

Les degrés, les minutes, les secondes d'un grand cercle sont plus grands que les degrés, les minutes, les secondes d'un petit cercle. (*P. 1. fig. 9.*)

19. *Combien d'angles forment deux diamètres qui se coupent perpendiculairement dans un cercle, et en combien de parties coupent-ils la circonférence?* Ils forment quatre angles proits et coupent la circonférence en quatre parties égales, dont chacune renferme 90 degrés. L'ouverture d'un angle droit est donc de 90 degrés. (*P. 1. fig. 9.*)

20. *Comment détermine-t-on la mesure de tout angle ?* Par le nombre de degrés que contient la portion de circonférence comprise entre ses côtés quand le sommet de l'angle est au centre de cette circonférence. (*P. 1. fig. 9.*)

21. *Qu'est-ce qu'une ellipse ?* C'est une

courbe d'une forme ovale; elle a un centre comme le cercle, mais des diamètres inégaux. Le plus petit de ces diamètres s'appelle *petit axe*, et est perpendiculaire au plus grand que l'on nomme *grand axe*. Sur ce grand axe se trouvent deux points également éloignés du centre; on les appelle *foyers*. (*P.* I. *fig.* 12.)

22. *Qu'est-ce qu'un sphéroïde?* C'est un corps à-peu-près semblable à une sphère, mais qui en diffère en ce que tous les points de sa surface ne sont point également éloignés du centre. Un sphéroïde peut être allongé comme un œuf ou aplati comme une orange.

23. *Quel est le rapport approché du diamètre à la circonférence?* Dans tout cercle, la circonférence est égale à trois fois la longueur du diamètre plus $\frac{1}{7}$ de ce diamètre. Ainsi, si le diamètre d'un cercle avait 7 pieds de long, la circonférence de ce cercle, étant déployée, aurait 22 pieds.

24. *Qu'entend-on par axe et pôles de la sphère?* *L'axe* est la ligne qui est censée traverser la sphère de part et d'autre en passant par son centre; les deux extrémités de cette ligne s'appellent *pôles*. (*P.* I. *fig.* 11.)

Nota. Au lieu de présenter aux enfans des figures sur le papier, il serait préférable de mettre sous leurs yeux les objets mêmes, tels que des boules de bois, des cercles de carton.

LEÇON Ire.

DE L'UNIVERS EN GÉNÉRAL.

1. *Qu'est-ce que la Cosmographie ?* C'est la description de l'*univers* : on appelle *univers* l'ensemble de tous les corps que Dieu a créés : tels sont les astres suspendus au-dessus de nos têtes, l'eau, la terre que nous habitons et l'air que nous respirons. On nomme *ciel* cet espace immense où nous voyons le soleil, la lune et toutes les étoiles. On appelle *firmament* la partie du ciel la plus éloignée de nous.

2. *Qu'est-ce que les astres ?* Ce sont les corps lumineux qui nous paraissent suspendus dans la voûte céleste. Ils sont *fixes* ou *errans*, *lumineux par eux-mémes* ou *opaques*.

3. *Donnez la définition de ces diverses espèces d'astres.* Les *astres fixes* sont ceux qui conservent la même position dans le ciel et le même ordre entre eux. Le nombre en est infini. Pour les reconnaître, on les a partagés en différens groupes auxquels on a donné le nom de *constellations*, c'est-à-dire *amas d'étoiles*.

Les *astres errans* ou *planètes* sont les corps qui changent de place par rapport aux groupes d'étoiles fixes qui les environnent, et qui s'éloignent ou se rapprochent entre eux ; quelques-uns de ces astres errans paraissent et disparaissent à des époques qui semblent n'avoir rien de déterminé. On les nomme *comètes*, c'est-à-dire *chevelues*, parce qu'elles sont accompagnées d'une sorte de traînée ou chevelure lumineuse.

Les *astres lumineux* sont ceux qui brillent d'un éclat qui leur est propre. On les reconnaît à leur lumière scintillante et qui change de couleur à chaque instant : tels sont le soleil et les étoiles fixes.

Les *astres opaques* sont ceux qui ne réfléchissent qu'une lumière empruntée ; on les reconnaît à leur lumière tranquille, uniforme et qui n'offre aucun changement de couleur. Tels sont les planètes et leurs satellites. On appelle *satellites* des astres secondaires qui tournent autour des planètes et les accompagnent dans leurs mouvemens.

4. *Comment peut-on diviser les astres par rapport à la vue ?* On peut les diviser en astres *apparens*, et en astres *télescopiques*. Les *astres apparens* sont ceux que l'on peut apercevoir à la vue simple, tels que le soleil, la lune et un nombre prodigieux d'étoiles. Les *télescopiques* ne peuvent être vus qu'avec le secours des télescopes, et n'ont été découverts que depuis l'invention de cet instrument.

5. *Comment tous ces corps restent-ils suspendus dans l'espace et suivent-ils la marche*

que Dieu leur a donnée ? Par les forces *d'attraction* et de *répulsion.* La *force d'attraction* ou *centripète* est celle qui attire un corps
vers un autre. C'est en vertu de cette force
que les plus grands corps attirent les plus petits, *en raison directe de leurs masses et en raison inverse du carré de leurs distances ,* c'est-
à-dire qu'un corps deux fois plus gros qu'un
autre attire deux fois plus , et que celui qui est
trois fois plus éloigné attire neuf fois moins. La
tendance d'un corps vers le centre d'un autre
s'appelle *gravité.* La force de *répulsion* ou
centrifuge est celle par laquelle un corps tend
à s'éloigner d'un autre corps autour duquel
il tourne ; cette force est d'autant plus grande
que le mouvement circulaire est plus actif ou
plus violent.

6. *Quel est l'astre qui est le centre commun
du mouvement des planètes et qui exerce sur
elles la force d'attraction ?* Deux systèmes
principaux se sont élevés pour résoudre cette
question, et ont été soutenus par deux grands
astronomes, Ptolémée et Copernic, qui y ont
donné leur nom. Le premier s'appuie sur le
témoignage de nos sens et sur les apparences,
et le second sur le raisonnement et l'expérience.

LEÇON II.

SYSTÈMES DE PTOLÉMÉE ET DE COPERNIC.

7. *Expliquez le système de Ptolémée:* Claude Ptolémée, célèbre astronome, né à Peluse, et qui florissait à Alexandrie sous les empereurs Adrien et Antonin, dans le 2e siècle, place la terre stable au centre de l'univers; il fait tourner autour de ce globe, d'orient en occident, dans l'espace de 24 heures, tous les astres et différens cieux. Le mouvement régulier, qu'on appelle *diurne*, produit la constante et perpétuelle vicissitude du jour et de la nuit. Selon ce système, les planètes tournent autour de la terre dans l'ordre d'éloignement qui suit: 1° *la Lune*, 2° *Mercure*, 3° *Vénus*, 4° *le Soleil*, 5° *Mars*, 6° *Jupiter*, 7° *Saturne*; vient ensuite le *firmament* ou le *ciel des étoiles fixes*, placées à des distances incommensurables. Le tout est mu par un mobile qu'il a placé au-delà du firmament. (*Pl.* II, *fig.* 1.)

8. *Tous ces corps n'ont-ils que ce mouvement diurne?* Ils en ont encore un autre qui leur est propre et qu'ils exécutent d'occident en orient dans des temps différens, savoir:

La lune en 27 jours, 7 heures, 43 min.

Mercure en 89 jours, 23 heures;

Vénus en 224 jours, 17 heures;

Le soleil en 365 jours, 6 heures : c'est notre année;

Mars en 1 an, 321 jours, 23 heures;

Jupiter en 11 ans, 317 jours;

Saturne en 29 ans, 177 jours.

9. *D'après ce système, quel phénomène produit sur la terre le mouvement propre ou annuel du soleil?* Il produit le retour périodique des saisons, parce que cet astre exécute ce mouvement en suivant un cercle incliné sur l'axe de la terre, et qu'on nomme *écliptique*. En suivant ce cercle, le soleil s'approche et s'éloigne tour-à-tour des pôles, produit les longs et les petits jours et les quatre saisons.

10. *Expliquez le système de Copernic.* Copernic, né à Thorn, en Prusse, et qui mourut en 1543, place le soleil au centre du monde, et fait tourner les planètes autour de cet astre dans l'ordre d'éloignement et dans les temps indiqués au tableau ci-après. (*P. II, fig. 2.*)

Cinq autres planètes ont été découvertes depuis Copernic. Ce sont : *Herschell* ou *Uranus*, *Vesta*, *Junon*, *Cérès* et *Pallas*. Ces quatre dernières, appelées *télescopiques*, décrivent leurs orbites entre Mars et Jupiter. (Pour leur distance du soleil, leur volume, relativement à celui de la terre, prise pour unité, voir le tableau ci-après, pag. 326.)

Parmi ces planètes, quelques-unes sont accompagnées de satellites qui tournent autour d'elles, tandis que ces mêmes planètes tournent autour du soleil. Ce sont : *la Terre*, qui n'a qu'un satellite, c'est la lune ; *Jupiter*, qui en a quatre ; *Saturne*, qui en a sept, et *Uranus*, qui en a six.

TABLEAU

SIGNES des PLANÈTES.	NOMS des PLANÈTES.	Leur DISTANCE EN LIEUES au SOLEIL.	VOLUME de la terre prise pour unité.
☉	LE SOLEIL.	. . . .	1,300,000
☿	MERCURE.	13,361,000	$\frac{1}{16}$
♀	VÉNUS.	24,966,000	$\frac{9}{10}$
♁	LA TERRE.	34,515,000	1
☾	LA LUNE.	. . . .	$\frac{1}{49}$
♂	MARS.	53,000,000	$\frac{1}{5}$
⬚	VESTA.	82,000,000	»
⚨	JUNON.	92,000,000	»
⚳	CÉRÈS.	95,000,000	»
⚴	PALLAS.	95,500,000	»
♃	JUPITER.	180,332,000	1,281
♄	SATURNE.	329,000,000	974 $\frac{3}{4}$
♅	URANUS.	662,000,000	81 $\frac{1}{4}$

(Inconnues à Copernic : Vesta, Junon, Cérès, Pallas.)

DU SYSTÈME PLANÉTAIRE.

ROTATION autour DE LEUR AXE.	REVOLUTION AUTOUR DU SOLEIL.	ÉPOQUE de LA DÉCOUVERTE.
25 j. 16 h. 48′	. . . . .	»
4 heures.	2 mois, 2 jours.	»
23 h.	7 mois, 14 jours, 16 heures, 42′	»
24 h.	365 jours, 5 heures, 48′51″ (c'est notre année.)	»
27°-7 h.-43′-4″	. . . .	»
24 h. 30′	une année, 10 mois, 22 jours.	
»	3 années, 8 mois.	Par Olbers, 1807.
»	4 années, 4 mois, 10 jours.	Harding, 1804.
»	4 années, 7 mois, 10 jours.	Piazzi, 1801.
»	4 années, 7 mois, 11 jours.	Olbers, 1802.
9 h. 56′	10 années, 10 mois, 15 jours.	»
10 h. 30′	29 années, 5 mois, 16 jours.	»
Inconnue.	84 années, 28 jours.	Herschel, 1781.

11. *Pourquoi a-t-on abandonné le système de Ptolémée?* C'est: 1° parce qu'on ne peut concevoir la vitesse du mouvement du premier mobile, ni des astres, ni de tous ces cieux se mouvant dans des directions contraires. En effet, on sait aujourd'hui que le soleil est environ 1,500,000 fois plus gros que la terre, de plus, qu'il en est à une distance moyenne de 34,500,000 lieues. Cet astre devrait donc tourner autour de la terre en 24 heures, et par conséquent décrire en un jour une circonférence de 207 millions de lieues. Quelle force ne faudrait-il pas pour imprimer à ce corps une vitesse de plus de 2,500 lieues par seconde? et cependant cette vitesse n'est rien en comparaison de celle qu'il faudrait supposer aux étoiles fixes, dont les plus rapprochées de nous sont au moins 100,000 fois aussi éloignées que le soleil. Est-il raisonnable de penser que tous ces mouvemens aient lieu autour d'un atome comme la terre?

2° Parce qu'il est impossible au moyen de ce système de rendre raison de plusieurs phénomènes célestes; car, depuis l'invention du télescope, il est démontré que Mercure et Vénus tournent autour du soleil, et que, par conséquent, la terre n'est pas placée au centre de l'univers. On a acquis la preuve de ce fait en observant que, par leur mouvement, elles mettent le soleil entre elles et la terre ; qu'elles paraissent ensuite entre la terre et le soleil, se mouvant tantôt d'orient en occident , tantôt d'occident en orient , et que , quelquefois , elles paraissent pour un temps immobiles vis-à-vis du même point du ciel : ce qui ne pourrait arriver si elles tournaient autour de la terre comme autour de leur centre.

12. *Quelles sont les raisons qui ont fait adopter le système de Copernic ?* Ce système , si beau et si simple , qui fut soutenu par quelques anciens philosophes, a été adopté parce qu'il donne le moyen de rendre raison de tous les phénomènes. Plus on multiplie les observations, plus l'hypothèse de Copernic se confirme. Cependant les astronomes, en parlant du mouvement des astres , s'énoncent toujours d'après le système de Ptolémée , et ils disent que le soleil se lève , passe au méridien et se couche pour recommencer sa carrière.

13. *Comment , dans le système de Copernic , peut-on rendre raison 1º du mouvement journalier des astres du levant au couchant, et de la vicissitude des jours et des nuits ; 2º du mouvement annuel des astres du couchant au levant , et de la vicissitude des saisons ?* Pour rendre raison de tous ces phénomènes, Copernic donne à la terre deux mouvemens,

28.

et en suppose l'axe incliné de 23° 30′ sur un plan appelé *écliptique*. Le premier est le mouvement de *rotation* qu'elle fait sur elle-même autour de son axe et qu'elle exécute en 24 heures d'occident en orient. On appelle ce mouvement *journalier* ou *diurne*. Le second est le mouvement de *translation* qu'elle fait autour du soleil et qu'elle accomplit en 365 jours 5 heures 49′. C'est le mouvement *annuel*.

L'alternative des jours et des nuits résulte du mouvement diurne de la terre. En effet, la lumière se propageant en ligne droite et la terre étant ronde, cette planète ne peut être éclairée à-la-fois que sur une moitié de sa surface, ce qui produit le jour sur cette moitié, tandis que l'autre, où n'arrivent pas les rayons lumineux, est dans l'obscurité, ce qui y cause la nuit. Mais la terre, tournant sur elle-même d'occident en orient, présente les différens points de sa surface au soleil, qui les éclaire successivement : c'est ce qui fait que, sur chaque partie du globe, les jours et les nuits se succèdent continuellement. Ce mouvement de la terre fait que les astres et le soleil nous paraissent en faire le tour en 24 heures d'orient en occident.

L'alternative des saisons vient du mouvement annuel de la terre : elle est produite par l'inclinaison de son axe sur le plan de l'écliptique jointe au parallélisme constant de cet axe avec lui-même. Sans cette inclinaison, les différentes parties du globe seraient constamment dans la même situation par rapport au soleil; l'action de cet astre serait alors constante et uniforme sur toutes les parties de la terre; il n'y aurait aucune variation du froid au chaud; un printemps éternel régnerait dans la nature.

Mais, dès l'instant qu'on admettra l'inclinaison de l'axe terrestre sur le plan de sa révolution annuelle, les diverses parties du globe seront, tantôt plus, tantôt moins éloignées du soleil, qui semblera s'approcher et s'éloigner alternativement des pôles. Ces diverses parties de la terre seront aussi, tantôt plus, tantôt moins échauffées; de là l'alternative des jours longs et des jours courts, les diverses températures. Les astres paraîtront aussi avoir, comme le soleil, un mouvement ascendant et annuel d'occident en orient.

LEÇON III.
POINTS, LIGNES ET CERCLES DE LA SPHÈRE.

14. *Quels sont les lignes et les cercles que l'on a supposés dans le ciel pour se rendre compte des divers phénomènes qu'on y remar-*

que ? En observant le cours des astres vers le nord, on s'est aperçu qu'une étoile reste immobile vers un point du ciel, tandis que les autres semblent décrire des cercles d'autant plus grands qu'elles sont plus éloignées de la première: on a observé le même phénomène vers le sud. Les deux points indiqués au nord et au sud par les deux étoiles fixes furent appelés *pôles du monde*, et la ligne qui les joint diamétralement a reçu le nom d'*axe*.

Le plus grand cercle décrit entre ces points fut appelé *équateur*.

Les cercles décrits par les autres étoiles parallèlement à ce dernier reçurent le nom de *parallèles*.

Tous les astres se levant à l'orient et paraissant monter vers la voûte céleste jusqu'à un point d'où ils semblent descendre vers le couchant, on a indiqué leur route dans le ciel par un cercle qui, passant par les pôles, coupe l'équateur et les parallèles à angle droit. Ce cercle a été nommé *méridien*.

Quand on est sur un lieu élevé ou en pleine mer, on aperçoit autour de soi un cercle où la terre et les cieux semblent se confondre, et au-delà duquel on ne voit plus rien; ce cercle a reçu la dénomination d'*horizon*. Le point qui dans le ciel est au-dessus de la tête du spectateur placé au centre de l'horizon se nomme *zénith*, celui qui est diamétralement opposé se nomme *nadir*. C'est ce qu'on appelle les *pôles de l'horizon*.

Les astres paraissant au-dessus de ce cercle en un point, et disparaissant au point diamétralement opposé, ces deux points ont été nommés *levant* et *couchant*. Les deux autres points qui se trouvent à 90 degrés des deux premiers se nomment *nord* et *midi*. C'est ce qu'on appelle *points cardinaux*.

En examinant la marche annuelle du soleil on a vu que cet astre, en décrivant régulièrement un cercle autour de la terre, s'élève jusqu'à un certain point vers le nord, et qu'après avoir décrit son cercle diurne, il rétrograde et descend vers le sud jusqu'à un autre point d'où ensuite il remonte, et ainsi continuellement : ces cercles extrêmes qu'il décrit sont appelés *tropiques*.

Lorsque le soleil décrit l'un de ces tropiques, la lumière de cet astre ne peut éclairer le pôle opposé; elle en reste éloignée d'autant de degrés qu'il est lui-même éloigné de l'équateur, c'est-à-dire de 23° 30'. Les cercles que la lumière ne dépasse pas ont reçu le nom de *cercles polaires*.

Pour indiquer la marche du soleil de l'un à l'autre tropique, on a imaginé un cercle appelé *écliptique*, qui coupe obliquement l'équateur, avec lequel il forme un angle de 23° 30'. Ce cercle partage en deux parties égales une bande céleste ou zone appelée *zodiaque*, qui renferme les orbites de toutes les planètes.

Quand le soleil arrive à l'équateur, aux deux points diamétralement opposés où l'écliptique coupe ce cercle, les jours sont égaux aux nuits; ces deux points ont été nommés *points des équinoxes*.

Lorsque le soleil arrive aux deux points opposés où les tropiques touchent l'écliptique, il semble demeurer dans la même position; ces deux points ont été nommés *points des solstices*. Ces points, ces lignes et ces cercles ont été appliqués au globe terrestre; ainsi la terre a aussi son axe, ses pôles, son équateur, ses méridiens.

15. *Qu'est-ce que l'axe de la terre?* C'est une ligne imaginaire qui passe par son centre, et sur laquelle le globe est supposé tourner une fois en 24 heures d'occident en orient. Cet axe est de 2,864 lieues. (*Pl.* I, *fig.* 11.)

16. *Qu'est-ce que les pôles de la terre?* Ce sont les deux extrémités de l'axe; l'un s'appelle le *pôle arctique* ou *septentrional*, l'autre le *pôle antarctique* ou *méridional*. (*Pl.* I, *fig.* 11.)

17. *Qu'est-ce que l'équateur terrestre?* C'est un grand cercle placé à une égale distance des

pôles terrestres et qui coupe la terre en deux parties égales, savoir : en *hémisphère septentrional* et en *hémisphère méridional.* Comme tout cercle, l'équateur est divisé en 560°. Mais, par rapport à la marche du soleil, on le divise en 24 parties, dont chacune comprend 15° et répond à une heure de temps. Le soleil parcourt donc une de ces parties ou 15° dans une heure, et un degré dans 4 minutes de temps. Le degré sous l'équateur étant de 25 lieues, le mouvement diurne du soleil, ou plutôt celui de la terre sur son axe, est tel qu'elle parcourt 375 lieues dans une heure. L'équateur s'appelle encore *ligne équinoxiale*, parce qu'il y a égalité de jours et de nuits chaque fois que ce cercle se trouve sous le soleil, ce qui arrive aux temps dits *équinoxes*. C'est sur l'équateur qu'à partir d'un méridien donné, on compte les degrés de longitude. (*Pl.* I, *fig.* 11.)

18. *Qu'est-ce que le méridien ?* C'est un des grands cercles de la sphère ; il la coupe en deux parties égales, savoir : en *hémisphère oriental* et en *hémisphère occidental.* Il y a autant de méridiens que l'on conçoit de points sur l'équateur ; ces méridiens coupent ce cercle à angle droit, ainsi que tous ceux qui y sont parallèles, puis vont tous se réunir aux pôles. Ils sont marqués sur les globes et

sur les cartes, quelquefois de 15° en 15° de
10° en 10°, quelquefois de 1° à 1°. On les
compte à partir d'un premier méridien donné,
en allant vers l'orient et vers l'occident, jusqu'au 180° degré opposé à celui qui a servi
de point de départ. C'est sur ce cercle qu'on
compte les degrés de latitude. (*Pl.* 1, *fig.* 11.)

19. *Qu'est-ce que l'horizon?* C'est un des
grands cercles de la sphère : il la divise en
hémisphère supérieur et en *hémisphère infé-
rieur*. Ce cercle sert à marquer le lever et le
coucher des astres; nous disons qu'ils se lè-
vent, lorsqu'ils commencent à paraître au-
dessus de ce cercle, et qu'ils se couchent,
lorsqu'ils descendent au-dessous, comme on
dit aussi qu'ils passent au méridien, lorsqu'ils
sont à une égale distance du point de leur lever et de leur coucher. Il y a deux espèces
d'horizon : l'*horizon rationnel*, qui est à égale
distance des deux pôles; l'*horizon visuel*, cercle
dont le spectateur occupe le centre, et à l'extrémité duquel le ciel et l'eau, ou le ciel et la
terre semblent se rencontrer. Cet horizon varie
à mesure que le spectateur change de place.

20. *Comment l'horizon nous donne-t-il à
connaître les points de compas ou de boussole
et les quatre points cardinaux?* L'horizon se
divise en trente-deux parties égales par des
lignes que l'on conçoit tirées du lieu où se

trouve l'observateur, et qui forment l'une avec l'autre un angle de la valeur de la 32ᵉ partie de 360°, c'est-à-dire de 11° 15′. Ces divisions s'appellent *points de compas*. Les points qui divisent l'horizon en quatre parties sont le *nord* et le *sud*, le *levant* et le *couchant*; on les appelle *points cardinaux*. Quelque part que l'on soit, on peut facilement les reconnaître. Si l'on regarde le soleil levant, on a l'orient devant soi, l'occident derrière, le nord à sa gauche et le sud à sa droite. On découvre l'un de ces points, dans le jour au moyen du soleil; dans la nuit, au moyen de l'étoile polaire; et quand on ne peut voir ni le soleil ni l'étoile polaire, au moyen de la boussole, dont l'aiguille se tourne toujours vers le nord ou à-peu-près.

21. *Qu'est-ce que les tropiques?* Ce sont deux cercles parallèles à l'équateur, et qui en sont éloignés de 23° 30′; l'un se trouve dans l'hémisphère septentrional et se nomme *tropique du cancer*; l'autre, dans l'hémisphère méridional, et se nomme *tropique du capricorne*. Ils marquent les jours les plus longs de l'année pour l'hémisphère dans lequel se trouve le soleil: on leur a donné le nom de tropiques, qui veut dire *cercles de retour*, parce que le soleil va alternativement de l'un à l'autre, sans jamais les dépasser. (*Pl. I, fig. 11.*)

22. *Qu'est-ce que les cercles polaires?* Ce sont deux cercles parallèles à l'équateur et qui sont éloignés des pôles de 23° 30′ : l'un, nommé *cercle polaire arctique*, se trouve dans l'hémisphère septentrional ; l'autre, *cercle polaire antarctique*, se trouve dans l'hémisphère méridional. (*Pl.* 1, *fig.* 11.)

23. *Qu'est-ce que l'écliptique?* C'est le cercle que le soleil semble parcourir pendant sa révolution annuelle. On l'appelle ainsi, parce que c'est dans le plan de ce cercle qu'arrivent les éclipses. L'écliptique partage en deux parties cette bande ou zone que l'on appelle *zodiaque* et qui a 16° de largeur. Cette zone est ainsi nommée d'un mot grec qui signifie animal, parce que c'est sous les traits de divers animaux qu'on représente les groupes d'étoiles ou constellations qu'elle renferme et auxquelles on a donné le nom de *signes du zodiaque.* Ces signes sont au nombre de douze et répondent à-peu-près aux douze mois de l'année. Le soleil semble les parcourir successivement en commençant par le bélier. C'est ce qui les a fait appeler *les douze maisons du soleil.*

24. *Quels sont ces douze signes?* Ce sont :

♈. Le Bélier, au 21 mars.
♉. Le Taureau, au 21 avril. } Printemps.
♊. Les Gémeaux, au 21 mai.
♋. L'Ecrevisse, au 21 juin.
♌. Le Lion, au 21 juillet. } Eté.
♍. La Vierge, au 21 août.

♎. La Balance, au 21 octobre.
♍. Le Scorpion, au 21 septembre.
♐. Le Sagittaire, au 21 novembre.
♑. Le Capricorne, au 21 décembre.
♒. Le Verseau, au 21 janvier.
♓. Les Poissons, au 21 février.

Les six premiers de ces signes placés au nord de l'équateur s'appellent *septentrionaux*; les six autres, situés au sud, se nomment *méridionaux*. Le soleil entrant dans celui du Bélier le 21 mars, entre successivement 30 jours après dans les suivans, pour recommencer ensuite une nouvelle révolution. (*Pl.* III, *fig.* 1re.)

LEÇON IV.
DU SOLEIL.

25. *Qu'est-ce que le soleil?* Le soleil est un corps sphérique et lumineux par lui-même. Placé au centre de notre système planétaire, il est pour nous la source de la lumière et de la chaleur. Il est environné d'une atmosphère où l'on remarque des taches dont le nombre et la surface varient. Cet astre est près de 1,300,000 fois plus gros que la terre dont il est éloigné de 35 millions de lieues. Un boulet de canon, parcourant 420 toises par seconde, emploierait environ 6 ans et 3 mois pour arriver au soleil. Le diamètre de cet astre,

qui est de 315,600 lieues, paraît plus petit ou plus grand, selon que la terre en est plus ou moins éloignée. La lumière qu'il nous envoie nous parvient en 8' 13".

LEÇON V.
FORME DE LA TERRE.

26. *Comment s'est-on assuré que la terre est ronde?* On s'en est assuré par plusieurs expériences, entre autres 1° par l'observation des astres; 2° par les phénomènes qui se passent à nos yeux lorsque nous voyageons; 3° par le tour qu'en ont fait les navigateurs.

1° En observant les astres, il arrive que, dans quelque position que l'on s'avance, l'aspect du ciel semble changer, c'est-à-dire qu'on aperçoit toujours de nouvelles étoiles, tandis que celles qu'on a laissées derrière soi finissent par disparaître; en un mot, qu'on ne voit pas à-la-fois tous les corps célestes, ce qui devrait arriver si la terre était plane. De plus, les étoiles vers lesquelles on s'avance semblent s'élever au-dessus de l'horizon, tandis qu'au contraire, celles qu'on laisse derrière soi semblent s'abaisser, ce qui ne peut avoir lieu que par la courbure de la terre.

2° Quand on navigue sur la mer où notre vue n'est bornée par aucun obstacle, la première chose que l'on découvre d'abord, soit d'une île, ou d'un vaisseau, ou d'une montagne, c'est le point le plus élevé. Il s'élève à mesure qu'on s'en approche. Si la terre était plane, ces objets se seraient présentés tout-à-coup à nos regards; cette apparition successive de haut en bas dans un moment où nous en approchons et leur disparition de bas en haut quand nous nous en éloignons, prouvent que leurs parties inférieures nous sont dérobées par la convexité de la terre. (*Pl.* II, *fig.* 3.)

3° Des navigateurs, Magellan et Drake, ont fait le tour de la terre : partis de l'Europe, ils allèrent toujours vers l'occident, en faisant seulement quelques détours pour doubler les terres avancées vers le sud; et, sans quitter cette direction générale, ils revinrent vers les mêmes parages d'où ils étaient partis.

De tous ces phénomènes et des observations auxquelles ils ont donné lieu, on a conclu que la terre est de forme ronde; les astronomes et les géomètres ont tellement déterminé cette forme, qu'ils ont prouvé que la terre est un peu aplatie vers les pôles et renflée sous l'équateur d'une quantité telle que le diamètre de l'équateur est plus long que l'axe terrestre de 13 lieues et 1/3 environ.

27. *Si la terre est ronde, comment les hommes et tous les corps qui sont à sa surface peu-*

vent-ils y tenir sans tomber ? Nous disons qu'un corps tombe quand il s'approche de la terre ou de son centre; ainsi, si nous nous en détachions, nous ne tomberions pas, nous nous éleverions au ciel; ce qui n'arrive pas, parce que notre corps est attiré vers la terre par une force dont elle est douée, comme le fer est attiré vers l'aimant; et que nous y sommes pressés par l'air qui pèse sur chacun de nous d'un poids de 33,600 livres.

28. *Les montagnes ne sont-elles pas un obstacle à la rondeur de la terre?* Non, car en supposant à la plus haute montagne deux lieues de hauteur, la terre ayant 2,864 lieues de diamètre, cette montagne ne serait pas plus sensible sur notre globe que ne le serait une élévation d'une ligne sur un globe de 10 pieds de diamètre. On peut comparer en général les montagnes et les précipices de la terre aux aspérités d'une orange qui n'empêchent point cette dernière de conserver sa forme sphérique.

LEÇON VI.
ATMOSPHÈRE.

29. *Comment appelle-t-on la masse d'air qui entoure la terre?* On l'appelle *atmosphère*. Elle est composée de différentes espèces d'émanations, telles que les exhalaisons de la terre, la fumée, l'évaporation des fleuves, etc. Toutes ces émanations combinées produisent les brouillards, les pluies, les neiges. Le jeu de la lumière au travers de l'atmosphère nous donne l'azur des cieux, le crépuscule, l'aurore, l'arc-en-ciel. L'air, par l'effet de l'attraction du globe, est plus *dense*, c'est-à-dire plus épais à la surface de la terre, et plus *rare*, c'est-à-dire plus léger à mesure qu'il s'en éloigne. Ce qui fait dire qu'il y a plusieurs couches d'air dont la dernière est éloignée de nous de 16 lieues 1/2. Au-delà de cette hauteur est ce qu'on appelle le *vide*. On a calculé que chaque homme supporte au-dessus de sa tête une colonne d'air égale en poids à une colonne de 32 pieds d'eau ou de 28 pouces de mercure de même base.

LEÇON VII.
SAISONS.

30. *Quelles sont les principales positions de la terre pendant son mouvement annuel,*

et comment les diverses saisons résultent-elles de l'inclinaison de son axe ? Au 20 mars, la terre est placée, par rapport au soleil, de manière que les deux pôles sont à une égale distance de cet astre, qui se trouve alors sur l'équateur terrestre. Dans cette position, les deux pôles sont éclairés, le soleil se lève à six heures du matin et se couche à six heures du soir : il est 12 heures sur l'horizon et 12 au-dessous ; les nuits sont égales aux jours sur toute la terre. On appelle cette époque le temps des équinoxes ; une chaleur modérée règne dans les deux hémisphères, ce qui donne le printemps pour l'hémisphère boréal et l'automne pour l'hémisphère austral.

Au 21 juin, la terre est située de manière que le soleil semble s'être éloigné de l'équateur de 23° 3o' pour s'approcher du pôle-nord ; les rayons de cet astre dépassent ce pôle de toute cette quantité, tandis qu'ils restent éloignés d'autant de degrés du pôle-sud ; par conséquent les jours se sont allongés graduellement au nord depuis 12 heures jusqu'à 6 mois de durée. La nuit a suivi la même augmentation vers le sud. Par conséquent l'hémisphère boréal est plus échauffé, l'austral l'est moins, ce qui donne l'été à l'un et l'hiver à l'autre.

Au 23 septembre, la terre, étant sur un

point opposé de son orbite, se trouve avec le soleil, dans les mêmes rapports qu'au 20 mars. Cet astre semble être retourné à l'équateur. Alors ont lieu les mêmes résultats ou les mêmes effets : équinoxe ou égalité des jours et des nuits; automne pour l'hémisphère boréal et printemps pour l'austral.

Au 21 décembre, le soleil semble encore s'être rapproché du pôle-sud qui en est plus près, tandis que le pôle-nord en est plus éloigné et est tout-à-fait dans l'obscurité. Alors ont lieu les mêmes effets qu'au mois de juin, mais dans un ordre inverse. L'hiver est au nord avec les longues nuits, et l'été au sud avec les longs jours. (*Pl.* III , *fig.* 1.)

LEÇON VIII.
PRÉCESSION DES ÉQUINOXES.

31. *Quel phénomène donne lieu à la précession des équinoxes?* C'est le retard de 20′ 26″ qu'éprouve la terre dans son mouvement annuel pour qu'elle soit en conjonction, c'est-à-dire sur une même ligne droite avec le soleil et la même étoile qu'à l'équinoxe de l'année précédente. Les équinoxes qui ont lieu par le retour du soleil à cette même étoile, retour qui forme l'année sidérale, composé de 365 jours, 6 heures, 9′ 11″ pré-

cèdent donc, chaque année, de 20′ 26″ le retour de la terre à ce point de départ commun ; ce retour de la terre donné à l'année tropicale est de 365 jours, 5 heures, 48′ 45″. Cette différence entre le retour du soleil et celui de la terre à ce point s'appelle *précession* des équinoxes. Elle fait que le soleil, par rapport à la terre, semble rétrograder dans les signes du zodiaque d'un degré en 72 ans, et d'un signe ou de 30° en 2,156 ans. Il lui faudrait donc, pour parcourir ainsi le cercle de l'écliptique, environ 25,868 ans. Depuis l'invention du zodiaque, ou depuis qué les astronomes ont donné des noms aux constellations du zodiaque, le soleil a rétrogradé d'un signe entier, d'où il résulte qu'à l'équinoxe du printemps, il entre à peine dans le premier signe des poissons, au lieu d'entrer dans le premier signe du Bélier, qui commence le printemps. Cependant on a toujours conservé l'usage de dire que le soleil entre dans le signe du Bélier au mois de mars.

LEÇON IX.

DES LONGITUDES ET DES LATITUDES.

32. *A quoi servent les longitudes et les latitudes?* Elles servent à déterminer avec précision la position des lieux sur la terre.

Le quart du méridien compris entre les pôles et l'équateur est divisé en 90°; par chacun de ces degrés passe un cercle parallèle à l'équateur; les parallèles au nord de ce dernier cercle indiquent les *latitudes septentrionales*; ceux qui sont au midi indiquent les *latitudes méridionales*. L'intervalle de ces parallèles se subdivise en minutes et secondes de degré, en telle sorte qu'on peut indiquer avec une grande précision à quelle distance un lieu *donné* se trouve de l'équateur dans l'un ou l'autre hémisphère. Cette distance à l'équateur, qui est le point de départ ou de comparaison, s'appelle *la latitude d'un lieu*. Ainsi on dira que Naples est à 40° 50′ 15″ latitude nord, parce que cette ville est située à la même distance de l'équateur dans l'hémisphère septentrional.

L'équateur étant coupé par les méridiens en 360 parties ou degrés, les astronomes et les géographes sont convenus de prendre un de ces méridiens pour point de départ ou de comparaison. Ce méridien *convenu* s'appelle *premier méridien*. Comme il coupe le globe en hémisphère oriental et en hémisphère occidental, les méridiens qui sont à l'est de ce cercle déterminent les *longitudes orientales*, et ceux qui sont à l'ouest les *longitudes occidentales*. L'intervalle des longitudes est encore subdivisé en minutes et en secondes. On peut donc indiquer exactement à quelle distance en degrés et portion de degré un lieu se trouve du premier méridien dans chacun des deux hémisphères. Ainsi, en prenant pour premier méridien celui de Paris, on dira que Stockholm est à 15°, 43′, 13″ de longitude orientale, parce qu'il est situé à la même distance du méridien choisi. On appelle *longitude d'un lieu* la distance de ce lieu au premier méridien. Les dénominations de *longitude* et de *latitude*, qui correspondent à *longueur* et *largeur*, viennent de ce que les anciens croyaient la terre plus étendue d'occident en orient, que du septentrion au midi.

33. *Comment peut-on déterminer la latitude d'un lieu?* On le peut en déterminant de combien de degrés le pôle est élevé au-dessus de l'horizon pour l'endroit dont on veut connaître la latitude, parce que nous voyons et pôle toujours élevé au-dessus de l'horizon du même nombre de degrés dont nous sommes éloignés de l'équateur. En effet, quand nous nous trouvons sous ce cercle, nous voyons l'étoile polaire à l'horizon. Si nous nous éloignons de l'équateur d'un, de deux ou de plusieurs degrés, l'étoile polaire ou le pôle s'élève de la même quantité au-dessus de

l'horizon : cette élévation nous indique la latitude du lieu où nous sommes.

34. *Comment peut-on déterminer la longitude d'un point géographique?* On peut déterminer la longitude d'un endroit par la différence d'heure qu'il y a entre l'heure ou le midi du premier méridien et celui du lieu dont il s'agit de fixer la longitude. Une heure indiquera 15°; 4 minutes de temps, un degré; une minute de temps, 15 minutes de degré.

35. *De quel méridien se sert-on pour compter la longitude?* Par une ordonnance de Louis XIII, en 1634, on prit, en France, pour premier méridien celui qui passe par l'Ile-de-Fer, probablement parce que ce lieu était la limite occidentale du monde connu des anciens; aujourd'hui on se sert de celui qui passe par l'observatoire de Paris. En Angleterre on fait usage de celui qui passe par l'observatoire de Greenwich ; en un mot chaque contrée prend pour premier méridien celui qui passe par un de ses observatoires.

36. *Les degrés de latitude et de longitude ont-ils partout la même longueur en lieues?* Comme la terre est aplatie vers les pôles, les degrés de latitude ne varient que d'une manière très peu sensible, et seulement quand on s'en approche; cette variation n'est que de 6

lieues et demie environ. Il n'en est pas de même des degrés de longitude, qui diminuent sensiblement depuis l'équateur où chaque degré vaut 25 lieues, jusqu'aux pôles où le degré est égal à 0.

Table de la variation des degrés de longitude.

Sous l'équateur. . . .	25 lieues environ.
—— le 10ᵉ parallèle. .	24 1/2.
—— 20ᵉ.	23 environ.
—— 30ᵉ.	21 1/2 environ.
—— 40ᵉ.	19.
—— 50ᵉ.	16.
—— 60ᵉ.	12.
—— 70ᵉ.	8.
—— 80ᵉ.	4 1/2 environ.
—— 90ᵛ.	0.

LEÇON X.

POSITIONS DE LA SPHÈRE.

37. *Tous les habitans de la terre voient-ils le ciel sous le même aspect ?* Par suite de l'inclinaison de l'axe, les astres, pour les peuples placés sur différens points du globe, ne paraissent pas suivre la même direction dans leur course apparente; c'est ce qui a fait dire que la sphère est *droite*, *oblique* ou *parallèle*, relativement à l'horizon.

38. *Quand est-ce que la sphère est droite?*
La sphère est droite lorsque les pôles se trouvent à l'horizon, de manière que ce cercle est coupé à angle droit par l'équateur qui passe alors par le zénith et le nadir. Les peuples qui habitent l'équateur ont cette position de la sphère : ils voient le soleil passer deux fois par an au-dessus de leur tête ; toutes les parties du ciel sont visibles pour eux, et ils vivent dans un équinoxe perpétuel.

39. *Quand est-ce que la sphère est parallèle?* La sphère est parallèle lorsqu'elle est placée de manière que l'équateur devient parallèle à l'horizon, et que les pôles se trouvent au zénith et au nadir. Les peuples qui habitent l'un ou l'autre pôle ont cette position de la sphère. Comme la moitié de l'écliptique est au-dessus de l'horizon, et l'autre moitié au-dessous, ces peuples doivent avoir dans l'année un jour de six mois et une nuit de six mois.

40. *Quand est-ce que la sphère est oblique?*
La sphère est oblique lorsque l'un des pôles est élevé sur l'horizon, tandis que l'autre est abaissé dessous : le zénith et le nadir tombent alors entre l'équateur et les pôles, et l'équateur fait un angle oblique avec l'horizon. Les peuples qui habitent entre l'équateur et les

cercles polaires ont cette position de la sphère. Pendant toute l'année ils ont les jours inégaux aux nuits, excepté aux deux jours des équinoxes.

LEÇON XI.

LES HABITANS DE LA TERRE COMPARÉS ENTRE EUX PAR RAPPORT A LEURS ZONES ET A LEURS OMBRES.

41. *Comment la terre est-elle divisée par les tropiques et les cercles polaires, et quels noms donne-t-on aux habitans de ces différentes parties, par rapport à leurs ombres?* Le globe terrestre est divisé par les tropiques et les cercles polaires en cinq parties, appelées zones, d'un mot grec qui signifie *ceinture :* parmi ces zones il y en a une torride ou brûlante, deux tempérées, et deux glaciales; leurs habitans, suivant la différente direction de leurs ombres à midi, reçoivent différens noms.

La zone torride est située entre les deux tropiques; les rayons du soleil y sont perpendiculaires pendant presque toute l'année; et, par cette raison, les anciens avaient cru que cette partie du globe était inhabitée. Son étendue est de 47 degrés, c'est-à-dire 1175 lieues; l'équateur la divise en deux parties égales.

Les habitans de cette zone sont appelés *am-

phisciens, qui veut dire *à deux ombres*, parce que le soleil se trouve, à différens temps de l'année, tantôt au nord, tantôt au midi de leur zénith : leurs ombres se jettent vers le nord, quand le soleil est au sud de leur zénith; et, quand il est au nord, elles se rejettent au sud. Mais, deux fois par an, le soleil, étant directement sur leur zénith, ils n'ont point du tout d'ombre à midi; et pour cela ils sont appelés *asciens*, c'est-à-dire *peuple sans ombre*. *Amphisciens* est dérivé du mot grec *amphi*, deux, et de *skia*, ombre (deux ombres). *Asciens* est dérivé de *a*, sans, et de *skia*, ombre (sans ombre).

Les deux zones tempérées sont entre les tropiques et les cercles polaires; les rayons du soleil y sont toujours obliques, soit dans l'extrême chaleur, soit dans le grand froid : l'étendue de chaque zone tempérée est de 43° ou de 1075 lieues. Les habitans de ces zones sont appelés *hétérosciens*, qui veut dire *ombre différentes*, parce que les ombres des uns sont toujours opposées à celles des autres : à midi l'ombre des habitans de la zone tempérée du nord se jette vers le nord, et l'ombre de ceux qui habitent la zone tempérée du midi se jette vers le sud. *Hétérosciens* est formé de *éteros*, différent, et de *skia*, ombre (différente ombre).

Les deux zones glaciales sont situées entre

les deux cercles polaires et les pôles; les anciens les ont crues long-temps inhabitées: leur étendue est de 23° 30′ chacune, ou de 587 lieues et demie. Les habitans de ces zones sont appelés *périsciens*, parce qu'à certaines saisons ils voient le soleil tourner autour de leur horizon pendant quelques heures de suite, suivant qu'ils se trouvent plus ou moins éloignés du pôle; en conséquence leur ombre tourne autour d'eux. *Périsciens* est dérivé de *péri*, autour, et de *skia*, ombre (ombre autour).

LEÇON XII.

LES HABITANS DE LA TERRE COMPARÉS ENTRE EUX PAR RAPPORT A LEURS LATITUDES ET LONGITUDES RESPECTIVES.

42. *Quels noms reçoivent les habitans par rapport à leurs latitudes et à leurs longitudes respectives?* Ils sont *antiœciens*, *périœciens*, ou *antipodes*.

On nomme *antiœciens* les peuples qui se trouvent sous le même méridien et sous des parallèles opposés, à égale distance de l'équateur, les uns au nord, les autres au sud, c'est-à-dire que , si l'un d'eux est situé au quarantième degré de latitude au nord , l'autre est situé au quarantième degré de latitude au sud. Tels sont les habitans du cap de Bonne-

Espérance, et ceux du cap Matapan. Par conséquent :

1° Les antiœciens ont des pôles également élevés; mais il n'ont pas le même pôle.

2° Toutes les heures du jour et de la nuit sont les mêmes chez les deux peuples, parce qu'ils sont situés tous les deux sur le même méridien.

3° Les jours des uns sont égaux aux nuits des autres, à cause de leurs latitudes opposées.

4° Le jour le plus long pour les uns est le plus court pour les autres, et réciproquement, parce que leur méridien est le même; mais leur latitude est opposée.

5° Les saisons de l'année sont opposées les unes aux autres chez les deux peuples, c'est-à-dire que, quand les uns sont en hiver, les autres sont en été; mais cette différence de saison est très peu sensible pour les antiœciens qui habitent la zone torride.

6° Les peuples qui sont sous l'équateur n'ont pas d'antiœciens. Le mot antiœcien est dérivé du grec *anti*, vis-à-vis ou contre, *oicos*, maison; comme si ces peuples avaient, en quelque sorte, leurs maisons vis-à-vis l'une de l'autre.

On nomme *périœciens* les peuples qui se trouvent sur la même latitude, soit au nord, soit au sud, mais sur des méridiens opposés, c'est-à-dire que, si l'un d'eux est sous le cinquante-unième degré de latitude au nord, l'autre est sous le cinquante-unième degré, même latitude; mais l'un dans l'hémisphère oriental, et l'autre dans l'hémisphère occidental; tels sont les habitans de Mexico et ceux de Surate. Par conséquent:

1° Les périœciens, soit ceux qui demeurent dans la latitude du nord, soit ceux qui demeurent dans celle du sud, ont chacun leur pôle également élevé, et sont également éloignés de l'équateur, parce qu'ils sont sur la même latitude.

2° Quand il est midi ou dix heures du matin chez les uns, il est minuit ou dix heures du soir chez les autres, parce qu'ils sont sur des méridiens opposés.

3° La longueur de la nuit et du jour est la même chez les deux peuples, parce qu'ils sont également éloignés de l'équateur.

4° Ils ont les quatre saisons en même temps, parce qu'ils se trouvent tous les deux sous le même degré de latitude.

5° Les habitans des pôles n'ont pas de périœciens. Le mot périœcien vient du mot grec *péri*, tour ou tournant, et de *oicos*, maison, c'est-à-dire *maison dans les mêmes parallèles*.

On nomme *antipodes* les peuples qui se trouvent sur des méridiens ou sur des parallèles opposés, c'est-à-dire que, si les uns sont sur le quarantième degré de latitude au nord, les autres sont sur le quarantième degré de latitude au sud; et, si les uns sont dans l'hémisphère oriental, les autres sont dans l'hémisphère occidental. Tels sont les habitans de la Chine et ceux du Paraguay.

1° Les antipodes ont leurs pôles également élevés, parce qu'ils sont sur le même degré de latitude, l'une au nord et l'autre au midi.

2° Ils sont également éloignés de l'équateur, quoiqu'ils soient, les uns dans l'hémisphère méridional, et les autres dans l'hémisphère septentrional; les uns dans l'hémisphère oriental, et les autres dans l'hémisphère occidental.

3° Quand il est midi ou sept heures du matin chez les uns, il est minuit ou sept heures du soir chez les autres, parce qu'ils ont des méridiens opposés.

4° Le jour le plus long chez les uns est le plus court chez les autres, parce qu'ils habitent dans des parallèles et sur des méridiens opposés.

5° Quand c'est l'été chez les uns, c'est l'hiver chez les autres, parce que leur latitude est opposée.

6° Les pieds des uns sont directement opposés aux pieds des autres, parce qu'ils sont dans une position diamétralement contraire sur le globe. Antipodes vient du grec *anti,* contre, *podos,* pieds, *pied contre pied.*

LEÇON XIII.

LES HABITANS DE LA TERRE COMPARÉS ENTRE EUX PAR RAPPORT A LEURS CLIMATS.

43. *Qu'entend-on par climat, et en combien de climats divise-t-on la terre?* Un climat est une étendue de pays renfermée entre deux parallèles, et dont les habitans ont les jours plus longs ou plus courts que ceux de leurs voisins.

Toute la surface du globe est divisée en soixante climats : de l'équateur à chaque cercle polaire on en compte vingt-quatre, qui diffèrent entre eux par une demi-heure de jour ; des deux cercles polaires aux pôles mêmes on compte six climats, qui diffèrent entre eux par des jours d'un mois entier. L'étendue de pays comprise dans chaque climat de demi-heure est d'autant moins grande, que ce climat s'éloigne de l'équateur ; et l'étendue de pays des climats de mois est d'autant plus grande que le climat s'éloigne des cercles polaires et qu'il s'approche des pôles.

LEÇON XIV.

DE LA LUNE.

44. *Qu'est-ce que la lune?* La lune est une planète de second ordre, qui sert de satellite à la terre, dont elle est éloignée de 85,800 lieues. Elle tourne environ douze fois autour de sa planète centrale, tandis que celle-ci tourne une fois autour du soleil. Le diamètre de la lune est de 782 lieues; elle est 49 foi plus petite que la terre.

La lune a deux mouvemens; *le mouvemen. diurne,* qui est apparent et causé par celui de la terre d'occident en orient; 2° *le mouvement propre,* qu'elle exécute sur un cercle elliptique autour de la terre en 27 jours, 7 heures, 43′, 4″, exactement dans le même temps qu'elle tourne sur son axe, en sorte que ce satellite présente toujours à la terre le même hémisphère. Cependant, comme l'orbite de la lune est inclinée de 5° sur celle de la terre, et que cette inclinaison n'est pas constante, on voit quelquefois une partie de l'autre hémisphère lunaire, tantôt d'un côté, tantôt d'un autre. On appelle ce balancement *libration* de la lune.

Le mouvement propre de la lune est si prompt, qu'elle parcourt tous les jours 13° du zodiaque, en allant du couchant à l'orient; c'est ce qui fait qu'elle se lève tous les jours d'environ 51' plus tard que la veille. Au bout de 27 jours, 7 heures, 43' 4", la lune se retrouve au même point du zodiaque où elle était en conjonction avec le soleil. On nomme ce temps *révolution tropicale* de la lune. Mais elle n'y retrouve pas la terre, qui s'est avancée elle-même de 27° sur le zodiaque, pendant que son satellite a exécuté le mouvement qui lui est propre. Il lui faut donc parcourir encore ces 27°, afin de se mettre en une nouvelle conjonction avec le soleil et la terre : pour arriver à ce point, la lune emploie 2 jours, 5 heures et quelques minutes ; en un mot, il lui faut 29 jours, 12 heures, 44', 3" pour se remettre en conjonction. C'est ce qu'on appelle *révolution synodique* de la lune, ou *mois lunaire*.

PHASES DE LA LUNE.

45. *Qu'appelle-t-on phases de la lune?* On appelle *phases de la lune* les divers changemens de figures et de lumière qu'elle présente en exécutant autour de la terre le mouvement qui lui est propre. Ces phases sont au nombre de quatre principales qui se succèdent à environ 7 jours d'intervalle.

46. *Quand et comment ces phases arrivent-elles?* Quand la lune se trouve entre la terre et le soleil nous ne pouvons l'apercevoir,

puisqu'elle ne réfléchit vers nous aucun rayon lumineux ; c'est alors *la nouvelle lune, la conjonction* ou *la première syzygie*. Lorsqu'elle a décrit le quart de son orbite, la partie éclairée qu'elle nous présente nous paraît un demi-cercle ; c'est *le premier quartier* ou *la première quadrature*. Quand la lune a parcouru la moitié de sa course, nous apercevons tout entière la partie éclairée, c'est le temps qu'on appelle *pleine lune , opposition* ou *seconde syzygie*. Peu-à-peu nous voyons le côté lumineux redevenir un demi-cercle ; c'est *le dernier quartier* ou *la seconde quadrature ;* enfin la lune se perd de nouveau et se retrouve en conjonction. (*Pl.* III, *fig.* 2.)

Chacune de ces quatre positions de la lune se divise en deux : on les appelle *les octans ;* la lune y paraît en croissant.

47. *L'orbite de la lune est-elle parallèle à celle de la terre ?* Non, elle lui est inclinée de 5° environ, et la coupe par conséquent en deux points qu'on appelle *les nœuds*. Quand la lune monte du midi au nord de l'écliptique, l'intersection qu'elle fait de l'écliptique s'appelle *la tête de dragon* ou *le nœud ascendant* ☊. L'autre intersection, qui se fait lorsqu'elle descend , se nomme *la queue de dragon* ☋ , ou *le nœud descendant*.

Ces intersections de l'écliptique ne se rencontrent dans les mêmes points de ce cercle qu'au bout de 19 ans : c'est ce qu'on appelle *cycle lunaire* ou *nombre d'or* ; après ces 19 ans les lunaisons reviennent dans le même ordre et aux mêmes dates.

LEÇON XV.

DES ÉCLIPSES.

48. *Qu'entend-on par éclipse d'un corps céleste ?* C'est la disparition passagère de ce corps par l'interposition d'un autre. Les éclipses sont totales, partielles, ou annulaires.

49. *Quand y a-t-il éclipse de soleil ou de lune ?* Il y a éclipse de soleil lorsque la lune passe entre la terre et cet astre, et éclipse de lune toutes les fois que la terre, se trouvant entre le soleil et ce satellite, passe assez près de ce dernier pour le couvrir de son ombre. (*Pl.* IV.)

50. *Y a-t-il des éclipses de soleil et de lune à chaque conjonction et à chaque opposition ?* Ces phénomènes arriveraient à ces époques si l'orbite de la lune n'était pas inclinée sur l'écliptique ; cette inclinaison fait que la lune, dans les syzygies, n'est pas directement devant le soleil pour nous le cacher, ni devant la terre pour en recevoir l'ombre ; parce que

la lune est tantôt au-dessus et tantôt au-dessous de la ligne qui joint la terre au soleil, et que les rayons de cet astre ne sont point interceptés ; les éclipses n'ont lieu et ne peuvent avoir lieu, que lorsque la lune est dans les nœuds, ou très près de l'un d'eux.

51. *Quand les éclipses sont-elles totales, partielles, ou annulaires?* Elles sont *totales* lorsque le corps éclipsé disparaît entièrement à la vue, *partielles* lorsqu'il ne disparaît qu'en partie, et *annulaires* lorsque le corps éclipsé déborde le corps éclipsant, et fait voir autour un cercle ou anneau lumineux.

52. *Comment les éclipses de lune donnent-elles une nouvelle preuve de la rondeur de la terre?* Comme on a remarqué que l'ombre projetée par la terre sur la lune était ronde, on en a conclu que la terre était ronde.

LEÇON XVI.
DES PLANÈTES.

53. *Quelles sont les planètes, et qu'offrent-elles de remarquable?* Ce sont :

MERCURE. C'est la plus petite des planètes principales ; elle est presque toujours plongée dans les rayons du soleil, et peu visible à l'œil nu ; son mouvement de révolution est si rapide qu'elle parcourt près de 40,000 lieues dans une heure ; c'est à cette rapidité qu'elle doit son nom , ou , selon d'autres, à sa proximité du soleil, dont elle est comme le satellite.

VÉNUS. C'est la plus brillante des étoiles; elle donne autant de lumière que vingt de la première grandeur. C'est sans doute à sa beauté qu'elle doit son nom. Elle a ses phases comme la lune, et paraît le matin vers l'orient et le soir vers l'occident; le matin, on lui donne le nom de *Lucifer* (porte lumière), *phosphore*, *étoile du matin*, parce qu'elle précède la lumière du soleil; le soir, on l'appelle *Vesper*, *étoile du berger.*

Mercure et Vénus sont appelées planètes inférieures, parce qu'elles sont plus près du soleil que la terre.

MARS. La lumière de cette planète est sombre et d'un rouge de sang, couleur à laquelle elle doit probablement son nom, et que l'on attribue à une atmosphère épaisse et nébuleuse. Des planètes supérieures, c'est la plus voisine de la terre.

VESTA, JUNON, CÉRÈS et PALLAS. Ces quatre planètes sont appelées *Télescopiques;* leur peu de volume ou leur éloignement ne permet pas qu'on les aperçoive sans le secours d'un instrument. Albert et Lagrange ont pensé qu'elles pourraient être les fragmens d'une même planète brisée par une cause inconnue.

JUPITER. C'est la plus grosse de toutes les planètes; elle brille d'un éclat qui, quelquefois, surpasse celui de Vénus.

Galilée a remarqué autour de cette planète quatre satellites, qui sont pour Jupiter ce que la lune est pour la terre.

SATURNE. Cette planète se distingue des autres par une lumière pâle et par une espèce de cercle qui tourne autour d'elle et qu'on appelle l'anneau de Saturne. Huygens, Cassini et Herschel ont découvert, outre cet anneau, sept satellites qui se meuvent autour de cette planète.

URANUS. C'est la plus éloignée de toutes les planètes; Herschel lui donne six satellites; mais, vu l'éloignement de cet astre, ces satellites sont si difficiles à observer, que deux seuls d'entre eux ont été observés par d'autres astronomes.

LEÇON XVII.
DES COMÈTES.

54. *Qu'est-ce que les comètes?* Les comètes sont des planètes d'un ordre particulier et qui décrivent autour du soleil des ellipses extrêmement allongées. Leur direction et leur mouvement sont très irréguliers; elles se meuvent dans tous les sens, du sud au nord, du nord au sud, de l'est à l'ouest, etc.

51.

Dans leur périhélie, c'est-à-dire dans leur plus petite distance au soleil, les comètes passent si près de cet astre, qu'elles doivent éprouver une chaleur excessive ; mais, dans leur aphélie, c'est-à-dire dans leur plus grande distance au soleil, elles en sont si éloignées qu'elles doivent être gelées jusqu'au centre. Elles sont ordinairement accompagnées d'une espèce de *queue* ou *chevelure brillante* dont elles tirent leur nom et qui semble venir des exhalaisons produites par la force de la chaleur qu'elles ressentent. On les appelle *à queue*, lorsque la traînée de lumière est à leur suite ; *à barbe*, lorsqu'elle est en avant, et *à perruque* ou *chevelure*, quand elle est tout autour, comme une auréole.

On a calculé la marche de plus de 100 de ces astres vagabonds ; mais il n'en est que deux dont on puisse indiquer le retour d'une manière certaine. L'une, appelée Halley, fait sa révolution en 75 ans et demi ; et l'autre, dans un peu moins de 3 ans. La première doit reparaître en 1835, et l'autre en 1829.

LEÇON XVIII.
DES ÉTOILES FIXES.

55. *Qu'est-ce que les étoiles fixes ?* Les étoiles fixes sont regardées, à cause de leur grandeur et de leur lumière vive et scintil-

lante, comme autant de soleils servant de foyers à des systèmes planétaires imperceptibles pour nous.

On en compte environ 2,000 à la simple vue ; mais le télescope en fait découvrir une multitude innombrable dans tous les points du ciel. La *voie lactée*, n'est qu'un amas d'étoiles invisibles à cause de leur éloignement, et si amoncelées, qu'elles forment une bande blanchâtre non interrompue qui traverse le ciel du sud au nord. Ces étoiles s'appellent *nébuleuses*.

56. *Comment divise-t-on les étoiles fixes par rapport à leur éclat et à leur nombre ?* D'après leur éclat, on les divise en étoiles de 1re, 2e, 3e, 4e, 5e, 6e, 7e et 8e grandeur. Par rapport à leur nombre, on les partage en diverses constellations auxquelles on a donné des noms tirés pour la plupart de la fable ou des animaux.

Les unes sont zodiacales, nous en avons déjà parlé ; les autres sont *extra-zodiacales*. Parmi ces dernières, les principales sont :

Au nord du zodiaque.

La petite-Ourse.	Le Serpentaire ou Ophiucus.
La Grande-Ourse.	
Le Dragon.	Le Serpent.
Céphée.	La Flèche.
Le Bouvier.	L'Aigle.
La Couronne boréale.	Antinoüs.

<table>
<tr><td>La Lyre.</td><td>Le Petit-Cheval.</td></tr>
<tr><td>Le Cygne.</td><td>Pégase.</td></tr>
<tr><td>Cassiopée.</td><td>Andromède.</td></tr>
<tr><td>Persée.</td><td>Le Triangle, etc.</td></tr>
<tr><td>Le Cocher.</td><td>Le Dauphin.</td></tr>
<tr><td>Hercule.</td><td></td></tr>
</table>

Au midi du zodiaque.

<table>
<tr><td>La Baleine.</td><td>L'Eridan.</td></tr>
<tr><td>Orion.</td><td>Le Lièvre.</td></tr>
<tr><td>Le Grand-Chien.</td><td>Le Corbeau.</td></tr>
<tr><td>Le Petit-Chien.</td><td>Le Centaure.</td></tr>
<tr><td>Procyon.</td><td>Le Loup.</td></tr>
<tr><td>Le Navire Argo.</td><td>L'Autel.</td></tr>
<tr><td>L'Hydre.</td><td>La Couronne australe.</td></tr>
<tr><td>La Coupe.</td><td>Le Poisson austral, etc.</td></tr>
</table>

Toutes les constellations se trouvent sur les globes célestes avec les figures sous lesquelles on les représente.

LEÇON XIX.

CALENDRIER.

57. *Qu'est-ce que le calendrier?* C'est une table qui marque les divisions exactes de l'année tropicale, c'est-à-dire du temps que la terre emploie à parcourir son orbite autour du soleil, évalué à 365 jours 5 heures 48' 51", 6 heures moins 11' environ.

58. *Qu'entend-on par Calendrier Julien ou le vieux style, et par Calendrier Grégorien ou le nouveau style?* Pour absorber les 6 heures moins 11' qui excèdent les 365 jours de l'année, Jules-César, 45 ans avant Jésus-

Christ, ajouta tous les 4 ans un jour à l'année, qui alors en eut 366, et fut appelée bissextile. Cette addition se fait au mois de février; on appelle ce calendrier ainsi corrigé vieux style ou calendrier Julien.

Cependant, comme les 11′ que Jules-César comptait de trop formaient 3 jours au bout de 400 ans, le pape Grégoire III, en 1582, fit retrancher à chaque dernière année des 3 siècles consécutifs le jour qui rend cette année bissextile, c'est-à-dire trois jours tous les 400 ans. Compter d'après cette correction, c'est suivre le calendrier Grégorien ou le nouveau style.

La différence de temps entre ces deux styles est de 12 jours; ainsi le 17 janvier selon le vieux style répond au 29 janvier selon le nouveau style.

La Russie et les chrétiens du rit grec sont les seuls qui, en Europe, ont conservé l'année julienne. Les états protestans ne s'y soumirent qu'en 1751 et 1752. On est dans l'usage, pour la correspondance avec ces peuples, de marquer les deux dates de cette manière : $\frac{17}{29}$ janvier.

59. *Comment divise-t-on l'année?* En 12 mois répartis ainsi qu'il suit, entre les quatre saisons qui n'ont pas toujours la même durée.

HIVER.	ÉTÉ.
1. Janvier, 31 jours.	7. Juillet, 31 jours.
2. Février, 28 et 29.	8. Août, 31.
3. Mars, 31.	9. Septembre, 30.
PRINTEMPS.	**AUTOMNE.**
4. Avril, 30.	10. Octobre, 31.
5. Mai, 31.	11. Novembre, 30.
6. Juin, 30.	12. Décembre, 31.

Autrefois, en France, l'année commençait par le jour de Pâques : un édit de Charles IX la fit commencer au mois de janvier.

60. *Comment divise-t-on encore l'année?* On la divise en 52 semaines et un jour ; chaque semaine est composée de sept jours, savoir : dimanche, lundi, mardi, mercredi, jeudi, vendredi, samedi. Ces noms dérivent de ceux des planètes ; le dimanche est le jour du Seigneur ; on l'appelait jour du soleil.

61. *Qu'appelle-t-on fêtes mobiles?* On appelle fêtes mobiles celles qui ne tombent pas au même jour de chaque année ; ces fêtes sont presque toutes réglées sur celle de Pâques.

62. *Quand se célèbre la fête de Pâques?* La fête de Pâques a été fixée par l'église au premier dimanche après la pleine lune qui suit l'équinoxe du printemps, ou qui arrive ce jour-là, en observant : 1° que l'équinoxe est toujours censé avoir lieu le 21 mars, 2° que la pleine lune est censée toujours arriver le 14 de la nouvelle lune inclusivement. D'où il suit que Pâques ne peut jamais avoir lieu

plus tôt que le 22 mars, ni plus tard que le 25 avril.

63. *N'y a-t-il pas encore une autre année que l'année solaire dont on vient de parler?* Il y a encore l'année *lunaire* qui est composée de 12 lunaisons; cette année n'a que 354 jours; elle en a par conséquent 11 de moins que l'année solaire. Les mahométans suivent cette année.

64. *Qu'entend-on par mois lunaires?* On entend par mois lunaire le temps qu'il y a d'une nouvelle lune à la suivante : ce temps est de 29 jours 12 heures 44'. Dans l'usage on fait les mois lunaires alternativement de 29 et de 30 jours. Au bout de quelque temps les 44' négligées font un jour dont on tient compte.

JOUR, TEMPS VRAI ET TEMPS MOYEN.

65. *Qu'entend-on par un jour?* On entend par un *jour*, ou le temps que le soleil est sur notre horizon, ou celui qu'il met à faire sa révolution autour de la terre, d'orient en occident, ou bien encore le temps que les étoiles emploient pour revenir passer au méridien de la veille.

Le premier s'appelle jour *artificiel* et varie suivant les latitudes ou climats et suivant les saisons. Il commence au lever et finit au coucher du soleil.

Le second, c'est le jour *astronomique* ou naturel, qui ne varie jamais, et commence à l'instant où le centre du soleil passe au méridien et finit au moment où le centre du même astre revient passer au même méridien.

Le troisième se nomme jour *sidéral* : il est exactement égal à la durée d'une révolution de la terre sur son axe, puisque ce passage apparent des étoiles au méridien est causé par le mouvement de rotation de la terre : ce jour, quant à ce mouvement, prend encore le nom de jour *civil* ou *moyen*. Il est tantôt plus long, tantôt plus court que le jour astronomique, ou lui est égal, parce que le mouvement de rotation de la terre est plus accéléré dans son *périhélie*, c'est-à-dire dans son plus grand rapprochement du soleil ; et plus lent dans son *aphélie*, c'est-à-dire dans son plus grand éloignement. Dans le premier cas, le soleil paraît un peu plus tard au méridien, et le jour dure plus de 24 heures. Dans le second, le soleil passe au méridien céleste, un peu plus avant que la terre n'y ait ramené, par son mouvement de rotation, son méridien de la veille. Ce phénomène donne lieu à ce qu'on appelle temps *vrai*, ou heure *vraie* et temps *moyen* ou heure *moyenne*. Une heure vraie est le temps précis que le soleil met à parcourir 15° de l'équateur ou de l'un de ses parallèles. Ce temps est tantôt plus long, tantôt plus court. Le temps moyen est celui qui est composé d'heures, toutes d'une égale durée à la vérité, mais qui tiennent le milieu entre les heures vraies les plus longues et les heures vraies les plus courtes; ces heures intermédiaires ont été appelées, pour ce motif, heures *moyennes*. Ce sont celles que marque une horloge ou montre parfaitement réglée.

LEÇON XX.

PROBLÈMES.

I. *Trouver sur le globe la latitude et la longitude d'un lieu quelconque.* Tournez le globe jusqu'à ce que le lieu soit sous le grand méridien : le nombre de degrés qui se trouveront depuis l'équateur jusqu'au point du méridien qui répond à ce lieu marquera sa latitude ; le degré du méridien qui sera sous l'équateur déterminera sa longitude.

II. *La longitude et la latitude d'un lieu étant données, trouver sa position sur le globe.* Tournez le globe jusqu'à ce que la longitude connue soit sous le méridien ; comptez sur ce cercle le degré de latitude, soit au nord, soit au sud, et marquez-y un point : le lieu directement au-dessus de ce point sera l'endroit que vous cherchez.

32

III. *Mesurer sur le globe la distance qu'il y a entre deux lieux donnés.* Prenez leur distance avec un compas, et appliquez-le à l'équateur : vous compterez les degrés compris entre les deux pointes de votre compas ; alors, multipliant chacun de ces degrés par vingt-cinq lieues, vous aurez pour résultat exact ce que vous cherchez.

IV. *Rectifier le globe.* Le globe étant posé sur un plan bien uni, élevez le pôle selon la latitude donnée ; fixez ensuite le quart de cercle dans le zénith ; et, s'il y a une boussole sur le pied, placez le globe de manière que le grand méridien soit directement au sud et au nord comme les deux pointes de l'aiguille : alors le globe sera placé comme la terre.

V. *Trouver à une heure donnée l'heure qu'il est dans un endroit quelconque.* Conduisez l'endroit où vous êtes sous le grand méridien, le pôle étant élevé selon la latitude du lieu ; mettez l'aiguille horaire à l'heure indiquée par votre montre ; tournez le globe jusqu'à ce que le lieu que vous cherchez se trouve sous le méridien, et l'aiguille indiquera l'heure demandée.

VI. *Trouver la déclinaison du soleil, c'est-à-dire sa distance de l'équateur, soit septentrionale, soit méridionale.* Le lieu du soleil pour le jour donné étant porté sous le méridien, les degrés du méridien compris entre l'équateur et le lieu en question marqueront la déclinaison du soleil pour ce jour-là. Ainsi, au 20 avril, il y a onze degrés et demi de déclinaison septentrionale; mais, le 26 octobre, il y a onze degrés et demi de déclinaison méridionale.

On pourra encore proposer une quantité d'autres problèmes faciles à résoudre au moyen des globes; nous en laissons le choix aux instituteurs.

FIN DE LA TROISIÈME ET DERNIÈRE PARTIE.

TABLE.

(Les chiffres renvoient aux pages.)

PREMIÈRE PARTIE.

NOMENCLATURE DES DIFFÉRENS ENDROITS DE LA TERRE.

OCÉANIE.

SECONDE PARTIE.

NOTIONS DE GÉOGRAPHIE HISTORIQUE, PHYSIQUE ET POLITIQUE.

EUROPE.

ASIE.

AFRIQUE.

AMÉRIQUE.

OCÉANIE.

TROISIÈME PARTIE.

ÉLÉMENS DE COSMOGRAPHIE.

FIN DE LA TABLE.